ルポ 東尋坊

TO JIN BO

生活保護で自殺をとめる

下地 毅 著

緑風出版

東尋坊周辺図

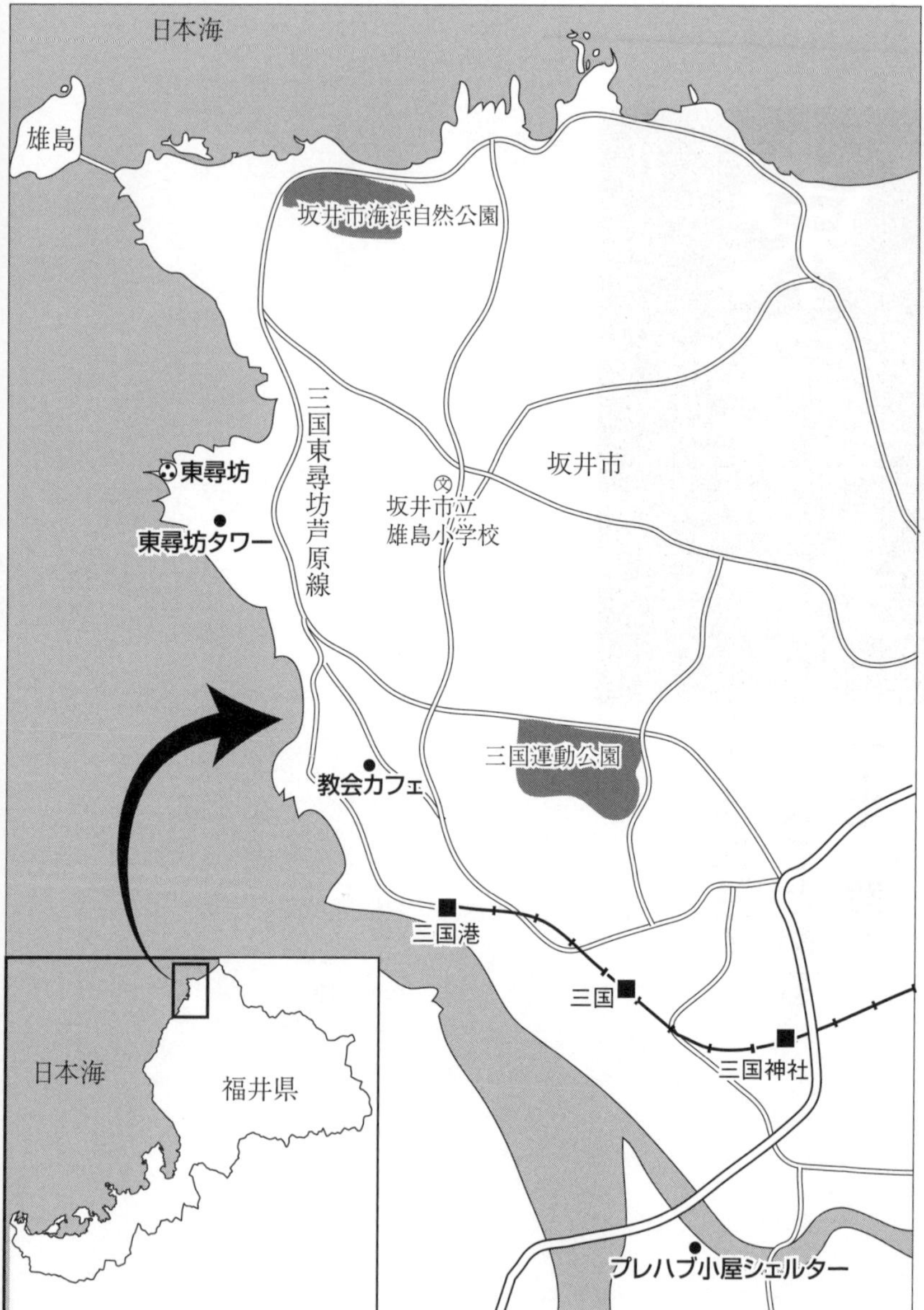
日本海
雄島
坂井市海浜自然公園
三国東尋坊芦原線
東尋坊
東尋坊タワー
坂井市
坂井市立
雄島小学校
三国運動公園
教会カフェ
三国港
三国
三国神社
プレハブ小屋シェルター
日本海
福井県

まえがき

東尋坊《とうじんぼう》は越前加賀海岸国定公園にある。石川県加賀市から福井県敦賀市までの100キロをこえる海岸線の中でも、福井県坂井市三国町の1キロの断崖は国内有数の観光地だ。いまから1200万年前から1300万年前の火山活動によるマグマが地中で固まり、それが日本海の波浪によってむきだしになった奇景は、六角形の柱状の火山岩が束になってできている。名称の由来は、平安時代の終わり（12世紀の終盤）にこの崖から突き落とされた悪僧の名前「東尋坊」という。

JR福井駅からは車で50分のところにあって、海面から25メートルの絶壁にかこまれた「大池」、沈む夕日を炎に見たてた「ローソク岩」、明治期に石材採掘地だった「千畳敷」といった見どころがあり、遊覧船も走っている。高さ55メートルの東尋坊タワーのまわりに商店街が広がり、近年は中国や韓国の団体客が大型バスで乗りつけて旺盛な購買力をみせている。

東尋坊の散策も春と秋がいい。商店街で買ったソフトクリームや露天で焼いたイカを、空から狙っているトンビに注意しながらぱくつき、荒磯遊歩道を歩くのがおすすめだ。

冬、強風にあおられて海のしぶきが降ってくる。雪が横から殴ってくる。アラレが顔にビチビチとぶつかってきて目もあけられない。5分後、一転して陽光がさしてくる。砕けた波が白い泡となってふわふわと舞う。波の華という。

日没後の東尋坊に明かりはほとんどなく、漆黒の中に人のけはいを感じるのは難しい。

日本国憲法と生活保護法

この東尋坊で、坂井市の男性（1947年うまれ）が「NGO 月光仮面」を名乗って自殺防止活動を始めたのは2010年5月だった。崖沿いをさまよい、眼下の海をのぞいて立ちすくむ人に語りかける。

「いっぺん死んだんだ。これから生きかえりましょう」

とめるだけなら「かんたん」だ。いざとなれば体を地面に押さえつければいい。「死ぬしかない」と追いつめられている人に抵抗する体力など残っていないから、実際は力ずくの場面はない。かける言葉は「やめろ」でも「そこは危ないよ」でもいい。「生きていたくない」と思いつめている人に制止をふりきる気力もないから、すんなりと全身をあずけてくる。

問題はここからだ。「命の大切さ」を説く手もあるだろうが、東尋坊で保護された23歳のマリが言う。「生きていることには意味があるんだろうから、その意味を見つけていかないといけないんだろうけれどさ。でも、生きていることに意味があるんだって励ましても、意味がないと思ってこれまでをすごしてきた人に理解してもらうことはすごく難しいと思うんだよね」

人間を絶崖に追いやるほどの苦しみは傾聴だけでは消えない。まず必要なのはさしあたりの生活の手段だ。月光仮面は、日本国憲法と生活保護法を使う。命以外のすべてを失っている人に住む場所と日々の食費を用意して、ようやく「いまは死ぬのをやめます」となる。

どこを訪ねても、自殺を考えるようなヤツ、それをつれてくるヤツはやっかいものだ。このとき月光仮面が本領を発揮する。性格は短気だ。極度の負けず嫌いでもある。堪忍袋の緒をすぐに切り、かんしゃく玉をたちまち爆発させる。追い返そうとする動きに断じて抗う。ああ言われればこう言い返すし、こう言われればああ言い返す。「なんとしても助ける」という覚悟を全身からほとばしらせている。

独立個人

なぜ「月光仮面」なのかというと、そう名乗ってみただけである。強いて理由をあげると、子どものころのヒーローにラジオの鞍馬天狗と紅クジャクがいて、中でも普及しはじめたテレビの月光仮面が突出してかっこうよかったからだ。長じてからは主題歌を接待カラオケの持ち歌にもしていた。

性格の一端はNGO（非政府組織）を冠していることにもあらわれている。理由のひとつは、月光仮面だけだと昔の放送を知らない今の若者に怪しまれるかもしれないと考えてNGOをくっつけた。もうひとつは、NPO（非営利組織）だと認証・認定が必要なため、活動が当局の下請けとなる恐れがあり、それだと言いたいことや言うべきことが言えなくなるので、そのような関係の一切を拒む決意のあらわれとしてNGOなのだという。訳語には「独立個人」をあてている。補助金はまっぴらごめん。活動の原資は年金だけ。そのかわり好きなようにやる。

あるいは、非政府組織というよりも、1年間に万の人間を自殺に追いこむ日本国に立ちむかう反政府組織といった心持ちなのかもしれない。組織といってもひとりだが。

目次

ルポ 東尋坊

終章 「きょうを生きる」を手伝う

手術の同意・303／病院の連帯保証人・305／アパートの保証人・307／異常事態・308／大学生の問い・309／駒木さん・312／その後の東尋坊・316／「人並み」を求めるとき・320／タモツの「遺言」・322／その後の月光仮面・324

第1章　緊急出動

季節はずれの台風はすぎたが、東尋坊がある坂井市三国町には最大瞬間風速28・1メートルの風が吹いている。

月光仮面のパトロールは毎週の水曜日と土曜日だから、この日も私たちは崖沿いを歩いた。私たちとはマサキ（38）・ルイ（23）・マリ（23）ら7人。月光仮面と私以外の5人は、過去に東尋坊で保護されて今はパトロール隊員となっている。

午後4時30分。空と海は鈍色でつながり、日本海の波は崖にぶつかって白く砕けるばかり。「海の香りがするね」とマリが言った。秋から冬になろうとしている東尋坊に観光客の姿はなく、商店街もみな閉じている。

「あれ、あれっ」。草をかきわけて崖の先端に立ち、あたりを見まわしていたマサキが声をうわずらせた。

「行って、行って」。月光仮面も声をあげた。

私たちは崖沿いの遊歩道を駆けだした。マサキによると、2本の松の木の向こうがわ、突きでた岩の陰に黒っぽいものが見えたという。

女性だ。一歩ふみだせば落ちてしまう岩場で携帯電話をかけている。かぶっている紺色の帽子の飾りをマサキは見つけたのだった。

遊歩道から、女性がいる岩のところにおりる。マサキが正面にまわって「こんにちは」と声をかける。女性がにこりとしたのを見て、「自分たちのことを嫌がってはいないようだ」と判断した。

女性はあちこちに電話をかけている。潮風と波音とにさえぎられてよく聞こえないが、「なぜ死んではいけないのですか。私にわかるように説明してください」と泣きながら訴えている。これまでに相談した人に救いの言葉を求めているのだろう。からの酒瓶が足もとに転がっている。

月光仮面は、女性の頭上の岩場で、浮き輪がわりに投げるポリタンクを持ってかまえている。こうしたときのために東尋坊の草むらに備えおいてあるもので、これまでにもポリタンクで救命したことがあった。

女性が電話を切ったところでマサキが「ここは危ないからね」「飲んでますよね。とりあえず座ろうか」と呼びかけた。手をとると女性はすなおに岩場の奥に身をうつした。岩と岩の間に座りこんでまた電話をかけはじめた。

1時間後、「上にあがろう」という月光仮面とマサキの説得に応じた女性を、パトロール参加者みんなで崖の上に引っぱりあげた。すでに日は落ちて潮風がだいぶ冷たくなった。場所を変えて事情を聞く。

女性は35歳。福井にいる知人を頼って1週間前にきたという。

「救いの電話」に10円玉を補充する月光仮面（左）とアツシ

午後9時、女性の表情に落ちつきが見えるようになったので、とりあえずの危機は去ったと月光仮面が判断した。福井の知人に迎えにきてもらうことにした。

女性が帰ったあと、帽子の飾りを見つけたことを「おまえの視力は東尋坊のトンビなみか」とからかわれていたマサキが言った。「あの人、『今回は見つかったけれど』とつぶやいていたので、しばらく見まもる必要がありますね」

救いの電話

東尋坊には、「救いの電話」と呼ばれている公衆電話ボックスが2台ある。

東尋坊に来てみたけれど、どうすればいいのかわからなくなって崖沿いをさまよう人は、暗闇に浮かぶ電話ボックスの照明を見つけると、誘いこまれるようにして駆けこむ。そこで目にするのが、棚の小箱に入れられた「NGO　月光仮面」の名刺だ。せめて最後にだれか話を聞いてほしいと名刺にある番号にかける。

週2回の定期パトロールは、この電話ボックスの点検も主な仕事だ。棚に積もったごみを払い、10円玉と名刺を小箱に補充する。いくつかの「ポイント」を見てまわり、気になる人に声をかける。

マサキには、パトロールの参加だけではなく、もうひとつ大切な役割がある。最初に駆けつけることだ。SOSの電話をうけてから月光仮面が車で到着するまでに40分はかかるから、東尋坊ちかくのアパートに住んでいるマサキが、月光仮面からの連絡をうけてまずは現場に走ることになっている。

数カ月前、電話ボックスにもたれかかって海を見ていたルイのもとに、息せききって走ったのもマサキだった。不審がるルイに、「自分も東尋坊で死ぬつもりだった人だから」と伝えた。

その1カ月後、マサキが自転車で急行したとき、マリは東尋坊タワーの下に立っていた。「会えてよかった。けがはないですか」。月光仮面が合流するまでの間、いまにも泣きだしそうなマリを懸命に笑わせようとした。涙で化粧が崩れたら嫌だろうと思ったからだ。

そのルイとマリも今は東尋坊パトロールの隊員だ。月光仮面とマサキが電話ボックスの手入れをしている間、そばの芝生の広場でルイが松ぼっくりをひろって投げ、マリが木の枝をバットにして振っている。

死を拒む体

マサキに実父の記憶はない。5歳のころに母親が再婚した。弟が生まれると、継父の虐待が始まった。殴ったり蹴ったりはマサキの体を傷つけた。テレビを見る夜のだんらん時にひとり壁ぎわに座らせられたことは心を傷つけた。

小学5年生のときに母親が家を出た。1年後、見知らぬ男に家から連れだされ、大阪で暮らすようになった。母親は1年前、この男と駆け落ちをしたらしかった。新しい継父もウイスキー瓶で頭を殴ってきた。暴力団員だったのか、家に出入りしていた「舎弟」たちはマサキの目の前で覚醒剤をうつこともあった。

中学を卒業して型枠大工になった。給料のうちの1万5千円がマサキの取りぶんで、のこりは継父のギャンブル代に消えた。それでも継父を「お父さん」と呼んだ。暴力をふるう継父から離れるどころかギャンブル資金を貢ぐのに一生懸命な母親が悲しむと感じていたからだ。

17歳で家を出た。東京のパチンコ店に住みこんだのをふりだしに、愛知・静岡・神奈川・福井の大野市・富山と転々とし、トラックの運転手・ラブホテルの受付と掃除係・建築業と仕事も次々と変えた。

パチンコ店で働いていた26歳のときに同僚と結婚。「生まれて初めて自分のそばに一生いてくれると思った人でした」

そのミズエがてんかん発作で急逝した。ミズエも親と音信不通の身だった。2人きりの葬儀を終え、マサキは故郷の福井にもどった。このころから自殺未遂を繰りかえすようになった。なにかに引っかかるたびに「死なないからこうなる」「死ななければいけない」と考えるようになった。

2年前の6月4日夜、東尋坊に立った。このころは車で寝泊まりする生活だった。崖の下をのぞくと、うしろから引っぱられる感覚があった。死にたいのに体が拒んでいた。公衆電話ボックスの明かりが見えた。中に入ると「NGO　月光仮面」の名刺があった。「死ぬ前にこの苦しみを聞いてほしい」と思った。

「もしもし、聞こえてる？　名前は？　いまから行くから待ってて。車だから45分ぐらいかかるけど。東尋坊タワーの前に自動販売機があるでしょ。そこの前の椅子に座ってて。イエス？　ノー？イエスね」

駆けつけた月光仮面に「あなたが生きていくなら力を貸します。電話をかけてきたってことは生きたいってことだよね」と言われた。

その言葉に心を動かされなかったことは覚えている。身を任せたのは、死にたくなかったからか、考えることに疲れていたからかは覚えていない。

月光仮面の車で、東尋坊の近くにあるプレハブ小屋のシェルター（緊急避難所）に連れていかれた。カツマタさんという51歳の元ヤクザが「先客」にいて、マサキの嘆きを明け方まで聞いてくれた。「つらかったな」と言っていっしょに泣いてくれた。このとき初めて「やり直してみよう」と思った。

月光仮面に手伝ってもらって生活保護を申請し、１カ月後、東尋坊の近くにあるアパートでひとり暮らしを始めた。

半年前、マサキは建築の仕事をしていて、つきあっていた女性と別れた。あの「死なないからこうなる」に再びとらわれた。車で山梨の青木ケ原樹海にむかった。東尋坊で保護されて以来あれこれと面倒をみてくれる月光仮面には、もう迷惑をかけたくないからと黙ってアパートをでた。

マサキを保護した病院の記録によると、車内で、手に山盛り４杯分の１２０錠をオレンジジュースで飲みこみ、意識が低下したところで練炭に着火。ややあって発見者が１１９番通報をしていた。

福井に帰されたマサキのようすがは月光仮面しかなかった。「すいません……」と口ごもるマサキ。「なんで連絡しなかったんだ」と月光仮面。言葉に怒気はなく、なぜ頼ってくれないのかという悲しみがあった。
マサキは思いだした。「あ、心配してくれる人がいるんだ」

死にたい以外の感情

初夏の東尋坊パトロール。マサキは、2台の公衆電話ボックスに「本当に大切なあなたへ」と記したメッセージを貼った。

ゆっくり歩こうよ
人生辛く苦しい時だけじゃないよ
道に迷う時もある
1人ぼっちになる時もある
だけど忘れないで
あなたは1人じゃない
あなたの事を必要としている人が必ずいるよ
あなたの辛さ聞かせてよ

冬の東尋坊を見まわり中の月光仮面

あなたの苦しさ聞かせてよ
少しだけがんばって伝えてよ
必ず聞いてくれるよ
分かってくれるよ…私もそうだったから
大丈夫
あなたは1人じゃないよ

「どうですかね」と感想を求められて、「ちょっと甘ったるいんじゃねえか」と答えた私に、マサキはふふっと笑った。

「それが狙いなんすよ。東尋坊に来る人は『死ぬしかない』と思っている。これを見て『なんじゃこいつは』『俺はひとりじゃ』と反発してくれたらいい。死にたい以外の感情を持ってくれたらいい。そのときに大切な人の顔を思い浮かべるかもしれない。月光仮面に電話をしてみようと考えるかもしれない」

リカコ（52）が「顔に似合わず細かいねえ」とか

らかった。パトロール常連組の中でリカコがツッコミ役、マサキはボケ役といったところか。リカコも東尋坊で保護されたひとりだ。同居の男から暴力をふるわれて、両親の位牌を持ってアパートを飛びだしてきた。

マサキは「血のつながった親でさえ裏切るんだから他人が裏切るのはあたりまえ。それが東尋坊に来る前の僕の考えでした」と語る。そのマサキが今は月光仮面からの急報をうけて東尋坊にむかう役目を担っている。

「自殺を考える人の気持ちは、自殺を考えた自分だからわかることがあると思うんです。心がいっぱいいっぱいの人の苦しさとつらさを否定しないこと。月光仮面に引き継ぐまでに笑顔のひとつでも引きだすこと。少しでも心をやわらかくしてあげること。月光仮面が99・9％、僕が0・01％。あわせて１００％になればいい」

「僕？　もう自殺は無理ですよ。寿命がくるまで生きなきゃ。やることがあって生きているわけですから」

即席の相談会

福井市のアパートで暮らすルイとマリを車でひろって東尋坊にむかう。最近はパトロール参加希望者が増えてきたので、月光仮面の車だけでは送迎に間にあわなくなり、私の軽自動車も駆りだすようになった。

ルイとマリはいつも後部座席にならんで座る。

「もうすぐ就職面接なんだけれど、なんて言ったらいいのかな。ちょー緊張しているよ」とマリが言った。

「工場だったら『ひとりで黙々と集中することが得意です』と言えばいいんじゃね」と工場で働いた経験があるルイが答える。

「女の人とペアになって仕事をするんだって」

「マリさんは接客業をやっていたから『まわりと協調できる』とか言えばいいんじゃね。あとは相手次第だから。よけいなことを言わずに淡々と」

「私、考えはじめたら、そのことで頭がいっぱいになるの」

月光仮面が助手席から会話に割りこんでくる。「どんな会社なの」「社長はだれ」「面接に行く交通費が出るかも確認しておいて」

どうして月光仮面もいるのかというと、最近、自動車事故に巻きこまれて愛用のトヨタ・プリウスが壊れたため、修理が終わるまでは私の車に乗ることになったからだ。

月光仮面のプリウスは、走行距離19万キロの中古を5万円で知人から買ったもので、あちこちこすったりぶつけたりだからパトロール参加者から「ボロウス」「ガタウス」と呼ばれている。事故のついでに買いかえればいいのに、「まだまだ乗れるし、そんな金はない」

別の日の東尋坊パトロールにむかう車の中。

「きのうはすごく気分が落ちて」とマリ。話題を切りだすのはいつもマリだ。「落ちている自分も嫌で、自分を全否定する自分も嫌」

ルイは静かに聞いている。

「いいかげんでいいんだよ」と月光仮面。

パトロールの行き帰りの車中は即席の相談会の場にもなる。

追悼

また別の口のパトロールにむかう車の中。

「私、パン作っているのー」とマリが言った。喫茶店のアルバイトが決まったから声がはずんでいる。「朝の5時半に起きてちょー健康的な生活しているよ。この前はパンを売りにいって、どうですかっていろんな人に声をかけてさ。それが楽しくてー」

マリの話が一段落したところで、ルイが「自分はハチが苦手」と語りだした。「ハチにかかわるものは全部だめ。ハチミツも嫌い。でもホットケーキのハチミツはうめえと食ってしまう」

「なんだそれは」とマリがつっこむ。

また月光仮面が割りこんでくる。ハチから連想したのか、昆虫食について語り、ミツバチの環境問題から日本の政治の貧困へと話題が転じていく。歩くことの大切さ、痛くない歯医者、血液型と性格の関係、自分は昔ウクレレを弾いていたなどよくしゃべる。月光仮面はだじゃれも好きだ。ただし空の虹に「いまは3時40分なのになあ」というレベルだ。マリも私も意味がわからないから黙っている。ルイが「もういいっす」と苦笑して、「あ、2時とかけたのか」とようやく気づく程度だから話にならない。

月光仮面がパトロールを水曜日と土曜日に固定したのは、オハラさんがきっかけだった。

生活苦に陥ったオハラさんの生活保護申請を手伝って一段落したころ、2人で東尋坊の見まわりを始めた。まだ「NGO　月光仮面」と名乗っていなかったが今の活動の原形といえる。毎日は大変なので週に2日とし、それは水曜日と土曜日のことが多かった。

しばらくしてオハラさんは亡くなった。側溝にはまっての事故死だった。享年73。北海道夕張市の出身。20年前に福井に来た日雇い労働者だった。なじみの店のママは「いい男だった」としのぶ。きょうだいとの縁は切れていた。

葬儀を終え、月光仮面が整理のためにオハラさんのアパートに入ると、カレンダーの水曜日と土曜日にずらりと丸印があった。オハラさんにとって週2回の見まわりは生きがいだったのだと知った。東尋坊パトロールは追悼でもある。

ヒロシの出動

午後11時、ヒロシ（44）の携帯電話が鳴った。就職の面接を終えて東尋坊ちかくのアパートに帰り、そろそろ寝ようとしていた。月光仮面からで「いまから行けるか」。マサキの体調が悪いから代わりにむかってくれという。突然だったから断る理由を思いつかなかった。自転車で坂道をこぎながら、胃の中の夕食が口に逆流しそうだった。

公衆電話ボックスの中にジャージー姿の青年を見つけた。「こんな若い子が」と思った。「冷やかしではないか」とも考えた。暗闇の中、海からの風音と波音が鳴き声のようだ。沈黙が怖いから「どこから来たの」「何歳なの」と質問をひねりだし、自動販売機の明かりがある場所に誘った。缶コーヒーを買った。月光仮面が合流するまでの30分が長かった。

26歳。警察官だったが職場でいじめられて退職し、ここ数年はアルバイトをしている。大学生時代に借りた奨学金300万円の返済があり、消費者金融にも70万円の借金がある。同居の親と折りあいが悪く、昔から自分には価値がないものと考えてきた……そんなことをヒロシにぽつぽつと語り、月光仮面が合流するころには青年は少し落ちついたようだ。夜も遅いので東尋坊の近くにあるプレハブ小屋シェルターで寝てもらうことにした。

シェルターに送り届けたあと、月光仮面は青年の自宅に電話をかけた。午前2時をまわっていたが、心配していたらしく母親がすぐに出た。青年は自殺をほのめかす手紙を置いて家を出ていた。月光仮面は自己紹介をしたあと、「こちらでゆっくり話を聞く。寝泊まりする場所はあるので安心してください。もしも青年から電話があったら決して責めないでほしい」と伝えた。

翌朝の午前10時、月光仮面は青年に聞いた。「家にもどりたいのか、ここでやりたいのか自分で決めてください。それを僕らはサポートするから」

「人に頼るのが苦手だった」と青年はつぶやいた。

「人は助けあいだから。これを機にどうするのか考えよう」と月光仮面。

ヒロシも、月光仮面が帰ったあとの昼すぎにシェルターを訪ねた。「これからどうしようと思っているの」と声をかけ、暇つぶしになればとテレビが映る携帯電話を青年に貸した。

翌日、シェルターに青年の姿はなかった。月光仮面が緊急連絡用にと貸していた携帯電話、ヒロシの携帯電話、手紙入りの茶封筒が菓子折りの上にならべられていた。

「すぐに、我に返りました。就職活動、過去の自分、親との関係に目を背けて、その場の感情で東尋坊に逃げてきただけなんだと思いました」「おそらく、この瞬間にも自殺する人はいるだろうし、そんな恐ろしく、悲しい社会で無償の人助けをする皆さんを尊敬します」「帰って、親に謝罪し、もう一度、再スタートをしようと考えています」

読みおえた月光仮面は手紙をふところにしまった。

その日の夜、ちゃんと家に帰ったという お礼と報告の電話が青年の母親と青年からあいついであった。

月光仮面のそばでヒロシがほっとした表情を見せている。「けっこうな試練だよね。死のうと岸壁に立った人をどうやって食いとめるんですか……ほんと。自分自身まだ死のうという考えが頭に出てくるというのに……いきなりすぎるよね」

ぼやくのも当然だ。ヒロシ自身、1カ月半前に東尋坊で保護されたばかり、12日前にこのプレハブ小屋シェルターから引っ越したばかりだからだ。

ヒロシの逃走

ヒロシが東尋坊に着いたのは夏の日の未明だった。乗ってきた車を隣町のコンビニエンスストアの駐車場にとめて朝を待った。崖の下をのぞきこんでは引きかえして座りこむ、を3回くりかえした。「死ななければケリがつかないだろうし」「もういっぺんがんばろう」「金を用意できるはずもないし、生きていたら絶対にさらいにくるだろうし」

公衆電話を見つけたので元妻にかけて「あとは頼む」と言って切った。「ＮＧＯ　月光仮面」の名刺に気づいた。

月光仮面より先にマサキと私が到着した。お茶のペットボトルを持ってジャージー姿のヒロシは、見るからに心ここにあらずの状態だ。真昼の陽光に輝く日本海を見つめて「きれいなところですねえ」とつぶやいた。深刻な金銭トラブルを抱えているという。マサキが「道は見つかりますよ。絶対にいい道、見つかりますよ。１人よりも２人、２人よりも３人だと道が見つかりますよ。死んで逃げる必要はないですよ」と慰めた。

月光仮面も着いた。ヒロシにあらためて事情を聴く。

数年前、自営の小さな会社を倒産させてしまった。「この町で生まれ、この町で育ち、この町で生きてきたのに、こうなるとだれも相手にしてくれなくなるんです」。そのころに男と知りあい、２人で新しい会社を興すことになった。

ほどなくして男は、家族が深刻な病気で入院や手術に必要だからと会社の売上金の借用を言いだした。ヒロシは応じた。取引業者への支払いを少し延ばせばいいと考えた。家族とのメールも見せられたので情にかられた。「なによりも人間的に信用していましたから」

男の要求は50万円・１００万円・２００万円と膨らみつづけた。男の車のローンもカード代も支払うようになった。わたした金の総額と業者への未払い金の合計は７００万円なのか1千万円なのかわからなくなった。支払いを求める業者にその場しのぎのうそをつき、思いつくかぎりの人にその場しのぎの偽りをならべて金を借り、それでも支払いが追いつかないから業者に殴られてけがを負う日々だった。渦中に離婚。自宅も競売にかけられて車中泊になった。この1年間は男から毎月数万円をもらって食いつないでいた。

2週間前、ゴルフクラブを持って待ちかまえていた業者の車に押しこまれた。車は男の家にむかっていた。はたと気づいた。すべては男の仕業だ。会社の金を巻きあげるだけではなく、暴力的な業者を使って自分を追いこみ、借金をさせて金を作らせ、その金を山分けしている……男が手を引いているのだと考えるとすべてのつじつまがあった。交差点で停まった瞬間に車から飛びおりた。

あてもなく車を走らせた。携帯電話は鳴りっぱなしだった。男からのメールもひっきりなしにきた。元妻と子どもに危害を加えることをにおわせていた。とにかく逃げよう。遠くで死のう。そうすれば解放される。そんなことしか考えられなかった。未明に着いたのが東尋坊だった。

私はヒロシに聞いた。

——信じられない。「だまされている」と気づかなかったのですか。

「気がついたら枠にはめられて抜けだす場所がなくなっていたんです。なにせ、きのうまで男の口座に振りこんでいましたから」

月光仮面がノートへのメモをとめて言った。

「ふーん。もうゼロから出発するしかないね。命を捨てることを考えたんだからできるでしょ。もう自殺を考えたらあかんよ。それ約束して。そうでないとサポートできないから。サポートしますから」

このとき、ヒロシは初めて表情を崩した。「逃げてもどうにもならない……やっぱりもどろう……それを3回くりかえして……」としゃくりあげた。

「まず自分を立てなおす。あんたが心配している子どものことはそれからだ」と月光仮面。

「わかりました」とヒロシ。

「ここから始めましょう」と月光仮面。


こうして保護されたヒロシも1カ月半後には保護するがわにまわったのだった。「……ほんと、いきなりすぎるよね。でも僕もみんなにしてもらったことぐらいは返そうと思うからね」。1カ月半前とはうってかわって笑顔でぼやいた。苦笑したというほうが正確かもしれない。

月光仮面は人づかいも荒い。

「NGO　月光仮面」

年があけて間もなくの東尋坊パトロール。寒風が身を刺してくる。電話ボックスを点検する。この日は2カ所とも10円玉の小箱が空っぽになっていた。まれに、冷やかしの人が10円玉を持ち去っていくことがある。それ以上にまれに、観光にきた人が小箱いっぱいに10円玉を寄付していくことがある。この間のSOS電話のかかり具合を考えると、だれかが持ち去ったのだろう。

置き手紙があった。「本当にありがとうございました　この2日間死ぬ事も出来ず　やり直す事が出来れば必ずお金はお返し、しますのでお願いします」

末尾の日付からすると、前日に東尋坊をうろつき、100円ちょっとの金を持っていったのだろう。それであたたかい缶コーヒーでも買えたのだろうか。

月光仮面が言った。「よかったなあ。俺らのパトロールも役に立っているんだよ」

「NGO 月光仮面」はなにものか。

福井市で代々つづく材木屋の長男として生まれた。11人と犬1匹の家族だった。生後すぐに肺炎で死にかけた。「おやじは葬式の準備までしたらしいね。おふくろが米軍横流しのペニシリンを手に入れて助かった」

1948年6月28日に発生した福井地震のときは1歳3カ月で、たらいで行水中だった。倒れてきた材木の下敷きになりかけたが、おばさんが覆いかぶさってくれて助かった。家業は復興特需で大もうけしたという。

小中は病弱で、高校で卓球に熱中。体が丈夫になったかわりに、最初は生徒750人中100番以内だった成績が、最後は下から3番目になった。

法政大学の建築科に進んだ。初めての都会暮らしに、口をつく福井弁が恥ずかしくて1年間はほとんどだれとも話さなかった。2年生で卓球部を作り、卓球一色の生活をおくった。設計の課題は後輩にやってもらった。「それで法政大学の卓球科を無事に卒業したもんだ」

帰郷して家業に入り、父親が膵臓癌で死んだ30歳のときに5代目を継いだ。

その社長業を2007年、60歳ですっぱり辞めてからは福井県立図書館で読書ざんまいの日々だった。

2008年の秋、リーマン・ショックが起きた。生活苦に陥った2人の知人を助けようと走りまわっていたころでもあった。市役所を訪ねたり、電気をとめようとする北陸電力とやりあったり、職さがしを手伝ったり。すこし視野を広げれば、これは一時的なものでも局所的なことでもないと気づいた。派遣切りや雇い止め。貧困と格差。自己責任。これらは、新自由主義とグローバリズムが規制緩和や改革の糖衣をまとって猛威をふるっているからだとわかった。とんでもない世界になっていると考えた。若者を使い捨てて恥じない社会の出現は、自分たちの世代に人間らしさが欠けていたからだと省みた。

2009年の秋から、東尋坊で自殺防止・人命救助に取りくんでいる茂幸雄さん（1944年うまれ）のNPO法人「心に響く文集・編集局」で手伝いを始めた。半年後に独立し、それからは単独行動だ。

最初、思いつめた人と観光客との区別がつかなかった。そこで考えついたのが2台の公衆電話ボックスに「NGO　月光仮面」の名刺を置くことだ。たちまち反応があった。それが2010年5月7日で28歳の男性だった。

月光仮面の身長は168センチ、体重は73キロまで増えて腰を痛めたので減量して65キロ。活動費は自身の年金だけだから1日1食ですませている。

「余生を使ってできる範囲のことをやっているだけだから、名前は出さないでね。どこのだれかは知らないけれど～♪って歌うでしょう」

第2章　随應寺

ＪＲ福井駅からは車で20分ほど、東尋坊からだと50分ぐらいに随應寺はある。この福井市の寺は、坂井市にある東尋坊ちかくのプレハブ小屋シェルターとともに、保護された人が一時的に身を寄せる避難所でもある。月光仮面と、住職の小野寺和彦さん（１９５５年うまれ）の妻恭子さん（１９５６年うまれ）が反原発集会で知りあったことから、なしくずし的にそうなった。

寺の裏山には江戸時代の無縁墓がある。福井市の足羽山（１１６・５メートル）でとれる笏谷石《しゃくだにいし》から削りだしたお地蔵さんや、愛犬ゴン太の墓もある。

寺の歴史を教えてもらおうと私は夕刻に訪ねた。

「あ、いらっしゃい」と赤いバンダナを頭にまいた和彦さん。「そろそろ一杯の時間なんで、その前に風呂のまき割りをしようと思ってね」

すると、「菜っ葉はいらんかね」と近所のおばあちゃんが寺の門から顔をのぞかせて言ってきた。和彦さんは「いるいるー」と出ていった。

しかたがないので私はまき割りを代行して待つことにした。

――寺の建立はいつですか。

「ぜんぜんわからない。関心もない」。晩酌のウイスキーをやりながら和彦さんが答える。

これもしかたがないので私が調べた。清水町（現福井市）史によると、１４８１年に西念が創建し、そのころは随「応」寺だった。１５７４年に禅宗から浄土真宗に改宗し、１６６２年に今の真宗大谷派へ転派した。初代の西念から数えて15代目が恭子さんの父霊晶さんだ。

その恭子さんと結婚した和彦さんが16代目を継いだ。

「お朝事もやったのは5日間ぐらい。よくねえなあ。『いい坊主』であろうとは思わない。かたちよりも生きている人間にどう接するかが大事……ってだらしないだけか」

この随應寺でルイやマリは生きる力を蓄えた。

ルイの保護

「救いの電話」から月光仮面にかけたあと、ルイは海をながめた。「夕日がすっごくきれいだなって」。5月25日のことだった。

飛びおりることに迷いが生じたのは生への執着からではなかった。想像していたよりも崖が低かったからだ。「自分は確実に逝きたかった。目が覚めて、まだこの世界にいるなんて絶対に嫌だった」。どうすればいいのかわからなくて、小箱に1枚だけ残っていた10円玉を使った。

「もしもし。どうしたの、いまどこにいるの」

30分後、マサキが必死の形相で走ってきた。

「警察に行くんですか」

「行かないよ。いまから来る人にすべてを話すといいよ」

絶対に警察ってパターンだよな。絶対に警察とつながっているよな。絶対に話を聞いてくれないよな。絶対に家に帰らせる気だよな。そんなルイの予想に反して、月光仮面の車でつれていかれたのが随應寺だ。

寺の居間で月光仮面が告げた。「帰るのも、ここでやり直すのも決めるのはあなただ。方法はいろいろある」

たちまちその場で、しばらく寺に泊まることが決まった。そうしたことを話している月光仮面と小野寺さん夫婦とのやりとりがルイは不思議に見えた。「この人たちはなぜ『見ず知らずの危ないやつ』をごくふつうに迎えられるのだろう」

「すいません、お世話になります」と謝ると、「そういうの気にしなくていいから」と恭子さんが言った。

ルイはひさしぶりに深く眠った。

翌朝は午前7時に起きて、これもひさしぶりに野菜が入ったみそ汁を飲んだ。ずっと1日1食、ほとんどパンだったから、野菜中心の手づくり料理に恐縮していると、「あまりもんでごめんね」と恭子さんが言った。

寺の1カ月

それからの1カ月間、監視されるわけでなく、あれこれ聞かれることもなかった。あてがわれた寺の2階の空き部屋で最初の1週間はひたすら寝た。「自由にしていいよ」と小野寺さん夫婦に言われていたから思う存分のんびりとした。「あれだけ食べたのはひさしぶりでした。手づくりっていうのがよけいにおいしくて」。夕ご飯を終えたら寝るまでがまた自由時間だった。

さすがに暇をもてあますようになったので寺の自転車で出かけるようになった。JR福井駅に行ったり、足羽山に登ったり。「どうやって逃げようか」という考えは、逃げようと思えばいつでも逃げられる環境で消えた。「ルイちゃん、なにすると楽しいの」と恭子さんに聞かれて、「私はパソコンとか漫画とか運動が好きです」と答えたので、それからは5時起床の早朝ランニングが日課になった。月光仮面に誘われるようになった週2回の東尋坊パトロールもかっこうの暇つぶしとなった。月光仮面に手伝ってもらって福井市に生活保護を申請し、決定した6月25日に市内のアパートに引っ越した。

ルイが自殺を思いたったのは東尋坊が最初ではない。手首と首には18歳の傷痕が浮きでている。それから今までの5年間を死ぬために生きてきたという。

ルイのひとり語り

〈派遣で働いていたカテーテル製造工場を1月に辞めました。給料で55万円を貯めて、東京のネットカフェを泊まりあるいて。あの世にお金は持っていけないし心おきなく使おうぜって感じで。ひと

夏の東尋坊をパトロールする月光仮面

りだし、だれにも縛られなかったし、いままでが虚しかったから楽しかった。インターネットで東尋坊を見つけました。「死体はあがらない」とあったので「これはいける」と。

東尋坊に着いたのは5月25日の午後3時か4時ごろでした。でも観光客が多くて、薄暗い場所だと思っていたのに明るくて想像と違っていました。崖もそれほど高くなくて海の底も見えた。これは無理じゃね。骨折とか中途半端に終わってしまうな。やっぱり落ちてみようかな。ぐるぐる考えていました〉

ルイは、会社員の父親と主婦の母親、弟2人の5人家族だ。

〈自分が生まれた年に3歳上の兄が心臓病で亡くなっているんです。両親は兄につきっきりで、自分は母方のじいちゃんとばあちゃんに育てられたそうです。

下の弟は重度の自閉症で、そういう弟がいるからしっかりしなければいけないとずっと思っていて。

自分は長女だから、家族を守るっつうのか、そういう立場の人間にならなければと思っていて。まわりもそういうイメージを持っていて。親からも、将来的には介護とかの道に進んでほしいと期待されていて。それが縛られているみたいで、苦痛で。

弟は超かわいかった。小さいころは目をはなすと大変。でも恨んでいることはなくて、ふつうの弟も障害の弟も自分の弟だし、守っていかなきゃと強く思っていて。夏休みには弟をあずける放課後クラブでボランティアもやって。そのことを嫌だなと思っている自分もいて。頭の中でぐるぐるしていて。

まわりの人が持っている「しっかり者」というイメージに近づきたかった。近づこうとしても違うし。ほんらいの自分とは違うし。このさき何十年もまわりの期待にこたえて生きていくんだろうなっていうのに耐えられなかった。自分の人生だから自由に生きてみたいと思っていたんですけれど、なんだろうなと。考えすぎのところもあったのかもしれないけれど、そういうのもあるかな。

中学の成績は中くらいでした。自称まじめ。卒業したら働こうと思っていたけれど、やっぱり高校に行かないと厳しいよなという思いもありました〉

第一志望の公立高は不合格だった。ルイの目に、介護福祉科がある私立高のパンフレットがとまった。〈やっぱりこれかと。やっぱりこっちの道に進まないといけないのかと。親からは「好きに選べばいいよ」と言われていたし、最終的には決めたのは自分だけれど、そこを選ばないといけないと勝手に思いこんでいたところもあった。

高校の勉強は学年でもトップ10でした。中学のときとは違ってはっちゃけていて、いじられキャラでした。それはそれで楽しかった。

でも今度はお金のことが心配になって。家はそんなに貧しいわけではなくて、ご飯はちゃんと食べていたし、旅行にも行っていたけれど、無理して私立に行かせてくれたんじゃないのかなと思うようになって。それで1年生の途中で辞めると言いだした。なによりも進路への違和感があった。

そのころから母が自分にあたるようになった。自分の部屋のドアにむかって物を投げつけることもあって、弟2人もびっくりして、部屋の中に閉じこもって3人で固まって「どうすっかな」と。そのころは自分も反抗期で、それも母は気にくわなかったのか、わめいたり落ちこんだりと難しくなって。高校を辞めさせてくれないから2年生になると学校をさぼって古本屋とか図書館とかに本を読みに行ったり、たまにゲームセンターに行ったり。それで母がまたキレて。

やっぱり進路と金銭的なことへの違和感は消えなくて2年生の終わりに辞めました。友だちには恵まれていると思う。辞めたときも心配してくれたから。でも相談はしなかった。自分の悩みを押しつけることが嫌だから。明るい人と見られたかった。弱みを人に見せたくないというのもあった。

高校を辞めてからはアルバイトをしました。忙しかったけれど、それは自分で決めたことだから嫌ではありませんでした。その間に高校卒業程度認定試験を受けて、1回目は落ちたけれど、くそっと思って勉強しまくって2回目で合格しました〉

ルイの母親にはギャンブルと借金の癖があった。

〈アルバイトを始めたのはいいけれど、親が給料を管理すると言うので通帳をわたしたんです。すると口座に給料が入っていないんです。なんでだろうなって。母は週末になると朝から出かけていた。あとをつけたんです。パチンコ屋に入ったのを見て、やっぱりなって思って。

別の日、母が土下座して「金を貸してくれ」って言ってきた。それまでも母の泣き顔を見たことがあったけれど、あのときは……あのときは……すっごい気持ち悪くて。こいつはほんとうに自分の親なのかって思って。別の生き物に見えた。パチンコ自体はいいんです。趣味だから。でも自分の子どもに貸してくれって言ってまでしたいのかって。そんなに金に困っているのかって。

朝はやくから新台を目ざしてパチンコ店に入っていく母の姿を見たら、自分はこいつらの奴隷なんだなって。アルバイトで稼いだ金を勝手に使っているんだなって。もう一生、自由になれないんだなと思って。でも親には迷惑をかけたこともあるから強く言えなくて。このとき初めて死をイメージしました。いつも自由になりたいと思っていたから、そのときの自分には自由になるには死それしかないと。とりあえずアルバイトを辞めて気持ちを落ちつかせました〉

17歳の冬、青木ケ原樹海にむかった。

〈新幹線で行って夜は野宿しました。寒くてガタガタ震えて、寝たり起きたりして、翌日はビジネスホテルで1泊しました。次の日に樹海行きのバスに乗った。入り口で「なにをしているの」と聞かれて、「観光です」と答えたんですけれど、パトカーに乗せられました。取り調べ室みたいなところでいろいろ聞かれて、次の日に父が迎えにきました。樹海に行った理由は聞かれなかった〉

18歳の冬、自分の部屋で首と手首を切った。

〈自宅マンションの7階から下を見たんですけれど、「低すぎるかな」と。部屋に引きかえして、薬をいっぱい飲んで、カッターで手首を切って、首を切って、ふとんの中でごろーんとなりました。痛くなかった。やっと終わるという安心感があった。

でも親に見つかって、目が覚めると病院のベッドの上にいて。横を見たら、すごい泣いている母がいて。金を貸してくれと泣いて土下座したときと同じ顔だなって。心配で泣いているのもあったんだろうけれど、ベッドで寝ていなくて働けばいいのにと思っているんだろうって。

精神科に行きました。いろんな人が死のうとしていました。自分だけが苦しいんじゃないと少し楽になった。さっさと出たかったからふつうの人間を演じて3カ月で退院しました。

またアルバイトを始めて、今度は通帳も自分で管理して。ひとりで死にたかったから、ひとり暮らしのための金を貯めようと思って。あいかわらず母は「金を貸してくれ」ばかり。ある日、アルバイトから帰ると、趣味のアニメの本やＤＶＤが部屋からなくなっていて、隠していた金もなくなっていて、荒らされた形跡があったんです。こういうことが何度もあって、自分の物をブックオフで見つけて、母が売ったんだろうなと。母と言い争いになったんです。強く言いたかったけれど、自分だけが悪いとされたら嫌で強く言えなくて。

母は、じいちゃんとばあちゃんにも「金を貸してくれ」って泣きながら言っていた。２人が年金を削って貸している姿を見るとくるものがあって〉

22歳になる年に家を出た。派遣されたカテーテル製造工場で働き、寮で念願のひとり暮らしを始めた。

〈初めてのひとり暮らしは自分でご飯を食べて、掃除をして、たまに会社の人と飲みに行って。給料は20万円。がんばれば次のシフトの人が楽になると早出をしまくって、仕事への責任感も出てきて、すっごく楽しくて。

やっぱり母から「20万円を貸してくれ」と電話が何回もあるんです。自分はどこに行っても逃げられないんだなって。自由に生きて自由に死にたい。死にたいというより自由になりたかった。自分の人生だから自分で決めたかった。自分の道を自分で選びたかった。家族・友だち・社会・世界。すべてのしがらみを断ち切って自由になりたかった〉

工場を辞め、1月に東京に出た。ネットカフェを泊まりあるき、5月に東尋坊に立った。保護されて1カ月後、随應寺を出てアパート暮らしを始めたルイに今の心境を聞いた。

〈うーん……和彦さんも恭子さんも見返りを求めているのではなくて、自分を助けたいんだなというのが伝わってきたというのか、適度な干渉というのか、尊重しあうというのか。うーん……入ってこないけれど精神的にというのか、うーん……1日のなかで数時間だけ支えてくれるっていうのか。そのままを尊重してくれるっていうのか。

自分の問題は自分だけがわかっていればいいし自分で解決するのが今まででした。自分は本音で話したことはなくて、自分はだめな人間で……うーん……違うな、一線を引いていたのは、自分は違う人間なんだと考えているところがあったからで、自分の中に入ってきてほしくなかったというのか。寺では少しは本音を言えました。それは縁を感じたからか。いままでにない出会いで新鮮だなって思います。親身になってくれる人が新鮮だなって。

小野寺さんの家族の話を聞いていると、いろいろ苦労していて、それでも支えあって今があるということがなんとなく心にきたんですよね。いろんな人生があるんだなって。自分にそういう話をしてくれる人がいるというのも衝撃でした。これまでは自分しか見えていなかった。23年も生きてきてあらためてそう思うっつうのも、なんかすごいな。

東尋坊にむかった理由を強いてあげると家族です。小さいころからの不満が積み重なって大きくなって爆発したというのか。長女の自分がしっかりしなきゃいけないというプレッシャーがあったし、高校進学で家に負担をかけていたこともあったし、家出とか自殺未遂とかで迷惑をかけたし、こうした小さいことが徐々に死につながったんじゃないかって思います。親への怒りもあるけれど、原因を親への怒りだけにしたくない。東尋坊で保護されたあとに母に電話をしたことがあって、母は自分自身を責めていたけれど、母だけが悪いんじゃなくて、自分が一番悪かったことはわかっているんですけれども、だれが悪いってことじゃない。

いまは、傷ついている人、自分より大変な体験をしている人、障害者とかおじいちゃんとかおばあちゃんとかの考えを聞いてみたいっていうのはあります。いまもひとりでいることが好きだし、半分は生きたい、半分は死にたいが強くあります。今回も失敗したけれど、自由になりたいという気持ちは捨てていなくて、それも自分の一部だから捨てちゃあ自分じゃない感じがするんです。その気持ちはなくさなくていいかな。生きたい。死にたい。どっちも持って自分のペースで歩んでいけたらいいなとちょっとは思えるようになっています。とりあえず自分が言いたいのはそれだけです。話し下手ですいません〉

マリの保護

ルイを保護して1カ月後、東尋坊パトロールを終えた帰りの車中、月光仮面の携帯電話が鳴った。
「いま東尋坊に来ているんですけれど、死ねませんでした。でもどうしたらいいのかわからなくて、どこにも帰るところがないんです」

とってかえすのに時間がかかるので、まずはマサキにむかってもらうことにした。

ボロウスのうしろの座席にいたルイは、「若い感じの子だね」と電話を終えた月光仮面に教えられた。午後4時、舞いもどった東尋坊タワーの下にハイヒールと花柄のワンピース姿で立っているマリを見て、「自分の苦手なタイプだな」と思った。随應寺にむかう途中、車窓の外に広がる水田を見て「キジがいますね」とマリがつぶやいたので、少し意外な気がした。

マリが東尋坊に来たのは6月22日だった。その3日前、同居している26歳年上の彼とけんかになった。仕事から帰ってきた彼がいらだっているので理由を聞くと、左手の小指を蹴りあげられた。翌日、「きのうは悪かった」と謝ってきたので許した。こんなことは同居を始めてから2年間ずっとだったからだ。

ただしこのときは彼の携帯電話をのぞいた。女性へのメールに優しい言葉をたくさん書きこんでいた。「嫉妬だったんでしょうね」。前日の暴力を責めた。突き指をしたし、最近は冷たいし、口調もきついと。

「おまえといるのは疲れる」「醜いよ」「出ていってよ」と言われた。「わかったわかった。出ていく」と返した。「死ねよ」と言われた。

「それが重かった。よぎったのが東尋坊で。この人は私に死んでほしいんだなって。存在していることすら嫌なんだなって」

6月22日午前6時、少しの着替えと財布を持って彼の家を出た。「死んでほしいなら死んであげる。

じゃあね」とベッドの中の彼に言った。寝ているのか聞こえないふりをしているのか反応はなかった。

寺の1カ月

マリを癒やしたのも随應寺の自由だった。2階建ての寺で最初は1階の空き部屋で寝起きし、そこに飽きると2階に移り、また1階にもどった。

寺でしたことは、自転車での散歩、境内の草むしり、庫裏や御堂の掃除、ご飯の手伝い、洗いもの。「なにげない生活の一つひとつが好きでした」。お気に入りは御堂の廊下で絵を描くことだった。対象は、寺のまわりの水田にわんさかいる虫やトカゲ、境内の野菜など。飽きるとスケッチブックと色鉛筆を脇において好きなだけ寝た。

どこにも行くところがないという閉塞感は、土の感触と鳥の声、和彦さんのまき割りのときに漂ってくる木の香りにつつまれて「気分が落ちつく解放感」に変わった。集落の人に「この女の子はだれ」と聞かれた和彦さんが「新しい娘ができてねえ」と答えていたことがうれしかった。

マリは高校を半年で辞め、家に帰らなくなった。「夜の仕事」に就き、午前3時か4時に寝て昼に起きる生活になった。「夜の仕事」のことをマリは『サービス業』「そっちの世界」とも表現した。

随應寺では午前6時か7時に起きて午後8時か9時に寝た。「太陽の光をあびて起きる。暗くなったら寝る。そのリズムがすごく気持ちよかった」

寺にいるとき、身の上話をほとんどしなかったルイは、和彦さんのことを「和彦さん」と呼び、恭子さんのことを「恭子さん」と呼んだ。

マリは「お父さん」「お母さん」と呼び、「不安を聞いてもらえるだけですごく落ちつく」とよくしゃべった。

どちらも寺は受けいれた。

マリのひとり語り

〈彼のDV（近しい人からの暴力）に2年ぐらい耐えていました。私が21歳のときに出会った夜の店のマネジャー。26歳上でした。悩みましたけれど、年齢を気にする方ではなかったし、私は夜の仕事に疲れていて、私の変わりたいという気持ちを彼は応援してくれましたし。ヒステリーをおこしやすい私を「受けいれるよ」とも彼は言ってくれて、その言葉を信用しました。

彼にものすごく安心を求めていたんです。表情を見て「いま怒っているのかな」「なんかまずいことを言ったかな」と不安になる。彼がイライラしていたら「私がなにか悪いことをしたの」と質問攻めにしたんですね。「なんでもねえよ」「なんでそんな言い方をするの」と口論になって、怒鳴られる、殴られる、髪の毛を引っぱられるの繰りかえしでした。

「出ていけ」と言われると、どこにも行くところがないのに出ていくしかない。それで「そっちの道」にもどってしまう。私のことをわかってくれるのは彼しかいないから、結局、彼のところに帰ってしまう。それなのに「そうやって生きてきたんだろ」と言われると、優しい彼の記憶が自分の中にあるのがつらくて。優しいときは優しいし、彼のもとにもどるたびにほんとうに好きなんだなと思いが深くなるばっかりで。でも口論になるとDVが始まるし。「おまえは幸せになれない」と彼に言われると、どうしてそういうこと言うんだろうとなるし。「おまえがいると気が休まらない」と言われると、私はどこにいればいいのとなるし。言い返すと殴られたり蹴られたりするし。けんかのあとは疲れて仕事も行けなくなるし。

愛されていたと思います、ちゃんと。仕事から帰るときも必ず連絡があったし、「おまえが笑顔で暮らせば俺はそれでいいんだ」と言ってくれたし。けんかになると「しつこい人が嫌いなんだよ」って言うから、私とは相性があわなかったのかなって。生理前の不安定をコントロールできなかった自分が悪かったのかなって。みんなに「暴力をふるう方が悪い」って言われるんですけれど、「女の人に暴力をふるったことはないよ」とも彼は言っていたので、私だから暴力しちゃうんだなって。みんなになんて言われてもそう思うし。彼も私の質問攻めを「言葉の暴力だ」って言っていたし。そう言われるとどうしていいのかどんどんわからなくなって。

東尋坊で保護されたあとに彼にメールしたら「暴力は最終手段だった」と返ってきたんです。コントロールされていると言われるかもしれないけれど、彼は「幸せは自分でつかむものだよ」って伝えたくて最終手段の暴力をふるったのかもしれない。自分の不安定さが問題だったと思っています。暴力をふるう彼もつらかったと思います。決して彼が悪いとは思いません〉

マリの家族は、トラック運転の父、専業主婦の母、兄2人の5人だ。

〈母はボランティアもしていました。料理を毎日つくるし、お裁縫もできるし、給食袋も手づくりでした。近所からの評判もよくて、お母さんが大好きでした。父も、仕事で家に帰ってこないこともあったけれど、子どもが大好きで私とも遊んでくれました。すばらしい父と母だと思っています。みんながこういう家庭を作りたいと思うような理想的な家庭だったと思います。

中学生のころからかな、父も母も私のことをどうしようもないと考えているんだろうと勝手に思っているところがあって、自分の言葉が足りなくて、うまく言えない、そんな感情がありました。私が寝ていると、2人が「なんであんな子になっちゃったんだろう」と話しているのが聞こえてきました。「なんで私こんな子になっちゃったんだろう」って私も思って。原因はきっとあるんだろうけれど、どうしてこうなっちゃったんだろうとただつらかったし、私も自分の行動にあきれているし。親からは「あんたはわがまま」と言われるだけで、でも、どうすればわがままを直せるのか、どうすれば人と仲よくできるのかわからなくて。

やっぱり自分が悪いんだろうなと思えば思うほど親と会話ができなくなった。自分の言うことはでたらめで薄っぺらいものと思っていたから、親もそう思っているだろうなって〉

16歳のころから家に帰らなくなった。

〈人前では元気にふるまう方だと思います。暗い話になるのは嫌だな、みんな悩みがあるから自分のことで心配かけたくないなって思いますね。学校でも明るい子と思われていたんじゃないかな。好きなことは友だちと空想話をすることかな。絵も下手だけれど「こんな自分になれたらいいな」というものを描くんですね。空想の中で生きるのは気持ちいいんですよ。描いたことを少しは現実にしてみようかなと前向きになれる。でも私は心が弱いから積み木をバラバラって崩しちゃう。

高校を1年生の9月に辞めました。きっかけは眉毛をそって停学になったことです。先生ともあわないし勉強は嫌いだしと流れで決めたところがある。

ほんとうの友だちって呼べる子っていなかったかもしれない。学校の女の子は共感で集まるんですね。３人集まると自分だけ浮いちゃうとか。テレビにしてもアイドルにしても自分の注目することがみんなとは違っていて、学校は個性を出しちゃいけないところなんだなと。友だちの間ではランクづけもあってそれも嫌でした。いま思うと考えすぎのところもあって自分から距離を取っていたのかな。なんかうまくいかないんですよね。

高校を辞めてからはコンビニエンスストアでアルバイトを始めました。親から月に3万円は家に入れろと言われて、ほんとうは家にいたくないのに、それが自分にとっては負担だったのかなあ。アルバイトが終わると、自分の部屋に閉じこもって音楽を聴いたり絵を描いたりしていましたね。音楽を聴いているときは救われました。パンクとかロックとか。落ちつきたいときはジャズやソウルを聴いて。それと夜中に道をひとりで歩くんです。怖いとかそんなのはなくて、足が疲れるまで、真っ暗な夜道をずっと。雨が降っても傘をささずに川をながめていたこともありました。

自分の体はどうなってもいいやと安易なところがたくさんあったんですね。彼氏の家に行ったり友だちの家を転々としたりするようになりました。

お兄ちゃん2人は大学を出ているのに、なんで自分はできないんだろう。勉強をしっかりしていればこんなことにはなんなかったのかなあ。

家のアルバムを見ると、子どものころの私は1日1日着ている服が違うんです。ってことは親戚や親きょうだいが服をいっぱい贈ってくれたということです。自分の中にはみんなに愛されてきた記憶がたくさんあるんです。最後に女の子で生まれてきて、たくさんの愛情をもらってきたのに、どうし

て親を裏切ることしかできなかったのかって。ほんとうに自分は親不孝者だって思っています〉

18歳のときに子どもができて結婚した。相手は、アルバイトをしていたコンビニエンスストアの常連客だった。

〈26歳の彼に夢中になりました。「フレンチ系の料理人になりたい」と夢を語ってフランス語を勉強していた。「占い師になりたい」と言っていたこともあって、どこまで本気だったのかはわからないですけれど、そのときは支えてあげたいと思いました。

彼は人あたりがいいので面接は通っていっぱい就職するんですが、どれも2カ月と続かないんです。傷つきやすくて急に暴れだすこともあって、もうひとりの自分がいるみたいだった。私も愛情を示してほしいから暴れることがあって、それで旦那に暴力をふるわれたりののしられたり。でもその人は必ず謝ったし、すごく反省するんです。

おなかに赤ちゃんがいるときは大きな不安がくることがあるんです。そのときも旦那は出ていったりとか暴力をふるったりとか。電話の受話器で頭を殴られたときは血が出てショックで。でも私の気持ち的にはまだ大丈夫で、この人の子は産めると思っていました。

子どもが生まれたときは「この子のために生きよう」って思った。男の子。なにをやってもかわいいとしか思わなかった。

でも旦那は働かないままなんですね。家庭への責任感のなさが嫌でした。この子を守るために家を出ようとしたんですが、彼が子どもを両手で抱きしめて離さなかった。引き離すのもかわいそうで置いてきちゃったんです。そのときの私は19歳で、ひとりで育てる自信もなかった。自分は愛情いっぱいで育てられたのに、自分が仕事で家にいられないと寂しい子になっちゃうじゃないですか。がまんしちゃう子になってしまうだろうし。すると彼の母は園長さんだし、彼も子どもには愛情があるから向こうの家で育てられた方がこの子には幸せなのかなって。それから「そういう世界」に行って。そこで知りあったのが26歳上の彼だったんですね。

子どもには新しいお母さんができたみたいです。彼のブログに新しい奥さんと子どもの写真が載っていました。もうちゃんとカメラにむかってピースできるようになったんだなって。決して思いださないことはありません。でもそれを考えてしまうと前に進めない。私には死ぬ勇気がないから生きるしかない。そのためには働かなくちゃと夜の仕事で生きてきた。子どもには「ほんとうにごめん」って謝りつづけています。ほんとうに無力です〉

マリも随應寺で1カ月間暮らしたあと、生活保護を使って福井市のアパートでひとり暮らしを始めた。心境を聞いた。

〈あのときの自分はどこにも居場所がなくて、すごく不安でした。そのころに比べると元気になって眠れるようになったのがうれしいですね。お寺でいろんな人に「とっても優しい子」と言われて、あ、私、そういうところがあるんだと思えるようになりました。私のような人の話を聞いてくれるんだって心が強くなりましたね。これはなにかのご縁なのかなって。みんなが味方になってくれて「安心していいんだよ」と言ってくれて緊張をとかしてくれました。

なによりも自分の空間を持てたのが大きかったかな。あっちが悪いとかこっちが悪いとかと評価されない自分ひとりの空間。いまはこんな状況でいいんだと思える肯定感というのかな。それまでは通り魔でもやってやろうかと。妄想の中では何回もやっているけれど、そういう気持ちも今はなくて。いまは心を取りもどす、自分でしっかり立つ、それが一番。初めてのひとり暮らしをして、ひとりで眠れるし、ご飯も作れているし、やりくりできる頭が自分にはあるんだな、ひとりで生活できる強い部分があるんだなと実感しています。彼といっしょにいたらお互いもっと傷つけあっていたと思うし、もっと大きなけがをしていたかもしれないし。そう自分に言い聞かせているところもあるんだろうけれど。

これからは、仕事を見つけて、自分がしっかり立てるようになったとき、人のためになることをしたいですね。人の悲しみやつらさを少しだけでも照らしてあげて、心に寄りそってあげたい。身を投げようと考えた人の気持ちを理解してあげて、自分ができることをしてあげたい。それは自分が助けられたからかな。自分の居場所ができたからかな。ひとりじゃないんだなと思えるから強くなれるし、優しくしてくれたことを返していけたらいいなと思いますね。

まただめなのかなあと思うこともあって気持ちの浮き沈みも激しいし、落ちているときは一瞬よぎったこともあるけれど、一つひとつ始めていけばいいじゃん、なにもしたくないときはなにもしなくていいじゃんと少しは思えるようになりました。東尋坊に行ったのは無になりたかったから。こんな自分じゃ受けいれられないってことに疲れていた。だから無は強みかな〉

随應寺の小野寺さん夫婦

ルイ・リカコ・マリを立てつづけに受けいれることになったとき、随應寺の小野寺さん夫妻の間に議論らしい議論はなかった。

「月光仮面に頼まれた。引きうける」と恭子さん。

「ほかの選択肢は」と和彦さん。

「引きうけなくてどうするんや」と恭子さん。

この程度だったらしい。「らしい」というのは2人の記憶がはっきりしないからだ。覚えているのは、月光仮面から電話がかかってきたときは「庭の蛍を見ていた」ということぐらいか。そうはいっても覚悟や決意といったものがあるだろうと私が聞いても、「困っていたら泊まってもらうのがあたりまえじゃない」という答えしか恭子さんからは返ってこない。

このときからあとのことだが、26歳の女性を保護したときだ。いつものように随應寺につれていくと、風邪をひいて声が出ないという恭子さんが寝間着姿のまま出てきた。条件があると言って嗄れた声で3点あげた。
1　汚いけれどいいか
2　寒いけれどいいか
3　洗濯は夫の和彦さんがしている。それが嫌なら自分でしてもいい
女性はぐずぐずと泣きだした。「泊まってもらうのがあたりまえ」のあたたかさを感じとったからだった。

和彦さんは新潟市出身で新潟大学に進んだ。教育学部を2年生で辞めて農学部に1年生として再入学したので大学に6年間いた。

在学中に創った探検部に「ものすごく能天気な人」が入ってきた。それが恭子さんだ。山岳部で滑落事故を起こしたので移ってきたという。

恭子さんは探検部でも騒ぎをおこした。新潟の日本平山（1081メートル）をひとりで登って道に迷った。主将の和彦さんに教わったとおりに木に登ってあたりを見まわすと「あそこからおりられる」。よろこびのあまり揺さぶった木の枝が折れて下の谷まで滑落した。

遭難した恭子さんをさがそうと、和彦さんは山岳部や警察に協力を請い山のふもとの民家に対策本部を置いた。恭子さんの両親も福井から駆けつけた。袈裟を着ていたからひとり娘の死を覚悟していたようだ。捜索隊の出発前に1本の連絡が対策本部に入った。恭子さんが隣の駅でお茶を飲んでいる、と。恭子さんは父親のビンタをくらった。

新潟大学探検部員は卒業前の1979年3月、ニューギニア島の中央高地へ学術調査と山登りに出かけた。

和彦さんは主に農業を調べた。

恭子さんは、島西側のインドネシアから東側のパプアニューギニアに逃げてきた難民一家とじゃれあっていた。言葉は通じないのに、子だくさんの母親と親しくなって、ほおをすり寄せて写真を撮っていた。

和彦さんは大学を卒業後、青年海外協力隊員としてネパールにむかった。そのまま海外で活躍したかったが「それ以上に恭子さんといっしょになりたかった」。1981年、故郷で養護学校の教諭になっていた恭子さんを追って福井で結婚。恭子さんの父から随應寺の住職を継いだ。

海辺で遊ぶルイ（左）とマリ

恭子さんは新潟大を卒業して帰郷。福井で養護学校の教諭になり、それから小学校に移った。子どもたちに時間割りを作らせたり保護者に教室を開放したり。週末は、勉強がおくれている子を自宅に招いて車で遊びにいった。産休中の1986年、チェルノブイリ原発事故が起きた。反原発作家の広瀬隆さんの講演会で司会をしたら、その様子がNHKで報じられて教育委員会からにらまれた。小学校と養護学校を往復し、学校になじめない子、不登校の子、保健室登校の子にかかわった。のめりこむほどに家庭と学校の境目がなくなり生活すべてが学校になった。疲れて45歳で退職した。

萌さん

小野寺さん夫妻の長女萌さん（1987年うまれ）は高校を1年生で辞めた。定時制高校に入りなおし、薬に手を出した。酒もたばこもやった。バイク事故もおこした。4年生のときに薬を抜くために1カ月間入院して体重が激減した。

「当時のことはあんまり覚えていないんだよね。自分の意思で行動するんじゃなくて、まわりと酒を飲んで楽しければいいかなと。父さんにも母さんにもすごく怒っていた。なんでだろうな。自分はだめなのかなと気づきはじめて、ただただ生きづらかったな」

はっきりと覚えていることもある。面会にきた和彦さんがカイワレダイコンの種を植えた土を弁当箱に入れてきて、「伸びてきたら食え」と言った。「がんばろっ」とも言った。「なんかすごい人だ」と萌さんは思った。

恭子さんは、萌さんの「反抗期」にとまどった。「いいかげんにしろ」と声をあげた。「いま大変なのは萌。恭子さんが出ていけばいい」と和彦さんに宣告された。恭子さんは家出を繰りかえし、境内にテントをはったこともあった。

「娘が荒れる姿を見せてくれて私も学んだんですね。だれも傷つけてなくて自分を傷つけているだけ。それを悪いと思う私ってなにと。なにがいい、なにが悪いがわからなくなって今もわからないんですけれど、それは私にとって進歩なんです」

定時制高校を卒業した萌さんは、随應寺でのんびり暮らした。寺の手伝いをしたりしなかったり。ルイとマリがそうしたように好きなときに起きて好きなときに寝た。

和彦さんが副業でしている翻訳の稼ぎが2008年秋のリーマン・ショックで悪くなったため、萌さんも働くことにした。いろいろする中でホームヘルパーの仕事が大好きになった。高齢者宅での身体介護がとくに楽しかった。「これ、自分にむいているな」。看護師の資格を取ればこの仕事をもっと深められるだろうと福井医療短期大学に進んだ。

そのころに迎えたルイ・リカコ・マリとの寺での共同生活を萌さんがふりかえる。「死のうとすることはそんなに特別なことじゃないというのが私の中にはありました」。彼への思いを整理できないマリに「やっぱり忘れられないやろな」と切りこんで思いを吐きださせた。

このときから数年後、大阪にある藍野大学の短期大学部専攻科で地域保健を学び、萌さんは保健師になった。

食器棚の貼り紙

小野寺さん一家が暮らす庫裏の食器棚に、「母に守ってほしいこと」と萌さんが書いた貼り紙がある。

・使ったものはその日のうちにもとの場所に戻す
・帰宅が18：00すぎる場合は家に連絡を入れる
・ごはんの最中に席をたつときは、なぜ席をたつのか理由をのべる
・乾いている自分の洗濯物は2日以内に片付ける
・コーヒーやお茶をのんだらその日のうちにきゅうす・ゆのみを洗う
・父さんの仕事のじゃまをしない
・正当な理由により注意をうけて、ふてくされない
・寝る前に必ず歯ブラシで歯をみがく（毎日）

など全19項目。ひとつ破るごとに500円の罰金と決められている。

「底抜けに優しい」（萌さん）という恭子さんは、日々の細事に気がまわらない。「私は人が好き。炊事や洗濯より好き」と言って脱原発の市民運動に朝から晩まで没頭していて、「それでも母親か」とカミナリを落としてくる萌さんに、「うるせえ」と言い返す。

人前ではばかりなく始まる親子げんかは、ルイやマリに「自分たちはこの家のお客さんではないんだな」という安心感を抱かせた。寺の1カ月で何度となく聞いた一家の小史は、ルイやマリに「いろいろあったけれども結局は支えあう。自分もこうなれるかもしれない」という憧れを持たせた。

ルイ・リカコ・マリの3人が寺を出たあとも月光仮面からのあずかり要請は続いている。

恭子さんが語る。「ずっと寄りそうことはできないけれど、かたちは変わってもつながっていけないかをさぐっています。しかし、掃除をしてくれたマリちゃんがいなくなって家の中がどんどん汚くなっていくなあ」

和彦さんも話す。「見てのとおり家の中は洗濯物の山です。恭子さん、もうちょっと家のことを考えてくれよ、ばかやろー。あたたかい食事とあたたかいお風呂を提供してふとんに寝てもらう。それが僕らのできるすべてです。菜っ葉を取りにこいと言ったおばあちゃんがいましたよね。春から秋にかけてたくさんいただくんです。僕らは支えられているから少しだけ人の手助けができる。支えあいの連鎖ですよね」

教会カフェ

坂井市三国町にある教会は、東尋坊から車で10分のところにある。手づくり料理つきカフェもしていて、パトロール出発前の待ちあわせ場所に最適だ。その日の料理をつっきつつ1、2時間おしゃべりをしてから出発する。

パトロールは保護されたばかりの人も翌日から誘われるが、参加するしないは自由。体調がすぐれない人、「あの崖を二度と見たくない」という人はカフェでのおしゃべりだけで帰る。就職した人も仕事が休みの日にあえばひさしぶりだねとパトロールに顔をだす。

日あたりのいい教会カフェの窓際の席で、ルイが「どっから来たんですか」とマサノリ（41）に話しかけた。

マサノリは3日前に保護されたばかりでパトロール参加者とは初対面だ。

ロック音楽が好きだと言うマサノリに、「私も大好きで。パンクとか」とマリがおしゃべりに合流した。

随應寺の1カ月間、自分のことをほとんど話さなかったルイと、思いを懸命に訴えたマリ。一方、面識のない人に気軽に話しかけるのはルイで、しばらく様子をうかがうのがマリだ。

「迷っているんです。帰るか、ここに残るか。残ることに罪悪感があって」とマサノリ。

「ここに残るならば私たちが支えますよ」とマリ。

「とく昼間はなにもやることがなくて罪悪感がわいてきてね」

「わかる、わかる。自分はだめなやつだ、なにもできないやつだと思いこんでしまうんですよね」

マサノリとマリとの会話は音楽にもどり、また身の上話になった。

「なんで福井にいるの」とマサノリが聞く。

「親に申しわけなくて帰れなかったんです」とマリが答える。

「こっちに残ることにした決め手はなんだったんですか」

「私には行くところがなかったし」

「自分は必要ないと考えてしまうと、行き着く先は死しかないとなりますよね」と言うマサノリと、「そう、自分はみんなに認められるのかなって自信がなくなっちゃうんですよね」と言うマリとの会話はしばらく続いた。

問われない夜

週があけて次の東尋坊パトロール。この日も見まわり前に教会カフェに寄った。マサノリはマリに相談を重ねた。

「福井に残ることにした決め手はなんだったんですか」

「ここには話を聞いてくれる人がいましたし」

「眠れた？」

「眠れない日もありましたけれど、お寺に話し相手がいるということが大きかったんですね」

「死にたくなったときはどうするの」

「私は死ねなかったから前向きに生きるしかないかなって。助けられたのもなにかの縁だから生きなきゃいけないのかなって」

マサノリは迷っている。地元にもどるか、福井に残るのか。「どちらもつらい」

私は思いついた。いまはプレハブ小屋シェルターに身を寄せているマサノリをつれて随應寺に遊びにいこう。小野寺さん一家と交流すれば少しは気が安らぐんじゃないか。

翌日夕、マリも誘ってマサノリと寺をいきなり訪ねた。

「ただいま」とマリ。

「いらっしゃい」と和彦さん。そばの男性すなわちマサノリはだれと聞くヤボなことはしない。恭子さんはあいかわらず反原発運動で不在だ。

和彦さんは報恩講の準備に忙しいので、マリとマサノリは庫裏の食卓でおしゃべりをして時間をつぶした。萌さんが帰宅してからは門徒に配る菓子袋づくりを手伝った。

夜のとばりがおりて恭子さんが帰ってきた。マサノリとはもちろん初対面だ。「あ、こんばんは」。そして「はい、エプロン」。マサノリとマリに晩ご飯づくりを頼んだ。献立は焼きおにぎりと野菜炒め。さすがにマリは慣れている。台所で立ちまわる2人のうしろ、薪ストーブの前で恭子さんは猫のようにごろんごろんと寝転んでいる。

みんなでぱくつく。和彦さんはすでに一杯はじめていて、ウイスキーをマサノリにすすめる。

私は満腹になったので隣の部屋で寝転ぶことにした。食卓から聞こえてくるのは一家だんらんそのものだ。マリの笑い声。小野寺家の次男玲さん（1989年うまれ）も帰ってきてよりにぎやかになった。だれが見ても、この日はじめて寺に来た人がこの中にいるとは気づくまい。

随應寺の門徒は、まわりの集落だけではなく福井市の中心部にも広がっている。1945年の福井空襲と1948年の福井地震で多くの避難者を受けいれた縁からだ。困ったときはお互いさまの心がこの寺には生きている。

ほろ酔い気分の和彦さんはおしゃべりも絶好調だ。パプアニューギニアの先住民のこと、犬好きと猫好きの違い、長野の野沢菜漬けのつくり方、体を鍛えることの大切さ……さらに興に乗ればギターを手に歌いはじめるのだが、この夜に力説したのはトイレのことだ。「大学生のときに山小屋の管理を1カ月まかされてね、トイレをぴっかぴかに磨いたんだ。気持ちよくウンチしたら気持ちよく山小屋を使ってもらえるだろうって。みんなよろこんでくれてねえ」

別のトイレ話を私は和彦さんから聞いたことがある。

ルイとマリは寺に1カ月いたけれど完全に打ち解けたかは疑問だ。昔、インドネシアからイスラム教徒の女子高生をホームステイで受けいれたことがあった。小野寺家では用を足すときトイレの戸を閉めない。あの女子高生も10カ月もいると開けっぱなしで済ませるようになった。ルイもマリもその境地には至らなかった……。

しばらくしてマサノリが、私が寝転ぶ部屋に入ってきて聞いた。

「僕がここに来た理由、話した方がいいんでしょうか」

なにも問わないまま夜のひとときに招き入れた小野寺さん一家に少しとまどったようだった。

第3章　「失われた世代」に生まれて

月光仮面は統計に興味がない。数冊の大学ノートに汚い字で記している東尋坊の記録は、○月○日に△△を保護した、□月□日に生活保護を申請したといった備忘録的なことだけだ。SOSの電話をさばき、保護直後から始まる見まもりにてんてこ舞いだからであり、一人ひとりへの寄りそいに統計は役立たずだからでもある。

かわりに私が月光仮面のノートを繰ると、保護した人の年代は10代から80代までと幅広く、最多が30代から50代にかけてだ。その大勢を占めるのが1970年代うまれであり、うち2人の東尋坊までの道のりをたどる。

◇マサノリ

あすになることが怖いんです。先が見えない不安。将来への不安。自分の問題は進んでいないのに、時間だけが進んでいる恐怖。夜になると落ちつくんです。休んでもいい時間だから。このままあすが来なければいい。

だれが悪いとなると自分が悪い。仕事を辞めて父に援助を申し入れたら「てめえ、41歳にもなって尻ぬぐいさせやがって」と罵倒されました。父の言葉は乱暴だけれど間違っていない。この年で親に負担をかけるのは男として失格ですよね。

死にたいんじゃない。生きたくない、です。

自分には学歴も技術もない。絶望しかない。東尋坊で助けられて、ゼロからやり直せると思っても、あるのはどうしようもない前の人生の焼き直しです。がまん大会と罰ゲームがずっと続いているみたいだ。

ハローワーク通いで憂鬱なことってなんだと思いますか。履歴書を書くことなんです。俺のだめ人間の歴史を書かないといけないのがつらい。誇れるものがなにもない。数カ月で辞めたところまで書いたら職歴欄が足りないんです。こんな履歴書を見て俺をほしいと思う会社はないと思うんで。俺みたいなやつは面接なんて通らないんで。それなりの会社に長く勤めてそれなりのスキルがあって41歳で失業した人と、職を転々としてきて41歳で無職というのは根本的に違うんですよ。

中高年であぶれた人間は再出発できない世の中ですよ。テレビの討論番組を見ると「死んだ気になればなんとかなる」などと言っている。そこにあるのは昔ながらの精神論だ。でも人間は万能じゃないですよね。誇りがある。技量も人によって違う。

俺の世代ってロストジェネレーション（失われた世代）って言いますよね。バブル景気のあとの大不況の中で社会に出た僕の世代は、ふたつに分かれています。ひとつは、大学を出て最初に就職した会社でずっと働いている人。もうひとつは、学歴がなかったり一度の転職でレールから外れたりしてどんどん悪くなる人。つまり俺のような人です。自分に都合のいい言い方をすれば、戦後の一番悪いところを押しつけられている世代ですよね。

競争社会というなら、正社員にも派遣社員にも能力に見あった報酬を出せばいいじゃないですか。それなのに終身雇用と年功序列が残っていて、正社員と同じ仕事をしていても派遣社員だからといって給料を安くされて、不況になるとアメリカの新自由主義を都合よく受けいれて派遣社員を切る。それが今やっていることじゃないですか。

勝ち組と負け組といいますよね。勝った人が努力に見あった地位や金を得るのはいい。じゃあ負けた人は死ぬしかないのですか。「世の中のせいにして努力が足りない」と言われるけれど、それは確かなのかもしれないけれど、それでも言いたいのは、敗者にも最低限の生きる権利はあるということです。

マサノリは1972年うまれ。東尋坊で保護されたのは41歳の秋だった。直後にこのようなことを語った彼の歩みをふりかえる。

うつうつ

マサノリの物語は、大手製造業系列の工場に派遣された2005年1月から始める。このとき32歳。実家を出て、工場ちかくにある単身者むけアパートでひとり暮らしを始めた。

工場内にはいくつかの身分があった。

最上位が正社員。

次に契約社員の一群。これはさらに有期社員や準社員などに区分されていて、数カ月〜1年単位の契約を繰りかえして社員歴30年の人もいた。マサノリが知るかぎり、2008年秋のリーマン・ショックで雇い止めされた人はいなかった。

最下層にアルバイトやパート。

これらとまったく別体系が派遣社員で、リーマン・ショックでばっさりと切られた。

マサノリはこの派遣社員から始めた。工場に入って2年2カ月後、面接をうけて契約社員に昇格した。仕事の内容は変わらなかったが、それだけで年収は190万円から280万円にはねあがった。工場は冷暖房完備で衛生管理も万全の快適そのものだった。「それなのに、うつうつとしたものを募らせていました」

ラインを流れるコンピューター制御基板は先端技術の結晶だった。「先端と言っても、それは開発部門の人たちのこと。僕らはマニュアルに従うだけで流れ作業の中にやりがいをさがす余地はありませんでした」。どこか虚無的な言い方をするマサノリだが、「それでも熟練が求められるんです」とも語るように、仕事に投げやりだったわけではない。検査器がはじいた不良品を顕微鏡にセットする。両手のひらより少し大きい基板の両面に3千個の部品が埋め込まれていて、ほんとうに不良なのかどうかを人間の目で最終判断する。秒単位のボタン操作が必要だった。

現場には作業の一部を省く裏マニュアルが公然とあった。会社の生産計画は正規の手順どおりにすれば納期に間にあわないものだった。「それでも現場はがんばってしまうものなんです」。動機は、仕事の量をこなすよろこびであったり、ラインをとめて同僚に迷惑をかけたくないという配慮だったり。すると会社は「できるよね」と生産量を積み増す。現場は裏マニュアルでこなす。「俺たち、自分で首を絞めているよねとぼやきあっていましたよ」

不良品を出したときの会社の追及は年々厳しくなった。詰問され、報告書の提出を求められるようになった。マサノリによると理由はふたつある。ひとつは、かつての基板は原価が安くて再利用できたが、いまのは1万円もして再利用もできない。したがって失敗が許されない。もうひとつが国内市場の縮小だ。「コスト管理が第一」の空気が現場におりてきた。新卒で採用されるのは技術者と管理職候補にしぼられ、現場には契約社員や派遣社員ら非正規が増えていった。

今月はここ、来月はあそこと配置を換えられて仕事を覚えるのに苦労している50代の同僚がいた。

「そこに自分の姿を見たんです」

リセット願望

工場を辞めるに辞められない事情もあった。借金だ。「低所得者がおちいる典型的なパターンですよ」

まだ派遣社員だったころ、17万円のノートパソコンを買った。ローンを組む条件として信販大手のクレジットカードをつくるよう家電量販店から求められた。これが始まりだ。11カ月後に同じ信販会社のキャッシング専用カードを契約。ほどなくしてクレカの限度額があがり、この2枚のカードで計

100万円を借りた。消費者金融2社からも50万円ずつ借り、やがて限度額が増えるとそれも使い切った。「最初はおっかなびっくりで『いまいくら借りているのか』と考えていましたが、ある時点を超えると『あといくら借りられるのか』に変わるんです」。借金は4年間で計280万円になった。もうどこも貸してくれなかった。「これで完全に手詰まりです」

派遣社員から契約社員になっていたが、手取り月額14万5千円のうち、アパート家賃の3万7千円、光熱水費1万5千円、携帯電話代1万円、借金返済に5万8千円を支払うと残りはいつも3万円を切っていた。

2011年のはじめ、工場にざわめきが広がった。マサノリら非正規を対象に正社員登用の一斉試験がされることになったからだ。細切れ契約の違法性を指摘されたことが理由だろうとささやかれた。3月11日、東日本大震災が発生。マサノリが試験結果を知ったのは一時休業あけで不合格だった。

マサノリの年収は派遣社員の190万円から契約社員の280万円になっていたが、一斉試験で正社員になった同僚の年収は450万円を超えた。はりきる合格組の姿がマサノリら不合格組の心をえぐった。「いっしょに仕事をするのが嫌になった。やっていることは同じなんだから」

すさむ気持ちを少し抑えられたのは震災の爪痕を見たからだ。内陸部にある工場やアパートは無事だったが、海岸部には惨状が広がっていた。「地震後も給料の遅れがない会社に感謝の気持ちは増しましたね。借金の支払いもあるし、震災で失職者があふれているのに俺に職があるのかという思いも踏みとどまった理由です」

震災から数カ月がすぎて表面的ながらも非日常から日常へ移るうちに再び「うつうつとしたもの」

がのしかかってきた。このころの「リセット願望」を「ゲスな話ですが」と打ちあける。

震災発生から22日目に初めて実家を見にいった。高台にあるので無事だと確信していたが、タクシー運転手の父親と連絡を取っていなかった。津波の時に沿岸部を走っていたらという考えが頭の片隅にあった。「もしもおやじが亡くなっていたら速攻で会社を辞めよう。おやじの生命保険で別の道に進もう。これで完全なリセットだ」

父親は無事だった。「これまでどおり」と胸をなでおろし、会社を辞める選択肢がなくなったことに落胆した。翌日、アパートに帰った。

我が身

1年後、2回目の一斉試験があった。マサノリは正社員になり、年収は400万円超となった。40歳になる直前だ。

この年の9月、遅番だったので午前中はアパート1階の自室で寝ていた。午前11時ごろ、ドーンという衝撃音で目が覚めた。カーテンの隙間から窓の外をのぞくと人の足が見えた。すぐ上の2階に60代の夫婦が住んでいて、夫が首に電気コードを巻きつけて飛びおりたのだった。たまに駐車場で顔をあわせると「震災で仕事をなくしてさあ」とぼやいていた人だった。

夫が飛びおりたというのに妻は部屋からなかなか出てこなかった。ようやく姿をみせても「病院にかかるお金がない」と救急車を呼ぶことをためらっていた。近所の女性が「いまはお金じゃなくて命でしょう」と説得していた。結局、近所の人が救急車を呼んだ。マサノリは夫の足を抱えて救急車に乗せるのを手伝った。そのまま夫はもどってこなかった。

「そのときは他人事でしたね。涙も出ませんでした。でも、いったん困窮するとここまで追いつめられるのかと考えたとき、一歩まちがえば我が身だとどこかで自分に重ねあわせもしました」

だめ人間の歴史

念願の正社員となったのに、マサノリの「うつうつ」は体全体にのしかかったままだ。現況だけが原因ではない気がする。この工場で働く前からずっとつきまとわれている感覚だからだ。

さらに1991年までさかのぼろう。マサノリはこの年の春に高校を卒業し情報処理の専門学校に入った。ファミリーレストランでアルバイトも始めた。時給600円。客をさばくことは「店を切り盛りしている」という体育会系のノリに似た充実感があった。「はまりすぎたんですね」。専門学校を2年生の途中で辞め、アルバイト一本の生活となった。頻繁に入れかわるアルバイトの中で古株となり、新人の教育係も任された。

1996年11月、ファミレスを辞めた。「自分はレールから外れているというあせりが思いっきりあった」。アルバイト仲間は学校を卒業すると企業に就職していく。「それに比べて俺は正社員でもなく、かといってこれだというものもない」。サラリーマンになりたいと思った。

社員100人の計量器製造会社で、ついでハローワークで見つけた小さな運送会社で正社員になった。それぞれ半年で辞めた。新聞広告で見つけた電子部品工場は3カ月後に「生産が増えたらまたきてね」と切られた。交通警備のアルバイトなどで食いつなぎ、電子部品工場にもどった。ほどなくして「仕事がない」と退社を求められた。30歳を前にして小さな観光会社の正社員になった。給料は月12万円。遅配はあたりまえで半分のときもあった。2年あまり働いて辞めた。

たどり着いたのがコンピューター制御基板の製造工場だった。心に沈殿するばかりの「うつうつ」。それは「とりもどせない」に気づいた落胆だった。高卒後すぐに就職した同年齢の正社員が入社20年を迎えた翌年に、転職を繰りかえしてきた自分はやっと正社員になった。この差は埋めようがないではないか。もうすぐで40歳。追いつきようがないではないか。

そんな「うつうつ」を、過去の勤め先が記載された「ねんきん定期便」を工場に持っていって同僚に見せてまわることでマサノリは表現した。

「見る？　俺のだめ人間の歴史が載っているから」

東尋坊へ

9年ちかく働いたコンピューター制御基板の製造工場を辞めた。正社員になって2年目だった。

不良品を出した瞬間、「もういられない」と思いこんだ。今ふりかえると、始末書を出していれば最悪でも減給か降格か配置転換ですむことだった。正社員になってからすでに2回だしていた。3回目の今回、ばれてはいけないと考えてしまった。黙って定時に帰宅し、アパートで必死に言い訳を考えた。心臓が音をたて、トイレにこもると脂汗が噴きでてきた。部屋の中を一晩中うろうろ歩きまわった。

翌朝、携帯電話に会社からの着信履歴を見た。気がついたら車に乗ってアパートをあとにしていた。

その日は湖のほとりですごし、翌日は友人が営むやきとり屋に。街を数日間うろついてアパートにもどった。携帯電話の電源は切ったままにしていた。

無断欠勤5日目。アパートに会社の総務担当が訪ねてきたので、用意していた退職届を出した。会社で専用の書式に書くよう求められたが断った。優しかった上司も来て「事情を話してくれませんか」と言われたが、「自分のことなので」と拒んだ。

アパートを引きあげて実家に帰る準備を進めた。再就職するまで支援してほしいと父親にお願いすると、「死ねよ」とののしられた。

父親は小さいころに親を亡くした。遠洋漁業の船乗りをへて、その後の30年間はタクシー運転手をしている。町内に複数あるタクシー会社の中で父親の売り上げは30年間ずっと1位だ。借金を嫌う実直な父親の日に、マサノリの転職人生はもどかしく映るのだろう。

マサノリは今、「がまんが足りなかった」と自分を責めている。工場にしがみついて定年まで勤めればよかったと激しく後悔している。正社員だった自分と、東尋坊に来た自分との落差に途方に暮れる。「この数カ月で坂道を転がるように落ちてきた。あのときこうしていればと考えてもしかたがないんですけれど、やっぱり考えてしまう。自分を責めることの到達点が『死』だったのかも知れません」

◇オサム

オサムを保護したのは夏の終わりの午後8時だった。月光仮面は所用で大阪にいたため、かわりに私がむかった。

42歳だという。月明かりに乏しい夜だが、真っ黒に日焼けしていることはわかった。大きな両目がぎょろぎょろと動いていた。78歳の父親、80歳の母親と同居している関東から来たと言った。

腹が減っているだろうと近くのファストフード店に誘った。オサムは「いただきます」と手をあわせ、「ごちそうさまでした」と手をあわせた。名前を聞くと、「自分で書きましょうか」と言って住所や電話番号を私のノートに1文字ずつ刻みこむように書いた。きちょうめんな性格だとわかったが、「助けてくれてありがたいですねえ」とひょうひょうと語る姿に拍子抜けのような感じも覚えた。

この日の昼に保護したヒロシは見るからに憔悴していた。そうした切迫感がオサムからはうかがえなかった。「これまでの名前を捨て去ってまったく新しい人生を歩みたい」という言葉に重みもなかった。私より一足さきに駆けつけていたマサキも似た印象を持ったらしい。東尋坊に来る前に全国を旅して各地で名産品を食べてきたと楽しそうに話すオサムに、「僕の頭の中に『はてなマーク』が飛び交っています」とぼやいた。

子連れタクシー

1971年うまれのオサムの記憶は、便所が共用のアパート生活から始まる。タクシー運転手の父、主婦の母の3人暮らし。たしか東京の大田区で、町工場の油のにおいと鉄を打つ音が脳裏に焼きついている。

4歳か5歳のころは、父親が運転するタクシーの助手席に乗せられて毎日「出勤」した。「子連れタクシーと呼ばれて地域で有名だったみたいです」

母親の愛情は薄かったように思う。後年に父親から聞いた話だと、ハイハイするようになったオサムがいつも父親にむかったので嫌われたのだろうという。実際はわからないが、とにかく母親にはかわいがられたことも引っぱたかれた覚えもない。「放ったらかしでした。いまも母にいい思い出はないですね」

小学2年生のとき、父親が家を出た。あとでわかったことだが、父親はオサムの同級生の母親と駆け落ちをしていた。オサムの母親の親族は大騒ぎしていたが、母親は無表情に見えた。

しばらくしてオサムは父親に呼びだされた。「こっちに来い。来ないならおまえは路頭に迷って死ぬしかない」「わかりました。お父さんのところへ行きます」。以来、母親とも、父親が出ていく直前に生まれた弟とも会ったことはない。

遠い存在

父親・義母・オサムの3人暮らしが始まった。

前妻にも暴力をふるっていた父親が、オサムにも矛先をむけるようになった。浮気も繰りかえし、責める義母にも暴力を重ねた。とめに入るとバットで殴られた。それを諭す義母はまな板で殴られ、しまいには2人そろって殴られた。その義母もオサムをよく殴った。オサムの手と足はいつも青く腫れあがっていた。

両親の虫の居どころが悪いときは陰険になった。よくさせられたのは国語教科書の朗読だ。少しでもつっかえると、まな板や孫の手・ものさしで殴られた。「そうやって両親はストレスを発散させていたんでしょう。すらすら朗読できたらほかの理由で殴られていましたよ」

「暴力はおおいにありましたよ。でも、僕もだらしなかったから」

「両親のことは好きではないですよ。でも、なにひとつ不自由はしなかったし小遣いも多かったし」

自分のことを遠い存在のように語るオサムの言葉に生気が感じられるのは、陸上競技にのめりこんだ定時制高校の4年間を語るときだ。

授業が始まる午後5時までは板金工場・クリーニング店・薬局・清涼飲料水メーカーといろいろアルバイトをこなした。授業が終わった午後9時から1時間半、学校のまわりの住宅街を走った。気温の低い夜の練習は「ストライドが伸びるのびる」。山を登る練習に「夜景がきれいでしたねえ」。夏に食べるかき氷は「キーンと冷えてうまかったですねえ」。毎年ある全国大会の出場は地方大会で4位に終わって逃した。「陸上の顧問がユニークでね。馬の走りを参考にしろと言うけれど、向こうは4本脚、こっちは2本。どうすればいいのか考えこみましたよ。4年間、濃かった」

オサムは淡々とした話し方にもどった。

「親友はできませんでしたよ。僕は話題がなくてつまらないから。両親にも『あー嫌になっちゃうな。話題がないからつまらない』と歌にされていました。自分でもそのとおりだと思う」

「社会に出てからも『あんたは人の顔を気にしながらやっている』って言われていましたよ。それもしかたないと思うんだよね。だって、母が代わってからは危機の連続でしたもん。人は裏切るものだって思っていましたもん。その影響が頭の片隅に残っているから、そういうふうになっちゃいますよ」

2年間の正社員

定時制高校を卒業した19歳のオサムは、在学中最後のアルバイト先だったスーパーマーケットに就職した。仕事のやりかたをとがめて卵パックを投げつけてくる先輩社員とたびたび衝突。倉庫で豆腐と油揚げを投げあってしまう。「先輩は使える人間。俺は仕事のミスのたびに土下座をしていた人間」だからオサムだけが解雇された。この2年間が唯一の正社員歴となった。

外国船コンテナの受付や検査を担当する港湾に派遣された。「外国船から密入国の人たちが出てきたときはびっくりしましたよ。みんな真っ黒でミイラみたいに痩せていたからね」

次がパートのビル清掃。次もパートで害虫駆除会社。オサムによると、都会に生きるネズミやゴキブリは個性がある。「クマネズミは頭がよくて人間の上を行く。トラップを走りぬけられたときは悔しかったですね」。ゴキブリにも食べ物の好みがあって、すし店・肉屋・カレー店ごとに異なるにおいの罠が必要だ。「この仕事の本質は駆除ではなくて、ネズミやゴキブリがすめない環境づくりを顧客に提案することです」。その次は派遣の警備員。「2002年のサッカー日韓ワールドカップで日本が初勝利をあげた試合がありますよね。会場周辺の警備で見られなかったけれど、『勝った』という熱気は共有できました」。つぶやくように話すけれど、どんな仕事にもおもしろさを見いだすのもオサムの一面だ。

トヨタ自動車の部品を請け負う工場に派遣された。工場に多かった東北出身者と仲よくなり、たまに野球観戦を楽しんだ。その人たちは2008年秋のリーマン・ショックでごっそり消えた。「僕は家からかよっていたからいいけれど、いなくなった人たちはどうしたんだろう」

パートで飲食店を転々とした。どこでも疎まれ、食器を投げつけられた。外国人経営の店では飛び交う言葉を理解できなかったが、「こいつは使えない」と言われていることは表情や口調でわかった。飲食店を追いだされてからは病院の洗濯物をあつかうクリーニング店で1年間アルバイトをした。

それぞれの職場にいた期間は長くて2年、最短で1カ月半。給料は月4万～5万円のときもあり、清掃アルバイトをかけもちして月8万～9万円をようやく確保していた。

伏し目がちのオサムは、ちらちらと目をあげてつぶやく。

「どうしてうまくいかないんだろう。どうして怒られてばかりなんだろう。やる気はあるのにどうしてなんだろう。ずっとそう思っています」

「これだけ職を変えるってことは僕に問題があるとだれだって思うでしょう。履歴書を書くときも、すべてを書くと枠に入らなくなっちゃうんです。どこでも努力したつもりだったんですけれど、それでもだめと言われちゃった」

申しわけない

40歳を前にして再び派遣でビル警備に就いた。「新たな気持ちでがんばろう」。日給9千円。月18万円。4カ月後、関節リウマチと診断された。手首・足首・ひざが痛くて自力で立てなくなった。自分でこなせるのは、おむつを外すことと食事だけとなった。立ちあがったり横になったりするのに時間がかかるので椅子に座って寝た。

発症から半年後、「いったん区切りをつけましょう」と言われて警備員の仕事を解雇された。「半年も待ってくれて感謝しています。でも、唯一の希望は職場復帰でした。それが絶望に変わりました」

さらにオサムを追いこんだのは、「治すことだけを考えろ」と言っていた父親と義母の心変わりだ。一家の収入は両親の年金のみ。治療費と病院までのタクシー代がかさむばかりでよくなる兆しはない。次第に父親は「おまえの治療費で生活が厳しい」とこぼすようになった。

治療を始めて1年がすぎるころ、ペットボトルのふたもあけられなくなった。両親の口調は激烈さを増した。「いい身分だ」「寝て、起きて、物を与えられて毎日テレビを見ていればいいんだからな」「この先どうするんだ」

オサムは両親をかばう。「毎日ですね、寝て、起きて、食事を与えられて、こんなことになっちゃって申しわけない。怒る気持ちもわかります」

筆談

東尋坊にむかう1年前、極度のストレスからか声を出せなくなった。両親との会話は筆談になった。毎晩のように「おまえがいま思っていることを書いてみろ」と命じられるようになった。

正直に書いた。

「両親がいなくなったら生活保護をうける」

すると両親は「これだけ面倒をみてやっているのに」と怒りを爆発させた。

「自殺する」

すると両親は「やる気がない」「親より先に逝ってくれ」「死ね」とののしった。

天然温泉をうたうスーパー銭湯に月に2回、自宅マンションから約5キロの道を足を引きずりながらかよった。湯治のつもりだった。チラシの割引券を使い、月2千円の小遣いのうち1千円をあてていた。発声障害を治そうと近所のクリニックにも行った。治したい、働きたいとあきらめていなかった。

家族3人の暮らしは、スーパーの特売で買い込んだ1個50円のコロッケを小分けに食べて窮するばかりだ。「そんなもんは最低の人間がすることだ」という父親に見つからないように、生活保護を使えないかと地元の役所を訪ねたことがあった。

窓口の説明は「生活保護は財産もなにもかもなくなった状態でようやく申請ができるもの。あなたは親と暮らしていて今のマンションも財産分与であなたのものになることもあるのだから、それを売ってようやく申請できる」というものだった。とんでもない間違いだが、オサムに生活保護制度の知識はない。「いますぐということではありません」と引きさがった。

東尋坊へ

どこにも頼れないとわかった。7月末、クリニックに行くふりをして家を出た。わずかな衣類をビニールかばんに詰め、免許証も保険証も自分を証明する物はすべて部屋に置いてきた。しばらく歩いたところにある雑木林に、100円ショップで買ったクマの人形を供えた。虐待をうけていた女児が埋められていたとニュースで流れていた場所だ。「これで寂しさをまぎらわせてね」と心の中でつぶやいた。

青春18きっぷで四国まで南下し、松山市を皮切りに全国めぐりを始めた。働いていたころの趣味も鉄道旅行だった。「俺にとって最後のバカンス。死ぬ前に楽しみがあっていいかな」。四国から九州へ、転じて北を目ざした。ずっと筆談だったが、北海道・木古内町で280円の弁当を買ったときに「旅の人かい」と声をかけられて、「そうです」と言葉が出た。1年ぶりの発声に自分でもびっくりした。

JR福井駅についたのは8月10日。2日目から路上生活が始まった。福井市のショッピングモールやパチンコ店の休憩所で夕方まで時間をつぶし、九頭竜川の橋や国道8号の橋脚の下、公園で夜をすごした。飲み水は店のトイレに入ってペットボトルに補給した。食品売り場の試食で飢えをしのいだ。

8月も下旬になると朝晩の冷えこみが厳しくなった。27日、2週間あまりの路上生活をとめ、東尋坊に歩いてむかった。

第4章　攻防――生活保護の窓口

月光仮面ひきいるパトロール隊は昨冬から、崖沿いの見まわりを終えると、東尋坊の近くにあるオサムのアパートに押しかけるのが通例となった。おしゃべりをしたりコーヒーをすすったりして夕方までの時間をつぶしている。

ある日、動物占いの本をマリが持ってきた。部屋にいる一人ひとりの誕生日を聞いたり氏名の画数を数えたりして「ゾウ型だね」「ライオン型だ」とはしゃいでいた。

これに猛然と異議を唱えたのが月光仮面だ。「根拠がない」「迷信だ」と本気だ。「あなたがよくやる血液型性格判断も似たようなもんでしょ」と反論されても、「こちらは長年の経験に基づいている」とゆずらない。

別の日、東尋坊で保護した人のアパート入居手続きをするために不動産業者を訪ねた。受付のかごに「おひとつどうぞ」とあめ玉が盛られている。これを月光仮面はボリボリと食べはじめた。10個、20個ととまらない。受付の女性の目が気になって「あめ玉はなめるものだ。かむものじゃない」と私はたしなめたが、「栄養補給だ」と言って食べつくした。

月光仮面は反原発運動もしていて、原発銀座ともいわれる福井県を中心に、北は宮城県・女川原発から南の鹿児島県・川内原発まで飛びまわっている。足はあのボロガタウス。高速道路代がもったいないといって下道を延々と走っていって車中泊で帰ってくる。

自宅は、東尋坊からだと車で40分ぐらいの坂井市内にある。こぢんまりとした2階建てでいい家だが豪邸にはほど遠い。「貧乏ではないが断じて金持ちではない」が日々の行動を観察している私の分析だ。

東尋坊に来る人は例外なく金がない。漏れなく借金はある。ほとんどが消費者金融からの多重債務だ。月光仮面が崖沿いで語りかける。「僕に任せてくれ。落ちついて考える環境を用意するから」。そうは言っても、保護した人を住まわせるマンションや食べさせる金は、年金暮らしの月光仮面にない。その年金もガソリン代につぎ込んでいるから1日1食ですませている。あめ玉をバリバリと食べたのはそのためでもある。

月光仮面は、日本国憲法の小冊子を持ち歩いている。十数年前に買った雑誌の付録で繰るのもひと苦労のよれよれだ。

第25条に「すべて国民は、健康で文化的な最低限度の生活を営む権利を有する」とある。

次に憲法25条と関係の深い生活保護法を読んでみた。

第2条に「すべて国民は、この法律の定める要件を満たす限り、この法律による保護を、無差別平等に受けることができる」とある。

月光仮面はひらめいた。「無差別平等」とはあらゆる人を助けるということだ。これを使えばいい

冬の東尋坊を見まわり中の月光仮面とタケシ

じゃないか。
　こうして、東尋坊で保護した人をつれて生活保護を申請する方程式ができた。
　役所の窓口に行く。「警察に行ってください」としぶる担当者に、「俺らは犯罪者じゃねえっ」と食いさがる。マリの動物占いにかみついたどころではない勢いだ。

これからどうしますか

月光仮面が東尋坊の人に聞く。「これからどうしますか。帰りますか。ここに残りますか」。それから「どちらの道を選んでもお手伝いをします」と付けくわえる。

　気持ちの整理がついたからと帰る人がいる。ここ福井で再出発したいから残ると即決する人もいる。もっとも多いのは「どうすればいいのかわからない」だ。

　迷う人に月光仮面は「自分で決めてください。考えるための時間は用意します」と提案する。たちまち問題が生じる。年金生活者の月光仮面が用意できるのは、最初の面談によく使う東尋坊ちかくのファストフード店の100円コーヒーぐらいだ。これだって私のおごりとなることが多い。

どうすればいいのか。しばらく考えたいという人は、まずはシェルターに入ってもらうことになる。ここに一定期間すんでもらい、やっぱり帰りたいという人は送りだし、福井に残ると決めた人は生活保護の手続きに入る。

月光仮面のシェルターはふたつある。男性を保護すると坂井市にあるプレハブ小屋シェルターへ。東尋坊から車で15分の距離にある。女性は福井市の随應寺にお願いする。この運用には例外もあって、プレハブ小屋シェルターでひとりにされることに耐えられないというときは男性でも随應寺にお願いする。

プレハブ小屋シェルター

プレハブ小屋シェルターは文字どおりプレハブ小屋だ。まばらな民家に囲まれた路地の奥、日本海にそそぐ九頭竜川の支流の近くにある。

広さは約8畳。入り口の引き戸をあけると、ついたての奥に2台のベッドとひとつのソファベッドが「コ」の字のかたちで置かれている。コの中に小さなテーブル。ふとんは複数ある。部屋の左手に靴箱と水洗トイレがあり、その隣の流し台とガス台は使えるが2台の冷蔵庫は故障中だ。古い炊飯器は米を炊くと底にこびりつく。右手の本棚には漫画が数冊。壊れたテレビの横に隣室の倉庫につながるドアがあるが、建物自体が歪んでから開かない。玄関の反対側の窓には、写真家ロベール・ドアノーの「パリ市庁舎前のキス」が印刷された幕がカーテンがわりにさげられている。この部屋の雰囲気にあっていない。

洗濯機は外にある。入居者の風呂は冬は週2回、夏は1日おきに、さきに保護されて今は東尋坊ちかくのアパートに移った仲間に頼んで貸してもらう。

私は12月、保護されたばかりのタケシ(41)とプレハブ小屋シェルターですごした。夕食を終えるとすることはないから、午後11時前に寝ることにした。入り口の鍵をきっちりとかけるのは、防犯のためというよりも冬のすきま風の侵入を防ぐためだ。ふたつのベッドをくっつけてふとんと毛布を敷く。その上にひとつしかないこたつを置いて、タケシが左側から、私は右側から体を入れた。

翌朝の室内気温は5・1度だった。寒さと、トタン屋根をたたく雨の音で目覚まし時計が鳴る前の午前8時に2人とも目が覚めた。

お世辞にも住み心地がいいとはいえないプレハブ小屋シェルターだが、保護された人にとってここは大切な意味をもつ。

オサムは福井で路上生活になった。土手で寝ていた早朝に「生きていますか」と散歩の人に声をかけられた。食品売り場で追い返されたときと、公園で数人の若者から罵声を浴びせられたとき以外で声をかけられたのは、このときだけだ。

シェルターでオサムはしみじみと語った。「月光仮面に電話をしたけれど、ただ相談に乗ってくれるだけだろうなと。それなのに『いまから迎えにいくから』と言ってくれて、屋根とふとんがあるところへつれていってくれた。世の中にはこんなこともあるんだなあと思いましたよ」

同じ日に保護されたオサムとヒロシの共同生活は夏だった。部屋の扇風機はまるで役にたたない。日中はクーラーのきいた図書館ですごした。

食材の買い出しはオサムが担当。複数の量販店でかき集めたチラシをにらみながら1円でも安い物を、それも半額セールになる時間帯を狙って買ってくる。調理はヒロシだ。喫茶店の台所に入っていたこともあるから、チャーハン・オムライス・パスタの乾麺を流用した焼きそばと慣れたものだ。

保護直後のヒロシのおびえようはひどかった。脅迫男（1章「ヒロシの逃走」）と警察とが裏でつながっていると信じこんでいた。シェルターに入った初日、巡回中のパトカーを見て「情報が漏れている」と狼狽した。古いプレハブ小屋だからそよ風にもガタガタと音をたてる。そのたびにベッドから跳ねおきて一睡もしなかった。

朝、炊飯器のご飯をよそおうとしたヒロシに、「釜のふたをあけたらしゃもじでかきまぜましょう。それをしないと仏さんにあげる飯になっちゃいます」とオサムが言った。「へえ、うちの実家の土地にはそういう習慣はなかったなあ」。たわいもないやりとりがヒロシを落ちつかせた。

1カ月の共同生活中、2人は東尋坊への道程を語りあった。オサムによると「シェルターでの生活は再出発の準備期間。いまいる人間はそれまでの自分ではなくて新しい別の人間だ。そんなことを話しあいました」。くわしい内容を聞くと「それは言えません」。2人は結束を固めたらしい。

プレハブ小屋シェルターは、雨露をしのぐだけではなく、人とつながる再出発点でもある。

オサムとヒロシのように親友となったのはうまくいった例だ。気があわない男性同士の場合けんかもたびたびあるが今のところ大事になっていない。

拾う神

月光仮面が「NGO　月光仮面」を名乗ったのは2010年5月のことだった。そのころはプレハブ小屋シェルターはなく、随應寺の小野寺さん夫婦とも知りあっていなかった。どうしていたのかというと、ひたすら困っていた。

「第1号」の保護は2010年5月7日、28歳の男性だった。このときの寝泊まり場所は全国救護施設協議会が運営している施設にお願いした。次に来た43歳の男性は民間の温浴施設に宿泊させた。大部屋での雑魚寝で1泊約2800円。8月11日に3人目、20日に4人目、9月19日に5人目と続き、10月に入って男性と女性をひとりずつ保護した。

そのたびに月光仮面のふところが痛んでゆく。原資は年金だけだから「これでは共倒れするだけだ」。東尋坊の見まわりを終え、「第2号」の男性と喫茶店で「さあどうしようか」とぼやきあっていたら、「大変やなあ。うちの事務所を使ったらどうや」と隣の席から声をかけてきた人がいた。このときが初対面の堀義隆さん（1935年うまれ）だった。

堀さんは生まれも育ちも東尋坊がある坂井市三国町。60歳まで紳士服店を営み、いまは引退して悠々自適の日々だ。その堀さんには、子どもが成長したら使ってもらおうと買っておいた約80坪の土地がある。使われないままなので水道設備業者に貸し、その業者が事務所としてプレハブ小屋を建て、廃業後もそのままになっていた。よく行く喫茶店の隣席にいたのが月光仮面。無償提供を申しでたのがこのプレハブ小屋だ。

堀さんがふりかえる。「東尋坊へさまよってくる人に対してそんなことまでやらないでもいいんじゃないかと声をかけたんだ。月光仮面さんは『だれかがやらないといけない』と言うんだな。たいしたもんだよ。神さんや。打算がない。すばらしい人やって」

月光仮面は「捨てる神あれば拾う神ありだな」と思った。

こうして月光仮面が整備したふたつのシェルター――プレハブ小屋シェルターと随應寺――は個人のものだ。自殺防止の公的シェルターはどうなっているのかを私は福井県に聞いた。答えは「ない」。県の担当者は、生活保護でアパートに住めると言ったが、保護決定まで県内の市町では1カ月かかるのが常態化していて、これでは緊急避難にならない。必要なのは今この瞬間、午前1時や4時でもただちに入れるシェルターだ。福井に残ると決めた人が定住地に選ぶことが多い福井市と坂井市にもない。県も両市も自殺防止を掲げているが、東尋坊に関しては出発でつまずいている。

2万円

プレハブ小屋シェルターに入るのと同時に問題となるのが食費だ。手持ちの現金があればそれを使ってもらう。なければ社会福祉協議会の制度を使う。福井市ならば市社協を通じて県社協の「臨時特例つなぎ資金貸付」を、坂井市ならば市社協の「生活たすけあい事業」を申しこんで2万円を借りる。生活保護の審査は1カ月かかるから、その間の食費はこの2万円で賄う。生活保護が使えるようになったら最初の保護費で返済する約束だ。

私は、タケシとの「同居料」として米10キロを持参して自分の食費も出した。そうしてタケシの食生活をながめてみた。

初日の朝食は98円の菓子パンと78円の野菜ジュース。夕食は野菜入りのお吸い物とマーボー豆腐かけご飯。1日目の出費は翌日以降の食材代も含めて計890円だった。

内訳は、卵10個（148円）・あんパン（58円）・スパゲティの400グラム乾麺（98円）・スパゲティの缶ソース4個（計392円）・豆腐半丁（18円）。タケシが保管したレシートは12月10〜25日の16日間で37枚あった。A店は卵10個が142円だがB店は120円▽C店は午後1時以降に30％オフ、D店は午後3時以降に半額セール▽まとめ買いでポイントが高いのは――などをチラシで調べ、複数の店を歩きまわってこの枚数になった。タマネギ38円、モヤシ19円と100円を超える食材はほとんどない。

タケシは自炊が得意だが、いつからシェルターにあるのかわからない古い塩は使うとしても、調味料をそろえる余裕はないのでコロッケやハンバーグといった出来合いを買うことも多かった。これが84円とか200円とかするので財布を一気に圧迫する。1カ月2万円だから1日あたり700円以下に抑える必要がある。洗剤やごみ袋などの日用品も必要だ。したがってシェルター暮らしは朝昼を抜くことがままあった。「お金のありがたみに気づかされたという点で今の生活はいいと思います」とタケシは言うが、再出発にあたって「健康で文化的な最低限度の生活」は初っぱなから難しい。

東尋坊の人がプレハブ小屋シェルターや随應寺に身を寄せてしばらくすると、月光仮面は生活保護の話を持ちかける。

忌避感

エイタロウ（37）を保護したのは11月25日の午後9時すぎだった。強風つき冷凍庫のような東尋坊の夜。「腹、すいているんだろ」と問いかけたらクッとこらえた。「正直に言ってよ」「すいません、お願いします」。ファストフード店で各１００円のコーヒーとハンバーガーを差しだした。それだけのことでエイタロウは目に涙をにじませた。

派遣会社から切られて３日前に東尋坊に来たという。「生活はどうすればいいのか、今後どうすればいいのか。アパートの家賃は滞ってしまうし、どうしていいのかわからなくなったんです。からまわりばかりして、悪い方向に考える癖があって、自暴自棄になってしまって」。そんなことをぽつりぽつりと語った。

エイタロウは６人きょうだいの長男で、「ごくふつうの家族で毎日笑っていた記憶があります」。その日常が崩れたのは中学2年生のときだ。父親に肝臓癌が見つかり、２カ月後に38歳で亡くなった。直後に母親が失踪。「買い物に行く」と言って帰ってこなかった。残されたのは高校1年と中学３年の姉、エイタロウ、中学1年と小学5年の妹、小学校前の弟の子ども6人だ。長姉が親がわりとなり、高校の授業を抜けてセーラー服のまま弟妹の授業参観にでた。高校を卒業すると働いて５人の妹弟を養った。エイタロウも家計を助けようと高校を中退してアルバイトをした。

20歳でひとり暮らしを始めた。マンホール製造工場で９年間はたらき、会社の規模縮小を理由に追われたあとはパチンコ台の解体・電器店倉庫の管理・日雇いの道路工事と転々とした。消費者金融の借金が膨らんだ。

派遣の仕事を切られたとき、いまは結婚して幸せに暮らす長姉の顔が浮かんだ。「これ以上のことを抱え込ませれば姉ちゃんの人生がないような気がする。僕がいなくなったら姉ちゃんも楽になる」。アパートを車で出た。むかったのは、早世した父親の故郷・福島県の小さな町。記憶の片隅にある風景は残っていなかった。東尋坊に着き、車の中で寝泊まりして崖際を3日間うろついた。「勇気がなかったんでしょうね」。電話ボックスから月光仮面にかけた。

エイタロウを保護してから数日後、随應寺に私の用事があったのでドライブがてらに誘った。そのまま夕食となった。手づくり味噌のうどんすき。もともと明るい性格で酒が大好きなエイタロウだ。たちまち住職の和彦さんと意気投合し、「どうぞどうぞ」「いいんですか」「なにをなにを」とすすめられるまま実にうまそうに酒を飲み歓談した。「こういう家庭への憧れがあったんです」「人を泣かせたり悲しませたりするより、笑わせたり楽しませたりする社会がいいですよね」と心底うれしそうにしゃべり続けた。

さらに数日後、「ここに残るなら生活保護を使うという方法がある」とエイタロウに持ちかけた。その瞬間、エイタロウは言葉をのみこんだ。「いえ、できるだけ、自分で」。つぶやき、うなだれた。涙もろく、情に深く、「助けあってとてもすてきなことですよね」と話していたエイタロウにしてなお生活保護に抵抗がある。

これは東尋坊のだれもが見せる反応であり、心の奥底にあるのは社会の視線だ。ついに。みじめ。あわれ。生活保護を使えなかった末の餓死が「同情」的に報道されることがある。なんの慰めにもならないどころか、忌避感を高めるだけだ。マリは「生活保護って重い病気の人とか餓死寸前の人しか使えないものだって思っていました」と言った。

月光仮面の考えは単純明快、「使ってあたりまえ」だ。

「あたりまえ」だから月光仮面の説明は「扶養の義務はね」などと具体的なことから始まる。途中で怒りだす。憲法25条と生活保護法の1条と2条さえ理解していない政治家や公務員がいるっ。扶養の義務は夫婦間のものと成人の親子間のものとはまったく別だっ。不正受給の多くはささいな間違いによるものだっ。……いきなり始まる熱弁に初めて聞くがわは圧倒されてとまどうしかない。したがって「基本のき」の説明は、月光仮面の考えを日ごろから聞いている私がおおざっぱに丸めて代行することが多くなった。

だれでも困るときがある。だから支えあう制度がある。税金を使うのは申しわけないと考えるな。いままで税金を納めて制度を支えてきたのだから、今回は使うがわになってもいいじゃないか。体調を整えて仕事を再開したら支えるがわにもどればいい。働けなくても気にするな。別の使命だってあるからだ。まわりに困った人を見つけたら生活保護を使うようにとすすめる役まわりだ。

そんなことを言ってみても、すっぱりと割りきれる人は東尋坊に来ない。

窓口と申請書

東尋坊の人に生活保護を使おうと提案するにあたって恥の意識を克服させることが最初の関門なら、役所の窓口は最初の決戦の場となる。

水際作戦　窓口が生活保護の申請を阻むこと。１９８１年の厚生省通知「生活保護の適正実施の推進について」（通称１２３号通知）を背景に、会計検査院の調査官が語った「水際で食い止めるという姿勢が肝要」が語源とされる。

かつて私が取材した京都府舞鶴市の事例を紹介しよう。３人の子育て中で所持金が６００円しかない30代の女性に対する窓口職員の対応だ。録音によると、申請書がほしいという女性に、「申請書をくださいという話になれば、これ以上の話はありません」。同行の支援者が申請したいと伝えると、「もう事情も含めてお断りしたんで」。自前の申請書を出すと、「業務のじゃま」「持って帰ってくださいよ。忘れもんですよ」。放言のし放題だった。

こうした「わかりやすい」窓口もあるが、実際はもう少し巧妙だ。すなわち面談や相談と称して話を聞くふりをし、いろいろ理由をつけて申請書を渡さなかったり受けつけなかったりする。「さがせば仕事はある」と言って屈辱感や背徳感を押しつけて申請をあきらめさせる「高度な技」も駆使してくる。

48歳の女性に同行したときだ。窓口の椅子に座って2時間になる。私たちが持参した申請書は机の上に置かれたままになっている。この間、窓口職員から繰りかえし聞かされたのは、いろいろ面倒なことになりますよ、それでもいいのですか、をにおわせる言葉だ。「生活保護を申請すると、国民健康保険証はいったんあずからせてもらうことになって、ご不自由となりますが……」「保護をうける権利もありますが、収入を申告する義務もありますので、それは逐一といいますか……」。言い切らないのは、こちらが「ではやめます」と言うのを待っているからだろう。

明らかに間違っている保険証の件はさておいても、窓口職員は一度も大声をあげなかった。それどころかこの職員は、私たちが担当課に顔を出したときに、「そこのソファに座って待っていてくださいね」と親切に案内してくれた人なのだ。暴言には反発もできようが、親切をよそおった対応に立ちむかうのは、足がかりとして生活保護制度の知識が必要だから「素人」には至難の業だ。私たちが強く申し入れてようやく申請書は受理されたが、女性ひとりだったらいたたまれなくなって取りさげただろう。

舞鶴市は問題の発覚後に「窓口の対応マニュアルが不十分だった」と言い訳したが、そもそも申請書をわたす・わたさない・受けとる・受けとらないを決める権限など行政にない。わたさないのも受けとらないのも申請権の侵害だ。生活保護を適用するのか否かは申請書を受けとったあとの審査(要否判定)で決まる。「窓口の対応マニュアル」の出番はない。行政には申請を援助する義務もある。「受けとれないかもしれない」とにおわせること自体が申請権の侵害だ。

月光仮面は、市販の生活保護ガイド本から大量にコピーしておいた申請書を使う。申請用紙はなんだってよく口で伝えてもいいのだが、必要事項の書き入れ欄があるコピーが便利だ。それを窓口にすっと出す。受理を拒まれたら置いて去るという断固たる意思を添えて。これで水際作戦を水際で防げるというものだ。受けとった行政側は書式をそろえたいからか「正式」書類にうつすことを求めてくることがある。これくらいは月光仮面も「あくまでもサービス」として応じる。

申請に必要な書類を説明しておく。

福井市の「生活保護を申請される方へ」は「ご用意いただきたいもの」として、①印鑑②世帯全員分の預貯金通帳③扶養義務者の一覧・生活歴書④土地・建物の権利書又は登記簿謄本⑤資産を担保設定または処分したことを証明するもの⑥車検証・任意保険加入証書⑦生命保険加入証書、互助会加入証書⑧アパート・借家・借地の賃貸契約書⑨家賃・地代を支払っていることが確認できるもの⑩給与明細書または給与証明書⑪雇用保険受給資格者証⑫傷病手当金支払い通知書⑬年金改定通知書又は年金証書⑭年金手帳⑮年金担保利用返済表⑯借金の一覧表⑰本人確認証⑱病気の状態がわかるもの⑲児童扶養手当証書⑳国民健康保険証又は社会保険証――をあげる。読むだけで目まいがする。実際はすべてを求めていないというが、これを目にした人が誤解して全部をそろえようとしたら何週間かかるのか。その間に餓死したらどうするのか。ひるませた時点で申請権の侵害だ。

月光仮面の申請4点セットは①申請書②免許証③通帳④印鑑。「これだけあれば手続きはスムーズにいく」。4点をそろえなければ申請できないものでもなく「まずは申請書だけでいい」。それ以外は申請書を出したあとでそろえればいい。

怒りに震えた日々

生きていこう。手伝うよ。東尋坊で月光仮面が自信たっぷりに語りかけられるのは生活保護があるからだ。しかし、そうなるまでに窓口交渉で怒りに震えた日々があった。

月光仮面を名乗る前のころ、60歳の男性の生活保護を申請しようと福井市役所を訪ねたときだ。失職中の男性の収入は月5万円の年金のみ。生活保護制度では地域ごとに最低生活費が決められている。給料や年金などあらゆる収入が「最低」を下まわっていれば差額を受けとれる。男性は約2万円を受給できるはずだ。

窓口に出てきた市職員は「自立が一番です」と言った。

たしかに生活保護法の第1条は法律の目的として「自立を助長する」を掲げている。これは、困窮した人に生活保護を適用した上で、病気を治したり仕事をさがしたりのお手伝いを行政にさせてくださいという意味だ。

月光仮面は「自立が一番です」に怒った。法律が目ざしているものとは別種の、「人に頼ってはいけない」と思いこんでいる男性に「自立」を突きつけて追い返そうとする残酷さを嗅ぎとったからだ。

このときのことを福井市は私の取材に「自立には日常生活の自立・社会生活の自立・経済的自立といろいろある。そのことをうまく伝えられなかったのではないか」と釈明した。

申請から1週間後、月光仮面は福井市役所を再訪した。「また来てください」と言われた。さらに1週間後、市役所から男性に「また電話します」と連絡があった。月光仮面の堪忍袋の緒が切れた。市役所に押しかけて「また電話しますとはなんだっ。原則は2週間のはずだ」と怒鳴った。

生活保護法は、申請日から14日以内に調査・判定をしなければならないと定めている。これは「必ず2週間は待て」という意味ではない。食う金がないのはきょうあすの命が危ないのと同じだ。「特別な理由がある場合」は30日まで延ばせる例外もあるが、月光仮面が窓口に同行する人は「しばらくは大丈夫です」といったのんきな状況にない。

「それで2時間ぐらいすったもんだしたんだ。責任者でてこいってね」。窓口に新しく出てきたのは指導員という肩書きだった。呼ばれてきたからには課長とか所長とかそれなりの立場だろうと思った月光仮面は「生活保護法の1条と2条になにが書いてあるのか」と試した。「知りません」と指導員。

「それなら用はない」と月光仮面。再び窓口の担当者と向かいあった。

闘争心

半年後、月光仮面を名乗ってすぐのころ、「第2号」の男性をつれて福井市役所を訪ねた。男性の所持金は430円だった。

市職員はプライバシーを理由に「ちょっと席を外してくれませんか」と求めてきた。月光仮面は断った。すると市職員2人が男性の手を引っぱった。

このやりとりには前段があって、窓口の市職員は「なぜ福井市なのか。坂井市でいいでしょう」と言ってきた。東尋坊は坂井市にあるからという理由らしい。「帰来先」といった専門用語も持ちだしてきた。こうなるとますます闘争心を燃えあがらせるのが月光仮面の性格だ。

男性を引き離そうとする行為には「パワハラだ。いじめだ」と大声をあげた。その場で厚生労働省に電話をかけて、生活保護法19条の現在地保護を確認した。困った人が今いるところの行政が生活保護を適用する決まりだ。福井市に申請しても問題ないと言質をとり、厚労省につながったままの携帯電話を「聞いてみろ」と突きだした。電話を持って別の場所に移ろうとする市職員に、「俺の携帯を持ってどこに行く。目の前で話せ」と追いうちをかけた。

私の取材に対する福井市の説明は次のとおり。

①「申請者は根深い背景を抱えている人が多い。月光仮面が事情を代弁するのはありがたいが、最終的には本人に意思確認をしなければならないので席を外すよう求めたのではないか。『手を引っぱ

った』は考えられない」
②「東尋坊で保護したあとの一時的な居住地として月光仮面の自宅（坂井市）に泊めてもらうこともあるかもしれないと考えたのではないか」
福井市の反論を検証する。
①は「一部は理解できる」だ。月光仮面は「東尋坊で保護した人を絶対に助ける」という意志の持ち主のため、活動を妨げるささいな行為も許さない。「あそこまで言ってもらわなくても」と保護された人がとまどうことさえある。ただし、申請者が同意している以上は同席を行政は拒めない。分離を強行するのならば、うるさい月光仮面を引き離して法律にうとい申請者をだまそうとしていると解釈されてもしかたがない。
②は明らかにおかしい。「一時的に自宅に泊める」をにおわせる言葉を月光仮面が口にすることはない。そんなことをしたらあっというまに家が満杯になってたちまち活動停止に追いこまれてしまうからだ。

ほどこし

第2号の申請場面はつづく。

市職員は「福井市にシェルターはありません」とも言った。「それは事実なんだけれど、申しわけなさそうに言うんじゃなくて偉そうに言うんだな」（月光仮面）。さらに市職員は「非常食のクラッカーならあります」と言った。

このやりとりについて福井市は取材に「（そういうことを言ったと仮定するならば）今できる手段としてクラッカーしかないならばこれで食べ物を賄ってくださいという意味だったと思う」と回答した。

別の市の窓口だが、東北出身の男性に同行したときのこと。職員は、商店街の商品券を持ってきて「これでしのいでください」と言った。

このふたつの出来事をふりかえるとき、月光仮面の声はとくにわななく。

クラッカーや商品券を出す行為の裏にあったのはどちらか。「あなたの命を守るのがわれわれの仕事だ」と考えて生活保護が決まるまでなんとか踏みとどまってくれという思いだったのか。追い返したかったのか。

東尋坊の人は打ちのめされている。しかしすべてに投げやりになっていると考えるのは間違いだ。月光仮面に強くうながされてようやく座った窓口。胸に去来するのは「助けてもらう」というみじめな敗北感だ。それとひとそろいのものとして強烈な自我と鋭敏な感覚を持っている。どう見られているのかを人一倍気にしている。支援の手か。やっかい払いか。即座に見抜く。

1950年に成立した生活保護法は恩恵の考えを排した。貧しさの原因を個人に求めず、「健康で文化的な最低限度の生活」の保障を国家に義務づけた。月光仮面はかたくなではない。大阪市の労働団体から寄せられた1万5千円のカンパも、シェルターで使ってくださいと福井県民から提供された家電製品もよろこんで受けとった。随應寺の晩ご飯はおかわりもする。「ささやかですが」という協力の申しでをよろこぶ。ほどこしは絶対的に拒否する。

次からは警察へ

「第1号」の青年を連れて坂井市役所に申請に行ったときのこと。「かわったばかりで不慣れなもので」と窓口の担当者。それはいい。まだプレハブ小屋シェルターがなかったころだから福祉施設を紹介してくれたのもいい。「次からは警察に行ってください」が月光仮面の逆鱗に触れた。

「おもしろいことを言いますね。彼は犯罪者ですか。なにか悪いことでもしましたか。自殺をとめることは犯罪ですか」

自殺をそそのかしたり手を貸したりしてはいけないとは刑法にあるが、自殺罪も自殺防止罪もない。東尋坊の人を警察につれていく理由はない。

やりとりの事実関係について坂井市は取材に「行政の守秘義務の観点から、具体的事例への回答は差し控える」と答えた。

記事のコピー

福井市の窓口には面談用の細長い机があり、地元紙の記事「生活保護費不正受給の疑い」の拡大コピーが透明シートの下に挟まれている。政治団体代表が交通事故に遭って得た損害賠償金を申告しなかったとして詐欺容疑で逮捕されたことを伝える記事だ。「市に収入として申告せず、本来支給されないはずの生活保護費91万円を不正に受けとったとされる」という文に赤い傍線が引かれている。

厚生労働省によると、生活保護費に占める不正受給は件数で1～2%に、金額で0・4%にすぎない。不正の「手口」も、子どものアルバイト給料も申告するべきだとは知らなかったなど誤解によるものが多い。「不正は不正。言い訳は無用」という見方がある。それでは補捉率の問題はどうするのか。弁護士らでつくる生活保護問題対策全国会議は、生活保護が必要なのに使えている人は2〜3割どまりと見る。不正受給を圧倒する未利用は餓死に直結しかねない点でより犯罪的だ。

記事コピーの狙いについて福井市の担当者は「不正をしようという意識で申請に来る人はほとんどいない。その人を含めて不正は犯罪ですよと知らせることととらえていただきたい」「嫌らしい意味ではなく、未然に防止するための意識を持っていただくためのもの。水際で食いとめる意識でやっているのではない」と私の取材に答えた。

記事コピーが挟まれている面談用の机には月光仮面が後日、市職員が離席したときを見はからって「生活困窮者支援　お役所仕事ではできぬ」という別の新聞社の社説コピーをすっと挟みこんだ。かたわらで「え、大丈夫なんですか」と目を白黒させているタケシに、月光仮面は「生きていくにはこれぐらいの機転とやり返しが必要だぞ」と言ってにやりと笑った。

ヒロシとオサムの申請

ヒロシとオサムの2人を、プレハブ小屋シェルターからファストフード店に連れだした。生活保護の申請書をしあげるためだ。

月光仮面は、記入欄の一つひとつを人さし指でおさえて「ここに書いて」と教える。

ヒロシとオサムは、「現在住んでいるところ」の欄にプレハブ小屋シェルターの住所を書き、氏名や性別の各欄を埋めていった。「保護を申請する理由」には「お金と住むところがない」と月光仮面の助言どおりに記入した。

「よしと。これで99％大丈夫だ」。ヒロシには多額の借金があり、オサムは所持金ゼロ。2人とも失職中で収入も貯金もない。生活保護を使える条件がそろっている。月光仮面は100％大丈夫だとは言わないが、残り1％の根拠は「世の中なにが起こるかわからない」程度のものだ。

東尋坊で保護された人が直面しやすい注意点もまとめておく。

住民票　ヒロシもオサムも逃げた地元にあり福井県内にない。しかし生活保護はどこで申請してもいい。今いる「ここ」から最寄りの福祉事務所で申請すればいい。2人は、シェルターに一番ちかくて便利だから坂井市役所に申請するだけだ。

現役世代　2人は40代だ。「まだ働ける」と言って追い返す窓口もあるが、健康な若者も「いま生活に困っている」のであれば生活保護を使える。きょうあすの生活費もないのに仕事が見つかるまでがまんしていたら餓死するではないか。生活保護の生業扶助には技能修得費がある。一時扶助の移送費で面接に行く交通費が賄える。これらを利用しながら仕事をさがせばいい。就労が決まれば就職支度費も出る。

所持金なし　急いで生活保護を適用しなければ命が危ない。利用が決まると、アパートの家賃は住宅扶助として、日々の食費は生活扶助として保障される。敷金礼金・仲介手数料・火災保険料・保証会社への保証料も出る。一時扶助の家具什器費で冷蔵庫・洗濯機・炊飯器ぐらいはそろえられる。被服費でふとんや服も買える。これらは自治体によって上限額や運用に違いはある。福井市では店に行って選べるが冷蔵庫や洗濯機を自分で運ばないといけない。坂井市は現物支給だから製品を選べないがアパート入居日にケースワーカーが運んでくる。

月光仮面は再び説明を始めた。「この法律はね、第2条で無差別平等と決めている。どういう事情があっても助けるという意味だ。わかる？ よし、これから申請書を出してくるか」

オサムとヒロシは黙って聞いている。おそらく理解していない。いまは月光仮面に身をゆだねるしかないのだ。

借金

ファストフード店で申請書を書き終えた2人は、準備が整った順番にヒロシから坂井市の窓口に行くことになった。

窓口の市職員2人から「いま、どういうふうに来たんですかね」と聞かれたヒロシは、東尋坊までの道のりを語った。「先が見えないので……死のうと……」。記憶を呼びもどして詰まり気味の言葉の先を、「行くところがないので生活保護を申請しようと」と市職員が引きとった。

ヒロシは、家は競売で失ったこと、ここ2カ月は車で寝泊まりしながら仕事をしていたこと、不動産・株・貴金属・年金・生命保険・仕送りのどれもないこと、1千万円の「借金」ができた理由（1章「ヒロシの逃走」）、4人の子どもの年齢や親権などを聞かれるままに答えた。

市職員は「生活保護の説明をさせてもらいます」と話した。「税金で保障するものなので、生活保護をうけながら働ける人には働いてもらいます。ごきょうだいが援助するなら必ず援助してもらう義務があります。税金で生活しているということで守ってもらうことも多く、調査に協力してもらいます。落ちついたら仕事をさがして将来は保護から脱却できるようにむかってもらいます。自動車は乗れないので運転しないでください。うその申告があると法で罰せられるので、そういうことをしないように」

申請を終えたあと、東尋坊の見まわりをした。夕刻の崖沿いを歩いていると、坂井市役所から月光仮面の携帯に電話があった。ヒロシの「借金」の解決策をさがすために法テラス福井の無料法律相談の予約を取ったという。借金があることを理由に申請書を受けつけない水際作戦もあるなか、坂井市の対応は適切だ。

生活保護の申請・利用にあたって借金の有無は関係ない。家賃を滞納していても税金や保険料の未納があっても申請・利用できる。それどころか無差別平等を掲げる法の精神は、借金に苦しむ人の排除を許していない。禁じていることは新たに借金をすることであり、保護費を返済に使うこともたちまち生活が行き詰まって新たな借金につながるから好ましくない。生活保護法は保護費の差し押さえも禁じている。

借金についての月光仮面の考え方はふたつの原則から成り立っている。

1　窓口で正直に報告させる

大切なのは過去ではなく現在と未来。生活保護を使いながら上手にやりくりする生活態度を身につけていけばいいと考えている。これは生活保護法の精神でもある。多重債務の人を「だらしない」と追い返すのではなく、浪費癖の背景を見ろと行政に求めている。自律の精神を育むのを手伝えとケースワーカーに課している。

2　返せないものは返せない

借金が多額の場合は自己破産などの債務整理をすすめる。マイナスからの再起は厳しいからゼロ地点にもどす。それ以外は「督促は無視しろ」で押しとおす。東尋坊の人は開きなおれないから返済を続けようとする。だから月光仮面は、貸し倒れを計算して利子を設定しているのだから業者に悪いと気にするな▽命を削ってまで返すべき借金などこの世にない――と説得する。だれも納得しないので、「金持ちになったら払えばいい」と提案して無理やり落ちつかせる。

親御さん

ヒロシの翌日、オサムの準備ができたので坂井市に申請書を出した。

市職員は「親御さんは心配していませんか」と聞いてきた。

オサムは発声障害（3章「筆談」）の後遺症からたどたどしく答えた。「連絡していません。僕、病気にかかって、親にやっかいになって、親からすると勝手に家を出ていったわけですから。出ていく前から『どっかに行っちゃえ』『死んじゃえ』と言われていましたし」

収入申告書と資産申告書、福祉事務所が銀行や勤め先を調べてもいいという同意書に記入したあと、坂井市社協に「生活たすけあい事業」を申しこんだ。翌日から週1回5千円ずつを受けとる計2万円は、プレハブ小屋シェルターで暮らす1カ月の食費になる。

市職員は「どういうふうに親御さんは思っているのかとか、やっぱり家族なので心配していると思うし、親御さんに聞いてみないと判断できないので今ちょっと電話させてもらいます」とまた言ってきた。

オサムは黙っていた。

市職員は窓口から少し離れたところで電話をかけた。「もしもし、ちょっとオサムさんのことでうかがいたいのですが。ええ。ではまた4時に。姿が見えなかったと思うんですけれど、さがされていたんですか……あーん、なるほど。うんうん」

電話を終えて市職員はオサムに告げた。「お母さんが電話に出て、家を出ていったのでびっくりしていたと言っていました。けっこう淡々としていました。どう思っているのか、お父さんにも聞いてみないと」。父親は不在だったので午後4時にもう一度かけるという。

市職員は「ヤクザとか反社会勢力に属したことは」を聞いたあと、「生活保護のしおり」を出してきた。「親、子、兄弟など民法に定める扶養義務者からは、援助を受ける必要があります」を読みあげて「家族が助けあうのが基本だから」と付けくわえた瞬間、それまで黙っていた月光仮面が急に声をあげた。

「憲法では個人が尊重されると決まっている。それを正確に伝えてもらわないと」

「民法の扶養義務では……」と市職員。

「民法のどこにあるの」と月光仮面。

市職員は分厚い本をめくり始めた。

「扶養は強制ではない」と月光仮面。声が少しずつ怒気を帯びていく。

「資力に応じて……絶対ではないが」と市職員。

「憲法は個人。それにこれはセーフティーネットなんだから税金税金と言いなさんな」と月光仮面。

家族・個人・憲法・民法・扶養の義務をめぐって勃発した月光仮面と市職員との「論争」は生煮えのままだったが、申請書の提出は終わったので私たちは引きあげた。

扶養すなわち家族の仕送りは、申請者を窓口で追い返したり利用者を制度から追いだしたりする強力な武器にも、家族との縁を紡ぎなおすきっかけにも使い方次第でどちらにでもなる。このことは6章で詳述しよう。

自立更生計画書

翌日は雨だった。オサムは、プレハブ小屋シェルターで見つけた古い玄米を精米所に持ちこんだ。100円かかった。リウマチ痛の足を引きずって坂井市社協に最初の5千円を取りにいった。窓口で待っていると、記入しておくようにと市職員から書類をわたされた。生活保護では申請書の提出後1週間以内にケースワーカーの訪問調査がある。書類はその際の聞き取りに使われる。

シェルターに帰ってオサムは生活歴の書類に記入した。小さいころに生き別れたままの弟のことは名前以外は不明と書いた。「坂井市福祉事務所長様」あての「自立更生計画書」もあった。「私は、下記の自立計画に基づき、早期に困窮事由を解消し、自立することを約束します」と印字されている。オサムは記入欄に「生まれ変わって新たな気持ちでここからもう一度人生をやり直し、今回の件でお世話になった多数の方々に少しでも恩返し出来ればと思っております」と記した。

翌々日の東尋坊パトロールでこの自立更生計画書が話題になった。月光仮面は「強制じゃない」とまた怒った。困窮事由は個人で解消できるものなのか、国の責任が書かれていないじゃないかということが癇に障ったらしかった。

月光仮面の怒りはついでにヒロシとオサムにもむかった。最初は「あわてるな。とにかく体と精神面を治していこう。就職の努力はしよう。いまはブラック企業が増えているからじっくり注意してさがそう」と優しかったが、自立更生計画書への怒りを思いだしたのか、「自分で勉強せんといかんっ。窓口の公務員は憲法も知らないんだからっ。自分の権利を自分で守らんでどうするんだっ」と口調がきつくなっていった。

ヒロシとオサムにはとんだとばっちりではある。

督促状

別の日、所用で坂井市役所を訪ねたオサムは、父親から送られてきたという手紙をわたされた。「借用書にて金額合計￥６５００００円と成ります／借金を引きますと残高３６５１７９円も残ります」と紙片にボールペンで書かれていた。どうやら36万５１７９円を返せということらしい。同封されていた2枚の借用書とオサム名義の通帳から推測すると内訳は次のようだ。オサムは家出前、45万円と20万円の計65万円を父親から借りていた。家出後、家に残されていた通帳から残高の全額28万4８２１円を父親は引きだした。したがって借金残高は差し引き36万５１７９円ということだった。

息子が東尋坊で保護されたことを知った父親が送ってきたのはこの「督促状」だ。このことから考えても、オサムの申請時に坂井市の窓口職員がいきなり家族に電話したことは適切だったのだろうか。

申請書を出してから3週間後、月光仮面はヒロシとオサムを不動産屋に連れていった。2人の生活保護は未決定だが、これまでの支援経験から利用は確実だと判断し、決定と同時にアパートで暮らせるよう仮契約するためだ。この不動産屋は月光仮面の友人だ。生活保護に偏見を持つ業者もある中で経営者夫婦はいつもこころよく協力してくれる。冷たいお茶をいただきつつ物件資料を見るヒロシとオサムはうれしそうだ。仕切りなおしの拠点が決まろうとしているのだからあたりまえだ。

申請から1カ月後、2人は保護開始決定通知書を受けとった。「申請受理後14日を経過した理由」には「関係機関調査に日時を要したため」とだけ印字されている。生活保護法は迅速な作業を行政に課しており、よほどの理由がないかぎり遅れは許されない。素っ気ない記述ははっきりと説明不足だが、なにはともあれ利用できると決まった。

同日、ヒロシとオサムは東尋坊ちかくのアパートを正式に契約した。保証人は月光仮面。2人は午後にプレハブ小屋シェルター生活を切りあげてアパートに入居した。

毒

タケシの生活保護申請で訪ねた坂井市の窓口。ひと通りの手続きを終えて月光仮面が「差別してはいけないよ」とささやいた。それまでのやりとりとは無関係に発した言葉であり、日ごろの闘争心からほど遠い声質だった。そばで聞いていた私はむずがゆくなった。「わかっていますんで」と窓口の職員は返していたが、この言葉に月光仮面が含めていた毒にはたして気づいただろうか。

タケシの申請場面をふりかえろう。

「申請は初めて?」と職員。

「怖くなって逃げだしてきたんです」とタケシ。東尋坊に来る直前に捕まった貧困ビジネスのことをいきなり語りはじめて問答がかみ合っていない。

「申請したことがないということね」「貧困ビジネスということね」と職員はタケシの下手な説明をやさしく補っていく。

タケシは整理して話すことが苦手だ。「それで」「それから」と先をうながす職員に導かれて、「まず函館に行きまして」「父親の知りあいの家に行って、そこは大阪府で」と思いつくままに答えたあと、「あれも言っていいですかね」と隣の月光仮面に聞いた。

「正直になんでも言え」と月光仮面。

「実は自分には犯罪歴がありまして」とタケシは3度の逮捕歴を語った。

「もうしない?」と職員。

「もうしたくない」とタケシ。

うんうんとうなずき、ほほ笑む職員。

窓口として完璧な対応ではないだろうか。生活保護の申請・利用に前科前歴は無関係だ。東尋坊の人の中には刑務所や拘置所から出てきたその日に申請して利用中の者もいる。

やりとりは扶養の義務に進んだ。

「会って金銭的支援を頼むことは……」

「お父さんは昔、事業を失敗しまして」

「あ、そうか。お父さんに恩返しできるように早く自立してね」

月光仮面が「扶養義務にはふた通りあるのを知ってる」と職員に問いかけた。①配偶者間と、中学生までを意味する「未成熟子」を持つ親とには強い扶養義務がある②それ以外は仕送りをするにしても生活に無理のない範囲でいい——を説明した。

「はい、それは知っておりますんで。扶養できないならできない、精神的な支援でお願いしますというかたちでやっていますんで」と職員。

「いきなり扶養照会が来ると知らない人はびっくりするからね。高齢の親だと仕送りが強制だと誤解するんでね」と牽制する月光仮面。

「わかっていますんで」と職員。「私たちにできることはさせてもらいますんで」を3回くりかえした。

やはり「完璧な対応」ではないか。それなのになぜ月光仮面は最後に「差別してはいけないよ」と言ったのか。

実は、タケシに対応した職員には別の面もあった。

茂さんのNPO法人「心に響く文集・編集局」で活動している東尋坊ボランティアが、5年間引きこもっている48歳の女性の生活保護を申請しようと窓口を訪ねたときのことだ。

女性は同居の母親からDVをうけている。親子関係の緊張の原因を突きつめると生活苦になるから、生活保護を使ってひとり暮らしをするのがいい。問題は、母親に生活保護への抵抗感があることだ。

母親に知られないように申請することはできないか――そう打診したボランティアに、窓口に座る職員の答えは「断固として知らせる」だった。ボランティアは動揺し「DVがひどくなったらどうするんですか」としどろもどろになった。「落ちついて。ほかに方法がないのかを検討しましょう」と奥の職員が言い聞かせた場面もあったが、窓口の職員は「そんなの、できるわけないじゃない」と突き放すように言った。

この「そんなの」の職員は、タケシをあたたかく遇した職員と同一人物だ。

このやりとりを月光仮面は見ていた。これは偶然で、ほかの用事で別の窓口を訪ねていて目撃したのだった。「差別してはいけないよ」は「人によって対応に差をつけていないか」という警告だったのである。

月光仮面は、義憤に、おそらくは生来の負けず嫌いを上乗せして断じて引きさがらない姿勢でぶつかってきた。その結果、「初心者」のころと、実戦経験豊富な今とでは、とくに顔と名前を知られた坂井市と福井市の窓口であつかわれ方が変わった。

月光仮面の同席がなければどうなるか。

福井市の窓口に生活保護費を取りにいったマサノリの目撃談――隣に座った年配の女性に「だからっ。何度も言ったじゃないですかっ」と若い職員が詰問していた。

坂井市の窓口でのオサムの目撃談――60~70代の女性が「まだ若いんだから働けるでしょ。皿洗いとか掃除とかあるんだから」と隣席で迫られていた。

第5章　攻防—生活保護の圧抑

硫黄島作戦　生活保護の利用者を締めつけること。これにも、制度の扶助メニューを使わせないことから、辱めて「自主的」に利用を辞退させる「高度な技」まである。太平洋戦争中に孤立無援となった島名が名称の由来らしい。

これは水際作戦（4章）の延長にあるものだろう。申請の窓口で冷たい福祉事務所が、一転して利用者に親身になるのは考えにくいからだ。オサムの例で見ていこう。

オサムは東尋坊で保護されたあと、プレハブ小屋シェルターで暮らしながら見まわりに欠かさず参加した。足どりもしっかりしていた。家出の緊張感が続いていたのかもしれない。福井で落ちつけそうだという安心感とともに関節の痛みがぶりかえした。申請から8日後、坂井市役所を訪ねて体調が思わしくないこと、関節リウマチの治療で病院に通いたいことを伝えた。電話帳で調べたら、坂井市の隣のあわら市にある病院がよさそうだとも提案した。

オサムによると、ケースワーカーは言った。

①「病院にかかるにしても、ここは坂井市で（あわら市とは）市も違う。医療費は年に50万〜60万

円かかる。それも国民の税金なので」

②「リウマチの治療が長引いて社会復帰ができないと生活保護をとめられることもある」

オサムはなにも言い返せなかった。

2週間後、オサムの関節が劇的に痛みだした。寒暖の差が激しいころでもあった。シェルターで同居するヒロシによると、昼すぎからソファに倒れこんで言葉を発することもできなくなった。

オサムは、ヒロシからの連絡をうけてシェルターに様子を見にきたケースワーカーに訴えた。「つらいのであわら市の病院で治療させてください」

オサムとヒロシによると、ケースワーカーは言った。

③「まだ生活保護は調査中なので医療費も交通費も自己負担です」

④「保護が決まったあとも交通費は自己負担でやってもらっています」

オサムは黙りこむしかなかった。

この日の夜、たまたまシェルターを訪ねた私は昼間のやりとりを知った。翌日、倒れこんだままのオサムをあわら市の病院に運んだ。とりいそぎ薬で関節の痛みを抑えることにした。医療費1010円は私が立て替え、薬代850円はオサムが払った。目の前に倒れている人がいる。そんな人を放置するしかないほどに行政は無力なのか。①から④までのケースワーカーの発言を検証する。

検証　ケースワーカーの発言

①について。生活保護の利用者がどこの医療機関にかかるのかを決めるのは福祉事務所だが、国の

通知には「希望を参考とすること」ともある。治療には患者と医者との信頼関係が大事だからだ。病気によっては適当な病院が近所にないこともあるから県外入院も可能だ。オサムは、シェルターから一番ちかいからと「あわら市にある病院」を提案した。事実、生活保護の決定後にこの病院が適当と認められた。

②について。停廃止は27条の指導・指示に従わない場合などにある。これは就労指導に使われることが多い。ただし「被保護者の自由を尊重し、必要の最少限度に止めなければならない」「被保護者の意に反して、指導又は指示を強制し得るものと解釈してはならない」ともある。「いますぐ仕事を見つけてただちに生活保護をやめろ」といった無理強いをされたらたまったものではないからだ。まともな指導・指示に逆らったとしても停廃止の手続きは厳格に決められている。第一、治療が長引くということは治っていないということだ。停廃止どころか生存権保障と「社会復帰」のために継続が必要だろうに。

③について。生活保護の利用者になると医療費の自己負担はなくなるが、それまでは自分でどうにかしろということだろう。それならば、生計困難者のために無料低額診療をしている医療機関を案内できなかったのだろうか。インターネットで検索するだけで福井県内にもあることはすぐにわかる。

生活保護を申請中なのだから28条の検診命令は使えないのかとも私は素人ながら考えた。国の通知によると「保護の要否又は程度の決定に当たって稼働能力の有無につき疑いがあるとき」などに命令できる。従わないと申請を却下されることもある。これは仮病を疑うときにしか使えないのか。目の前で痛みを訴えているオサムに適用して医療につなげることは違法なのか。だいたい、シェルターからあわら市の病院まで車で20分だ。この日だけでも、ケースワーカーが乗ってきた公用車で運んであげることは許されないことだったのか。

④について。通院の交通費は医療扶助の通院移送費として用意されている。国の通知よると、最短距離の電車賃やバス代が支給されるし、「電車・バス等の利用が著しく困難な者」にはタクシーの利用も認められる。

お年寄り

申請から27日目の朝、オサムは生活保護の利用が決まったことをケースワーカーから伝えられた。医療費はようやく免除となる。ひと安心だが、あらためて通院移送費のことを聞くと、やはり「ここは坂井市で、病院はあわら市にあるので自己負担になる」と繰りかえされた。

プレハブ小屋シェルターからアパートに移った翌日、あわら市の病院で検査をうけた。血糖値の異常上昇も見つかり、2週間に1回の通院が決まった。

オサムの状態は深刻だった。「数値だけ見るとお年寄りだね」と医師は言った。両手・両手指・両股・両足の関節の機能障害がひどく「コントロール不良の状態にある」。ひとり歩きは200〜300メートルが限度で、握力は右が4・4キロ、左が2・3キロだった。早期の入院をすすめられた。

5回目の通院前日、オサムはケースワーカーの訪問調査をアパートでうけた。入院するかもしれないと伝えると、「最悪の状態になるまでしないでください」。ここまでくるとオサムの聞き間違いであってほしいと私は願う。「最悪の状態になる前に入院してください」と言ったのだと。

ひとり暮らしを始めて3カ月後、オサムは福井で初めての新年を迎え、翌月に入院した。診断病名は関節リウマチ・神経障害性疼痛症・潜在性結核症・クリプトコッカス肺炎・クラミジア肺炎。医師によると、体の免疫力が極端に落ちていた。退院は3週間後の予定だったが1カ月後に延びた。

自己負担

この入退院から1年後、オサムはやはり冬になるときつそうだ。痛むひざは曲げたり伸ばしたりを避けているので動きはロボットだ。体調は、週2回の東尋坊パトロールに参加できなくなるほどにどん底となったあと低空飛行となった。あたたかい日は顔を出し、みんなから遅れてヨボヨボとついてくる。気温がさがると部屋にこもりっぱなしだ。部屋での時間つぶしは、ラジオを聞くことと趣味のクロスワードパズルを埋めること。それでもつぶれない時間は、小さな古びた辞書を読んで無理やりつぶしている。

ご飯は立ってすませる。座ったり立ったりがしんどいからだ。台所にある冷蔵庫の天板はちょうど胸の高さだから、そこに茶わんや皿を載せてポソポソかきこむ。冬の夜は電気代を節約するため暗い中での食事だ。あまりのわびしさに、その光景を見て私は言葉を失った。

そのようなオサムだから、あわら市の病院まで歩くと片道で半日はかかるだろう。いや、たどり着けないだろう。月2回の通院はどうしているのかというと、「これ以上ケースワーカーにかけあっても事は進まない」と判断し、送迎は初診時から現在まで私が担っている。

オサムは日記をこまめにつけているから、もしも電車とバスを使って通院していたら自己負担額はいくらになったのかを試算した。現在までの通院は計28回。初診〜3回目分は往復1180円×3。4回目以降は障害者認定を受けて乗車賃が減額されたので11回目までの分が往復620円×8。12回目以降はえちぜん鉄道三国芦原線の値上げがあったので28回目までの分が往復660円×17。総額1万9720円。ある人には「たいした額ではない」かもしれない。しかし生活保護費は「最低限度の生活を保障する」（生活保護法1条）ものだから、通院移送費として支給されるはずの交通費を1円でも自己負担すれば即「最低」以下の生活となる。

オサムだけではなかった。見まわり参加者に聞くと次々と出てくる。「自己負担です」とケースワーカーから宣告された人も、通院移送費があることを知らされないままの人もいる。病院までの往復の電車賃1440円を毎月払っている38歳の男性は、2週間に1度は来てくださいと医師に言われているが、4週間に1度にして代わりに薬を多めに出してもらっている。きちんと通院しなければ治療は長引くだけだろう。

坂井市は憲法と生活保護法に反する「最低」以下の生活を想像しないのだろうか。取材で問うと「行政の守秘義務の観点から、具体的事例への回答は差し控える」という回答だった。

監視

タケシがとんでもないことをした。

見まわり組は数カ月に一度、気晴らしの遠出をする。車は私が調達する。ある日、飛び入りで参加した私の知人女性をタケシは気に入ったらしい。帰宅後、「誘ったらいいじゃん」とまわりからはやされて女性宅に電話をかけた。「食事に行きませんか」。出たのは女性の母親だった。親子だから声が似ている。それに気づかずに誘いつづけたタケシ。絶句しつづけた母親。たちまち母親からお叱りの電話をうけたのは私だ。「母親をナンパするなんて前代未聞だ」とタケシに抗議した。

それはそれとして、だれと付きあおうと勝手ではある。月光仮面の方針も、どこでだれとどのような関係を結ぼうが自由。深刻なもめごとに発展しそうな場合は間に入るが、それ以外は「勝手にやってくれ」だ。

そうは考えていない人がいる。マサキの記憶によると、秋のことだ。知人の女性とばったり会ったので、おしゃべりをしながら坂道をあがっていたら、かたわらに車がとまった。窓があいて車中から声をかけてきたのはケースワーカーだ。

「家に入れてはだめだよ。女の子を泊めたらいかんからね。こうして私らちゃんとパトロールにまわっているんだから」

そう言い残してケースワーカーは走り去った。

よけいなお世話である。恋人をつくるのも形式婚や事実婚をするのも自由だ。いずれも祝福されこそすれ監視されたり制限されたりするいわれはない。生活保護法は、人の営みは多様だから臨機応変に対応しなさいと「必要即応の原則」を第9条で定めている。制度には、妊婦定期検診料も出産費も妊産婦加算も、赤ちゃんの産着やおむつを買える被服費もある。同居を始めたら生活保護費が1人用から2人用になる。2人の収入によっては生活保護を使えなくなることはある。同居を解消したら1人用にもどる。いずれも手続きをすればいいだけだ。ケースワーカーの言動と狙いを坂井市に確認したが、「行政の守秘義務の観点から、具体的事例への回答は差し控える」ということだった。

貧困ビジネス

東尋坊の人には貧困ビジネスの被害者も少なくない。60歳の男性は、あるＮＰＯ法人の手配で生活保護を申請して埼玉県のアパートで暮らしていた。そこでの生活は、通帳と印鑑を取りあげられて手紙も開封されるなど徹底的に監視されるものだった。生活保護費は全額をＮＰＯ法人が管理し、男性が手にするのは毎月１万円の「お小遣い」だけだった。入居から2年後、耐えられなくなって東尋坊に逃げた。

月光仮面が保護後に男性の通帳を調べると、不審な点がいくつもある。毎月引き落とされている家賃や水道光熱費を計算して１万円の「お小遣い」を差し引いても、2年間の残高はもっとあるはずなのに数百円しかない。男性の退去直前に二十数万円が引きだされているからだ。ＮＰＯ法人に説明を求めると「部屋の原状回復費」という。敷金礼金名目で家賃２カ月分を別に抜き去っているのにである。

貧困ビジネス業者の目あてはカネなのでカネの動きを監視する。人間を見ず、人権を考えない。監視が大好きな政治も行政も、発想は貧困ビジネス業者と同じだ。

逆監視

群馬県の市営住宅で44歳の息子と同居している75歳の母親はときおり「もうどうしたらいいんでし

ょうね」と私の携帯電話にかけてくる。

この1年半、息子は群馬と東尋坊を往復している。生活保護を使いつつ就職活動をしているが、仕事は見つからず、別れた妻子と会うめども立たず、「どうしていいのかわからない」と東尋坊に来る。プレハブ小屋シェルターで数日間すごして帰る。その繰りかえしだ。

どうして母親が私に電話をかけてくるのかというと、息子のことで入れかわり立ちかわり連絡をしてくる月光仮面と私とをいつしか混同してしまったらしい。電話のたびに「お母さん、違いますよ」と伝えていたがいっこうにあらためないので、母親いわく「月光仮面とかなんだとかと名乗っているNPOって言うんですか、そんな感じの人」の仲間として話を聞き、必要事項は月光仮面に伝えることにしている。


母親からまた電話があった。「市役所から生活保護を打ち切ると言われました。もう親子ともどもしかたがないのでしょうね」と言うではないか。さっそく月光仮面に伝えると、その場から群馬の市役所に電話をいれた。

「生活保護を打ち切って親子が餓死したらどうするんだ」と月光仮面。

「そういうつもりで言ったんじゃないですが」と担当者。

「ではどういうつもりだ」と月光仮面。

沈黙する担当者。

月光仮面は伝えた——①75歳の母親に打ち切りをちらつかせるのは脅しだ②ヘルニアが持病の息子

に往復1時間のハローワーク通いを毎日しろと命じている就労指導は、福井市の週1回と比べてもいじめだ③息子が東尋坊にむかう心理も考えるケースワークをしてくれ。

電話の向こうの担当者は神妙な様子で耳をかたむけていた。ほんとうにかしこまっていたのかはわからない。というのも、月光仮面の電話をうけたあと即座に母親に電話して「これからは市役所に相談してくれ」と言っているからだ。そのことを私に報告してきた母親には、「だれに相談しようと勝手だと言い返しておいてください」と、これは月光仮面に代わって答えておいた。

翌月も母親から電話がきた。「息子は働けるので生活保護を来月から打ち切ります」と市役所から通告されたという。「NPOに相談してみます」とかえすと、「相談は市役所にしてください。そうでないと事が大きくなります」とも言ってきたらしい。

たちまち月光仮面が市役所に電話をいれる。

「打ち切りとはどういうことか」と月光仮面。

「廃止の手続きを進めますが、個人情報なので答えられません」と担当者。前回はしおらしさをよそおっていたが今回は「地」を出してきた。

「息子は就職活動をしているし『働ける』と『働く場所がある』とは別だろ。仕事が決まって収入が安定するまでは打ち切りは違法だ」と月光仮面。

「個人情報なので答えられません」と担当者。

「打ち切って生活が困窮したら責任をとれますか」

「責任はとれません。こちらの行為の責任はとれますが」

「生活に困って体調を崩したら責任をとってくれますね」

「どうしてですか」

「どうしてって、市民の命と健康を守るのが行政の責任でしょう」

「責任の内容がどういうものかわかりません。手続きの責任はとりますが、それ以上はとれません」

月光仮面の堪忍袋の緒がブチリと切れた。「母親といっしょにそこに行きますっ。それなら個人情報も関係ないっ。そこで打ち切りが適法かどうかを確かめましょう」と告げて電話を切った。

すぐに母親から私に電話がきた。母親によると、市役所の担当者がアパートに駆けつけてきて「NPOの人になにを言ったんですか」と聞いてきた。打ち切り話を伝えたと答えると、「様子を見ますと言ったんです。福井のNPOの人に『こちらに来るのに交通費だけで10万円はかかるから来ないでください』とお母さんからお願いしてください」と言ってきた。

月光仮面は「しばらくは嫌がらせもとまるだろう」と判断して出発準備を中断した。ただし月光仮面は行くと言ったら行く。これまでのところ北限は宮城県、南限は鹿児島県だ。金がないから往復とも一般道を使ってボロウスで行く。生活保護の利用者を監視することが大好きな自治体を監視することが大好きだからだ。

いいな

「そろそろ行くか」と月光仮面。東尋坊の見まわりを終え、この日の参加者7人で坂井市役所に乗りこもうというのである。

その直前にナオキ（44）が最近の悩みを打ちあけていた——①市から紹介された作業所で1週間実習したが無給だった②病院に行くとケースワーカーが来ていた。診察室に勝手についてきて医者にあれこれ聞いていた。

市役所の一室で月光仮面が口火を切る。「働かせておいてただ働きとはどういうことか。診察室はプライバシーの固まりだ。人権侵害だ。人格権の侵害だ。どのような権限に基づくのですか」

「あるんですけれど」とケースワーカー。

「その条文を教えてください」と月光仮面。

「病院には病気を治すために行っているんで。私としてはわかっていると思っていたんで」とケースワーカー。先日の家庭訪問で障害者手帳を取るかどうかの相談をナオキとしたといい、医師に確認することがあったという。そうだとしても本人に断りなく診察室に入っていい理由にならない。やりとりを聞いていたナオキの顔が赤みを帯びてきた。「僕のうしろから勝手に入ってきたじゃないですか」。おとなしいナオキがここまで言うのは異常な事態である。

ただ働きの件は「説明不足の点があった」と市の担当者が謝ったので矛をおさめることにした。今後も人権侵害があれば何度でも抗議に来ると通告して月光仮面一行は市役所をあとにした。

この日の7人の中には、東尋坊で保護したばかりの25歳の女性もいた。

女性は前日、大量の薬をあおって電話ボックスのそばに座りこんでいた。病院に運んで点滴をしたあと、私の車で随應寺につれていくことになった。

東尋坊を出発すると、ヒッチハイクのサインを出している人がいたのでひろった。フランス人の菓子職人で今は東京の菓子店で働き、休みを使って観光に来たという。

車中でパティシエの話を聞いていた女性は小声で言った。「いいな、私には夢がないから」

女性は高校を卒業後いくつかの職を転々としてきた。最後はしんどくなって出社できなくなった。「それからずるずると家にいるようになって。そうすると働いている同年代と自分を比べてしまって。まわりに抜かされているという思いがあって、そんな夢ばかり見てしまう。夢の中では、同年代に囲まれて自分だけが働けていないと言われたり、昔の会社にもう1回働かせてくださいと頭をさげていたりしているんです」

女性の家族関係は複雑だ。小学4年生のときから「お父さん」と呼んでいる男性は、実は同居している祖母の恋人であり、「お父さん」と母親とは偽装結婚だという。

ずっと孤独だったとも言った。ペットのコーギー犬・カメ1匹・ザリガニ4匹・ウーパールーパー2匹・ハムスター4匹・ウサギ1匹だけが自分の味方ですという女性は薬の影響からか表情に乏しく、「ザリガニもウーパールーパーも人になつくんです」と言ったときだけ少し笑った。

だから翌日、他人のために市役所に乗りこんだ月光仮面の行動が驚きだったようだ。「いいな。私の近くにもあんな人がいてくれたら」

個人情報

その月光仮面も、開きなおった行政には手の出しようがない。行政の武器は「個人情報の保護」だ。

カツマタさん（1章「死を拒む体」）には薬物使用で逮捕歴があった。ヤクザから足をあらい、トラックの運転手やホテルの清掃をしながら2人の娘を育てていたが行き詰まった。東尋坊で保護されて福井に1年いて、両親の墓参りのために一時帰郷した大阪市で再び薬物に手を出した。身元引受人になり情状証人として法廷に立った月光仮面は、「余生を故郷ですごしたい」というカツマタさんの願いをかなえるべく大阪市で生活保護申請を手伝った。以来、連絡を取りあっていた。

そのカツマタさんから反応がなくなって2カ月がすぎた。電話もメールもはがきも返事がない。「とかく不器用な人間なんだよ。いまごろ年末の寒空の下でひとり凍えて飯も食えていないかもしれない。生きていてくれ」。月光仮面は、電話帳に載っている同姓は親戚かもしれないとかたっぱしからかけた。また薬物に手を出したのかもしれないと弁護士にあたった。警察も裁判所も刑務所も一切だめ。ようやく、アパートに荷物を置いたままだ▽大家も行方を知らない▽大阪市の職員が部屋に入っている──という状況がおぼろげながら浮かんできた。

こうなったら大阪市役所に確かめるしかない。月光仮面が電話をかけると、返ってきたのは「来るだけ金の無駄ですよ」だった。

月光仮面が憤怒の相になった。「俺は金持ちなんだ。自家用の飛行機で行こうか。ヘリコプターで行こうか。オスプレイで行ってもいいけれど、これは住民に迷惑やろ。あんたに金の心配をしてもらわんでいい」と啖呵を切った。らちがあかないので年の瀬に大阪市役所に乗りこむことにした。

結果は「金の無駄」だった。

「私は身元引受人となり、その後の面倒も見ると法廷で約束した。居場所を知っているならば教えてほしい。命は無事かどうかだけでも教えてほしい」。月光仮面は窓口で切々と訴えた。

「行政の方からなにも申しあげられない。個人情報ですから」と職員。

「大阪市個人情報保護条例の何条か」

「一般的な話としてです」

「なにを根拠に身元引受人に安否さえ教えられないのか」

「そういうのは僕はなにもありませんで。そういうことでしたら条例を調べさせてもらいますけれど」

「個人情報を知りたいのではない。男性の安否を確認して生命と健康を守ってほしいと言っている」

「それは業務の範囲内でします。でも、できることとできないことがありますのでね。命の危機まではね。ご心配はわかります」

「アパートに荷物を置いたまま行方不明だ。これは命の危機にあたるじゃないか」

「失踪していたら調べようがないですね。そういう人はいっぱいいますから。ホテルに暮らしているとかですね」

つけいる隙は与えないという鉄心を感じさせる職員に、月光仮面は最後に訴えた――生活保護の実施機関としてカツマタさんの生命と健康を守ってほしい。あなたが本気で心配しているのなら「ホテルに暮らしているとかですね」と口にするだろうか。個人情報よりも個人を大切にしてほしい。

同行していたマリとナルミ（38）は帰途の車中、「大阪市ってすごいですね」「個人情報だとあそこまでごまかせるんですね」と「感嘆」しきりだった。

福井に帰って月光仮面はカツマタさんにはがきを書いた。「あなたの事だから会わす顔がないと思われているかも知れません。すべてを受け入れて今後の事を心配しています。つきましては近日中に面会にうかがいたいので返信お願いします」

東尋坊パトロールの日、宛先人不在で返送されてきたはがきをみんなで見つめた。ナルミは大阪市職員の対応を思いだして「人の命の重さをまったくわかっていない」と怒った。

月光仮面は今もカツマタさんをさがしている。

第6章　攻防――生活保護と扶養

42歳の男性をつれて福井市役所におもむいた。窓口に座ってもだれも出てこないので、月光仮面が「だれかっ」と大声で言った。

ようやく出てきた市職員は、「相談カード」を持ってきて、配偶者欄への記入を求めてきた。相談カードの中心に「相談者」すなわち申請者の名前を書く欄があり、そこから家系図のような線がのびて父と母・きょうだい・配偶者・子ども・配偶者の父と母・そのきょうだいの名前の各欄があり、それぞれに年齢・職業の有無・住所・持病を書きこむことになっている。

「ご両親は健在ですか」と市職員は聞いてきた。

男性は無言だ。配偶者欄の記入をしぶっているのは離婚しているからだ。

「情報として」と市職員はうながした。

男性は苦しそうにペンを動かした。

次に職員は、市の冊子「生活保護について」を手にして「優先することが四つあって」と言い、①稼働能力の活用②資産の活用③他法・他施策の活④扶養義務者からの援助――をあげた。のちに私が冊子を確認すると、①と②は要件事項で③と④は優先事項と分けてある。職員はごっちゃにして説明していたことになる。

「ご両親は」と市職員が再び聞いた。「扶養義務者からの援助がうけられるのであれば優先してほしい」と言った。

「2人とも年金暮らしなので無理だと思います」と男性は答えた。

「頼んでみられたのですか」

「いや、連絡はとっていないです」

「連絡はとれるんですね」

「無理ではないですけれど」

「いままで援助をもらったことはないんですか」

「たまに物資や資金をうけていたんですが、それが度重なって。3カ月前に連絡をとったときは『難しい』と言われました」

「弟さんはどうでしょうか」

「連絡先もわかりません」

「父親や母親も（弟の連絡先を）知らない？」

「知っているけれど、親子関係に複雑なところがあるので」

男性は大きな体をできるかぎり小さくしている。市職員の言動に威圧的なものはないのに、なぜ萎縮するのか。東尋坊で保護された人にとって「親に連絡する」ということは、生活保護をあきらめろと宣告されたに等しいことだからだ。

要件と優先

生活保護法の第4条を見てみよう。

1　保護は、生活に困窮する者が、その利用し得る資産、能力その他あらゆるものを、その最低限度の生活の維持のために活用することを要件として行われる。

2　民法に定める扶養義務者の扶養及び他の法律に定める扶助は、すべてこの法律による保護に優先して行われるものとする。

厚生労働省の資料は扶養を「保護の要件ではなく、保護に優先する」と説明している。なにが違うのか。わずらわしいが説明しておきたい。この違いは扶養の問題の核心であり、ひいては東尋坊の人にとって生活保護制度が有用か無用かを分かつ核心でもあるからだ。

1の要件は生活保護を利用できる条件といっていい。現金や預貯金があれば先に使い、働ける人はできる範囲で働き、それでも生活が苦しければ生活保護を使えると定めている。

2が扶養の決まりだ。「扶養義務者の扶養」は「家族の仕送り」と考えていい。これが「保護に優先して行われるものとする」とあるので、私は「生活保護を使うことよりも、家族に仕送りしてもらうことを先にしなければならない」と解釈した。完全な間違いだった。これは、もしも生活保護の利用中に仕送りを受けたら、その分を保護費から差し引くという意味にすぎない。生活保護の生活費が月6万円とすると、2万円の仕送りがあったときは4万円にするということだ。これが生活保護法における優先なのだった。

1950年にできた現行の生活保護法は家族の仕送りを要件から外した。昔の法律では要件だったので、生活が苦しい上に仕送りも断られてますます苦しいのに放置されるという残酷が起きていたからだ。

ところが現代の窓口でも、「家族に助けてもらってはどうか」と問われる。東尋坊に来たのは親に頼れないからだ。頼り、あきれられ、関係を切られたから東尋坊に来た。それなのに親に連絡される。しかも今回は東尋坊で保護された者として。世間から後ろ指をさされる生活保護の申請者として。これまで迷惑をかけてきた家族に、どのツラをぶらさげて仕送りをお願いすればいいのか。そんなことになるぐらいならばと申請をやめてしまう。

歯止めの数々

だから行政は、家族関係を聞くこと自体は違法ではないが、とことん慎重でなければならない。自治体職員むけのマニュアル本「生活保護手帳」に収録された問答が比較的わかりやすいので引用する。
問　相談段階で扶養義務者の状況や援助の可能性について聴取することは申請権の侵害に当たるか。
答　扶養義務者の状況や援助の可能性について聴取すること自体は申請権の侵害に当たるものではないが、「扶養義務者と相談してからでないと申請を受け付けない」などの対応は申請権の侵害に当たるおそれがある。／また、相談者に対して扶養が保護の要件であるかのごとく説明を行い、その結果、保護の申請を諦めさせるようなことがあれば、これも申請権の侵害にあたるおそれがあるので留意されたい。

ちなみに「生活保護手帳」とは、「生活保護手帳　別冊問答集」「生活保護関係法令通知集」とともに中央法規出版（東京）が毎年度に発行しているもので、厚生労働省の通知類を収めて現場の対応例をことこまかに載せている。生活保護の担当課を訪ねると、「手帳」をめくりながら対応する職員の姿をすぐに見つけられる。良くも悪くも職員は「手帳」どおりに動こうとする。私が見た範囲では、憲法と生活保護法の「法の精神」を具現化するよりも、いちいちページをめくって付け焼き刃的に対応する傾向にある。最悪は「手帳」さえ読まずに「常識」を押しつけてくる職員だ。

民法879条

さらに法律は、むやみやたらな家族への仕送り要求に歯止めをかけている。仕送りをどうするのかは、まずは当事者間の話しあいが必要で、それでまとまらなければ両者の関係から地域の慣行までをも含む「一切の事情」をくんで家庭裁判所が判断するのが決まりだ（民法879条）。

なぜ、そんなまどろっこしいことをするのか。家族の関係は家族にしかわからないことがあるからだ。こじれた関係ならなおさらだ。ここに行政が無遠慮に首を突っこめば関係はますますこじれるだけだろう。

またさらに家裁への持ちこみにも注意が必要だ。1950年に成立した生活保護法の立案から施行まですべてにかかわった厚生省（当時）社会局保護課の小山進次郎課長は1951年、法律の正確な狙いを後世に伝えようと「改訂増補　生活保護法の解釈と運用」を出版した。全国社会福祉協議会が

2004年に出した復刻版（以下「小山本」）にはこうある。「扶養義務の問題は、本来道義上の問題として取り扱われることがふさわしい性質のものであることを常に念頭に置き、努めて当事者間の話し合いで問題を解決するようにし、法律に訴え、法律上の問題として取り運ぶことはやむを得ない場合に限るようにすること」。これは現在の厚労省通知にも引き継がれている。

生活保護法4条の3項

強力な歯止めはもうひとつある。生活保護法4条の3項だ。

3　前二項の規定は、急迫した事由がある場合に、必要な保護を行うことを妨げるものではない。

1項の要件や2項の優先も大事だが、東尋坊に来たということは生命が急迫していることでもある。のんびりと対応されたら死ぬ。ただちに保護せよ。これが、25条でも定めている行政による職権保護だ。これこそが法律の神髄だと小山本は述べている。「第一項及び第二項の規定は、或いは要件として、或いは建前として規定されており（略）建前に縛られて保護ができないということは、法文の解釈上も殆どあり得ないと考えられたのであるが、万一の場合を考え第三項の規定を置いたのである」「この規定あることによつて第四条が立法の趣旨に即したものになつているとも云われ得よう」

月光仮面も活動初期は職権保護を行政に求めていた。どうにも受けいれられないので、プレハブ小屋シェルターや随應寺に一時的に住まわせて、その間に申請書を出す今のやりかたに落ちついたのである。

以上を理解すれば、「親に助けてもらったらどうですか」と気軽に聞くことの異常性がはっきりするだろう。

模範解答

仕送りについて親に問いあわせる扶養照会を、福井市と坂井市はどう考えているのか。

福井市　生活保護の申請・利用者がどういう環境にあるのか、心情はどうなのか、家族らとどういう関係にあるのかを考慮して決めている。ただ連絡を取っていないだけなのか、両者の間にたとえば10年前に大きな問題が起きていて連絡を取っていないのかなどを考える。DVなどの問題がないと思われるときは照会する。照会可能かどうかの判断の基本は「復縁が可能な場合」としており、両者の間に問題がないことが前提となる。申請・利用者本人が嫌と言えば照会しないが理由は聞く。申請時にすべてを判断するのではない。照会を一時的に控えていても、利用者とケースワーカーとの間に信頼関係が出てきたときに話しあい、本人同意の上で照会することもある。

坂井市　生活保護の申請・利用者の意向を聞き同意を得て照会している。申請時にはDVなどの問題がある場合を除いて「必要ではありませんか」と必ず聞いているが、拒否されたら本人の意思を尊重して照会していない。申請・利用者への聞き取りに基づいて扶養の可能性がある人には照会しているが、別れて50年たつとか連絡を10年以上とっていないとかなど関係が疎遠のときは照会していない。生活保護を受給中に「(家族らと) 電話できるようになった」「また話ができるようになった」となれば照会することもある。

おおむね模範解答だろう。問題はこれらが現場で実行されているかだ。

検証　扶養照会書の文面

入院中のオサムに父親から電話がきた。「坂井市役所から手紙がきた。おまえに仕送りをするようにという内容だ。拒否すると自分のきょうだいや親戚にも連絡がいき、家庭裁判所に持ちこまれてしまう」。驚きと怒りとが父親の声にまじっていた。おって父親からは、これから毎月3千円の仕送りをする、まずは3カ月分の9千円を送る、これはケースワーカーと話しあって決めたことであると知らせる手紙も送られてきた。

もっと驚いたのはオサムだ。ケースワーカーに問いあわせると、父親と話がついたので仕送り分を生活保護費から差し引くという。オサムは、月光仮面の「仕送りの強制は許されない」を思いだした。にもかかわらず父親は仕送りを断れば訴えられるとおびえている。どういうことなのか。まずは事実を確かめようと、坂井市役所からの手紙のコピーを送るよう父親に頼んだ。

病室に届いたコピーを確認すると、坂井市福祉事務所長が送り主の「生活保護法による扶養照会書」だった。

「あなたの長男に当たるオサムさん（住所　坂井市）は生活保護法による保護を申請して（受けて）いますが、生活保護法では民法に定められた扶養義務者による扶養は生活保護に優先して行われるものとされております。／つきましては、保護の決定実施上必要がありますので、あなたからどの程度扶養できるかについて、別紙扶養届により2月21日までにご回答ください。／なお、回答がない場合、係員が調査のために訪問することがありますので、ご了承ください」

こう書かれている文書の最下段には、生活保護法4条の1項と2項、民法877条の1項と2項が参考としてならべられている。

オサムは家出前、生活保護を申請したいと提案したことがあった。父親は「人間の最低がすることだ」と怒鳴った。「このままだと一家心中だ」と嘆いていたのに、「生活保護は俺が死んでからにしてくれ」とも言っていた。

このような父親が扶養照会書を受けとったときの反応は想像がつく。

この扶養照会書はどこにも要件と優先の違いを書いていない。オサムの父親も法律にうとい。生活保護法では仕送りは優先であることも、この優先の意味も理解していない。第一、「扶養義務者による扶養は生活保護に優先して行われる」と書かれていれば、仕送りをしなければならないとオサムの父親でなくても誤解する。最下段に記された生活保護法4条1項と2項は、なんの注釈もないことで、この誤解は法的に正しいと思いこませるのに有効だ。やはりなんの説明もない民法877条。1項は親子間やきょうだい間の扶養義務が、2項は家庭裁判所の判断次第による3親等内の親族の扶養義務が書かれてあるだけだ。これもまた、息子が「人間の最低」をしてしまったと考えている父親の視線を、条文にある「家庭裁判所」に縛りつけた。訴えられると思いこませた。そもそも「保護の決定実施上必要があります」は間違いだ。必要ありません。

こうして見ると、坂井市の扶養照会書は、親の仕送りは義務だと誤解させるのに実によくできた文書だといえる。実際にオサムの父親は、息子が生活保護を使っていることを親族間にさらされて訴えられるとおびえた。それで即座に毎月3千円の仕送りが可能と回答書を返送していた。

検証　照会書を送った経緯

坂井市役所が、オサムの父親に扶養照会書を送った経緯も検証する。

前述したように、扶養照会にはいろいろな「歯止め」がある。

「生活保護手帳」は照会が不要な家族として「扶養を求めることにより明らかに要保護者の自立を阻害することになると認められる者」をあげる。事例のひとつが「夫の暴力から逃れてきた母子等」だが、これは父子間には適用されないのか。家出をして命を絶つしかないと思わせた父親との関係を、坂井市はどのようなものだと判断したのか。

「生活保護手帳　別冊問答集」は、扶養義務の履行が「期待できない者」として「概ね70歳以上の高齢者」をあげる。オサムの父親は78歳、母親は80歳だ。この点を坂井市はどう判断したのか。

厚生省社会局長通知（1963年）は親の仕送りについて「扶養義務者の了解を得られるよう努めること」とある。オサムの父親はどう「了解」したのか。おびえただけだ。「要保護者をして直接扶養義務者への依頼に努めさせるよう指導すること」ともある。オサムに「指導」をうけた記憶はない。坂井市から受けとったのは、父親の仕送りが決まったという最後通告と、生活保護費の減額を伝える保護変更決定通知書だけだ。

検証　申請窓口のやりとり

申請窓口のやりとり（4章）も検証する。

「やっぱり家族なので心配していると思うし、親御さんに聞いてみないと判断できない」と言って市職員は電話をかけた（「親御さん」）。親切心からと思いたい。しかし申請はオサムが決めることだ。「親御さん」は関係ない。「オサムの申請時に坂井市の窓口職員がいきなり家族に電話したことは適切だったのだろうか」と書いた（「督促状」）のは、不適切だと考えるからだ。

坂井市が窓口で読みあげた「生活保護のしおり」（「親御さん」）は「親、子、兄弟など民法に定める扶養義務者からは、援助を受ける必要があります」だった。この文言から、「素人」が「仕送りは要件ではない」と読みとるのは絶対的に不可能だ。そもそも「援助を受ける必要」はありません。

この6章の冒頭で紹介したように、福井市が窓口で読みあげた「生活保護について」は「親や子ども、兄弟姉妹などの扶養義務者からの援助を優先してください」だった。この文言から、「素人」が「仕送りは優先にすぎない」と読みとるのは絶対的に不可能だ。要件事項と優先事項とを混ぜて説明したことは先に指摘した。

両市とも、私が同席した範囲ではパンフレットどおりの説明をしていた。しかし、説明ずみであることは正確な理解をうながしたことを意味しない。これも私が見聞きしたかぎりでは両市の窓口担当者はおおむね丁寧だった。再びしかし、誤解させる説明は対応がどんなにやわらかくても間違っている。

以上の検証結果から、坂井市は、はばかることなく扶養照会をしていると結論づけるしかない。一連の行為への事実確認を求めた私に、「行政の守秘義務の観点から、具体的事例への回答は差し控える」と坂井市は答えた。

乱れる思い

アパートでひとり暮らしを始めて間もない夏、マサキ・リカコと食事をしていたマリの携帯電話が鳴った。液晶画面の表示で母親からだとわかった。

母親の第一声は「なんで。どうして福井にいるの」だった。

マリは取り乱して「ごめんね」を繰りかえした。母親と話すのは何年ぶりだろうか。同居相手からDVをうけていたことも、そこから逃げて東尋坊に来たことももちろん伝えていない。

泣くばかりのマリを見かねたリカコが電話を代わり、DVのことは伏せてマリが東尋坊で保護されたことだけを説明した。

「気持ちの整理がつかないので切らせていただきます」と母親は言った。

マリはこの夜、アパートに帰る気になれず随應寺に泊まった。

マリの実家は瀟洒な一戸建てだ。マリによると「ここで愛情たっぷりに育てられた」。しかし家族への思いは千々に乱れたままだ。高校を半年で辞めた。「夜の世界」に生きた。子どもをおいてきた(2章「マリのひとり語り」)。「過去は悔やむことばかり」で今も家族への罪の意識に打ちのめされたままだ。

マリがつぶやく。「どうなんだろうね。ふつうは……ふつうってなにがふつうなのかわかんないですけれど。自分の心が幼かったからだし、だれのせいでもないし」

そんなマリだが、生活保護を使うようになってから希望を少しずつ蓄えている。「いままでは逃げていたけれど、もう逃げずに福井で前に進みたい。家族が『がんばっているね』『顔を見たいね』と思ってくれるようになるまでは帰れないと思うし。いま帰っても『いままでなにをしていたんだ』と言われてしまうだろうし。福井で明るく生きているんだよということを伝えていきたいんですね」

月光仮面はセーフティーネット（安全網＝社会保障制度）について「落ちてきた人をとらえるだけでなくてビョーンとはね返すものなんだ。だからネットと言うんだ」と語る。マリもビョーンと立ち直ろうとしている。東尋坊に追われた女性に活力をよみがえらせる。これが生活保護のすばらしさだ。

そのマリが、母親からの電話を機に生活保護の辞退を考えるようになった。マリによると、両親に手紙を送らせてもらうとケースワーカーから言われた。手紙とは扶養照会書のことだった。それを受けとって母親はマリに電話をかけてきたのだった。

母親は、毎月2万円の仕送りをすると福井市に回答している。理由はオサムの父親のと同じだ。子どもが生活保護をうけていることだけでも恥なのに、親が仕送りをしないのは恥の上塗りだと考えた。だからこそ扶養照会は照会にすぎないのに「決定の伝達」と受けとめた。「いくつになっても子どものことは親の責任」からも母親は自由ではない。

こうしてマリは秋以降、毎月2万円の仕送りをうけることになった。生活保護法の優先が適用されて同額が保護費から引かれるようになった。

恥の意識はマリにも刻まれている。「月光仮面には『心を落ちつかせることに専念して』と言われているんですけれど、やっぱり私がうけるのは申しわけないと思うんです。生活保護を活用しないと生きていけない人もいるだろうけれど私はそこまでじゃない。はやく辞めないといけないですね」

月光仮面がマリを諭す。「あなたは大人だ。生活保護を使うのかどうかはあなたが決めることで母親は関係ない。それに仕送りは強制ではない。母親に仕送りを求めるなと福井市に言ったっていいんだ」

この理屈をマリは頭では理解しても心が受けつけない。「私だって早く働いて生活保護を辞めたい。でも今は自分の体と心を立てなおすとき。生活保護を辞めて無理に仕事をすれば結局またためになって親に面倒をかけてしまう。それが今の自分にはとても心苦しい」

親の期待すべてを裏切ってきたと思いこんでいるマリにとって、家族に恥をかかせた上に仕送りの負担をかけることは耐え難いことだ。この感情を福井市はどれほどすくいとって扶養照会をしたのだろうか。「模範解答」が実行されていたならば、母親の電話でマリがパニックになることはなかった。

あんたみたいのが

仕送りを受けるようになって1年後、マリは「仕送りはいらないです」とケースワーカーに訴えた。月光仮面の説得を実践したのではない。実家の家計の変化を知ったからだ。4歳上の兄が事業に失敗して精神的にまいって帰ってきていた。父親に借金があることも、金策のために母親はパートをかけもちしていることもわかった。

ケースワーカーは確認する必要があるので母親に電話をするという。

マリはすぐに母親に電話をかけた。市役所からいきなり問いあわせを受けたら扶養照会書のときのように母親を不安にさせると案じたからだ。

「どうしたの」と母親。

「仕送りはいらないと福井市に伝えたから、そのことで電話がいくかもしれないのでごめんね」とマリ。

「えー、また電話がくるの」と母親。

2日後、母親からマリに折りかえしの電話があった。

「やっぱり福井市の人から電話があって、どうにか振りこみを続けてくれないかって言われて」

「お母さん、払う必要はないいんだよ」

「私たちが払わないと福井市の負担になっちゃうんでしょう」

「そうじゃなくて。お母さんが払う必要はないいんだよ」

マリは、要件と優先の違いをうまく説明できない。親に仕送りをさせていることが自分の心を苦しめていることを言葉にできない。

「でも払わないといけないんでしょう」

「そうじゃなくて。こっちにはボランティアの人もいて支えてくれているからお母さんは安心していいんだよ」

「でもこっちで援助しなくてはいけないんじゃないの」

「そうじゃなくて。私、自立できるようになりたいし、それを理解してくれている人に囲まれているし、病院の先生からも『がんばりすぎるからアルバイトは週3日ぐらいで』と言われているし、バイト先のオーナーも『がんばりすぎるから週3日ぐらいでいこうね』と言ってくれているし」

言葉を発することがもどかしくてマリの目に涙がたまっていく。

「そうなんだけれど。もっとお金がなくてつらい人がたくさんいるんだよ」

「私がこれ以上病気になっていいの」

「そうなんだけれど」

「私、学歴もないし、スキルもないし、少しずつ作っていくしかないんだよ。それはお母さんだってわかっているでしょう」

「そうなんだけれど。あんたみたいのが生活保護を受けて」

マリの涙は「あんたみたいのが」で決壊した。「それは自分が一番わかっていることなんだよ」と言えなかった。「お母さんだってがんばりすぎなくていいんだよ」とかろうじて言った。

母親とのやりとりのあと、「母だって、生活が苦しくて援助はできないと思っていても、市役所から聞かれれば『払います』と答えるしかないじゃないですか」と私に言って、マリはまた激しく泣いた。

絆至上主義

マリは「仕送りをとめて」と求めている。母親は「仕送りする」という。こうなると、優先は要件に変換されるというのが厚生労働省の考え方だから、マリは母親に仕送りを求めなければならなくなる。マリが動揺するのは、親との距離を測りはじめたばかりなのに「仕送りをする・される」という関係を強いられるからだ。

生活保護法は第1条に「自立を助長する」を掲げる。扶養の決まりは第4条だ。つまり扶養は自立につながるのかという視点から考えなければならない。それなのになぜ自立を助長するとは思えない扶養照会がされるのか。

手がかりは「模範解答」の中にもある。福井市は「DVなどの問題がないと思われるとき」、坂井市は「DVなどの問題がある場合を除いて」と答えている。つまりDV以外は「照会する」から始まる。それを支えているのは、「家族は、互いに助け合わなければならない」（2012年4月に発表された自民党の憲法改正草案第24条）や、「家族相互及び国民相互の助け合い」（2012年8月に成立した社会保障制度改革推進法第2条）という信仰だ。DVに「照会しない」から出発するのは問題が起きてからでは遅いからだろう。それでいいのだが、DV以外でも家族に縛りつけると重大事態に発展することだってあるのだ。

扶養の義務は要件ではなくて優先。この生活保護法の原理を月光仮面は「家族の助けを当然視する絆至上主義をとめること」と言う。東尋坊の人と家族とは関係の貧困にある。だから関係をいったん切る。生活保護で生活を支える。そうして関係修復に動く力を蓄えさせる。これが「自立を助長する」の意味だと考える。無神経な扶養照会は家族の関係を強いる「絆至上主義」であり、東尋坊からの反転を阻害していると激しく敵視している。

第7章　攻防—生活保護と接遇

20歳の女性は「心の複雑骨折をしてしまった」と言う。月光仮面とつながりができて2カ月、早朝の6時に、夕方の5時に、夜中の1時にと、のべつまくなしに私に電話をかけてくるようになった。

「なんか今つらいんですけれど、なんて言葉にしたらいいのかわからないんですけれど」

「なんかちょっと孤独に感じてしまうんですけれど。いまは親と住んでいるんですけれど、寂しいなとマイナスに考えてしまう」

「頭がぐじゃぐじゃで説明できないんです。生きていることそのものがつらいときがあります」

ぼそぼそと何時間も語る女性に、私はかろうじて返す。

——それはすすめません。

「どうしてですか」

——私も説明できないのですが、死ぬこと以外の解決策があるんじゃないかと考えるからです。

「なんで自分ばっかり楽しいことはなくてつらいことばっかりなのかなって思ってしまいます」

——どんなことをすれば楽しいの。

「だれかとなにかをしていれば」

――「なにか」とはなんですか。

「うーん、遊んだりとか、遊んだりとか」

――少しずつやっていくしかないと思う。

「はい、それはわかるんですけれど、いま寂しかったりするのはどうしたらいいのかな」

――私もわからない。少しずつ力をつけていくしかないのでは。

「はい、それはわかるんですけれど、先のことが不安というよりも今のことがつらくて今のことしかわからない。いま寂しいんです」

病院に行ったり専門家に相談したりしていますかなんて私の素人提案は女性はとっくにやっている。傾聴の大切さを専門書は説く。まねてみても事態はびくともしない。連日連夜の電話に耐えられなくなってきた。

――教えないのではないですよ。私もわからないのです。

のど元まできた「自分で考えろ」を抑えて私はそんなことを言う。「死にたいと言ったら、あなたはなにもできないという。私の苦しみがわかりませんか」と声を荒らげてくる女性にいらだつ。

女性は高校3年間をいじめに苦しみ、いじめの存在を認めない先生に苦しんだ。不登校になり発達障害と診断された。いまは大学生だ。

月光仮面が提案していく。

――思いきって休学したら。元気になってから通えばいいのではないですか。

「行きたいのに行けないからつらいんですよ」

――ひとりで考えても限界はあるのだから専門機関に相談をしてみたらどうですか。その手続きを手伝います。

「相談したところでもっとひどいことにならないかと心配です」

――責任をわかちあうために相談するんです。

「どうにもならないと言われるだけです」

――あなたひとりで抱えるには重すぎる。やってだめならば次の手をさがします。あらゆる手を尽くしていきましょう。

「それをすると事態が悪くなるような気がします」

――これだって決め球はないし、特効薬もないけれど、できることをやっていきましょう。まわりの力を借りながら。自分のことを大事にしながら。

「こんなにつらいのに自分のことを大事になんてできないですよ」

女性は、あらゆる提案をはねつけていく。

届きません

マサキが「トンビの目」で見つけた35歳の女性（1章の冒頭）は福井に残ったが、ことあるごとに地元警察への恨みが込みあげてくるらしかった。「勝手に死ねばいいと言われた」「逮捕もできると言われた」と訴える表情は、取り憑かれているように激しくて無表情でもあった。「警察署の建物から飛びおりる」と吐きだして、「それはショートカットだよね」という月光仮面のあらゆる言葉をつっぱねた。２カ月後、だれにもなにも言わずに女性は地元に帰った。

帰郷後もまわりに「死ぬ」と訴えている。知人らから「どうすればいいのか」と連絡がくるが、月光仮面とて女性の地元に常駐はできない。

ある日、女性が私にメールを送ってきた。「逮捕されてもいいから警察の敷地内で自殺する」。電話をかけると女性はまくしたてた。「もういいですよ。死を選びたい。楽になりたい。次は失敗しないです。あなたが死んだら悲しい。そうした言葉が自殺をほのめかした人に有効だと本で読んだことがあります。そう言ってくれても、それがどうしたとしか思えません。その言葉は届きません。死ねば、暗く、苦しい、冷たい日々から逃れることができます」

——ほかにも選択肢があると思います。それだけは忘れないでください。

「つらいからいなくなりたい。それが私の理屈です。自殺しますよと言っても警察はやめてくださいとおりいっぺんの対応しかしない」

——警察を恨むなとは言わないが、まずは自分の生活再建を優先しよう。

いさめるほどに私が警察の味方をしていると女性は思うらしかった。「もう長くなりましたので」と言って女性は電話を切った。

月光仮面が危険だと判断した。しかし女性はもう電話に出ない。家族の連絡先もわからない。女性が最後に訪ねた相談先を割りだして「強制入院の手続きをするよう家族に伝えてほしい」と頼んだが、

「警察に電話をしましたが、きょうは休日だからわからないと言われました」

月光仮面は「あなたのことを無視していない」と伝えつづけようと女性に電話をかけたりメールを送ったりしていた。

なんの反応もないまま10日間がすぎた。午後8時すぎ、私の携帯電話に連続メールがきた。「首吊りと飛び込みって、どっちが確実でしょうか」「東尋坊に又行く手間を考えれば、首吊りかな」「場所は秘密です。お世話になりました。さようなら」

説明

なぜ、どのように苦しいのかを言葉にできず、話はめちゃくちゃで意味不明だ。激しく助けを求めつつ鉄の不信感を身にまとっている。これが東尋坊で保護された人の姿だ。八方ふさがりの不全感を表現したのがマサノリの「死にたいんじゃない。生きたくない」（3章の冒頭）なのだろう。

そのような東尋坊の人びとが、福祉事務所の窓口で苛烈に求められることがある。申請理由の説明だ。

57歳の男性が福井市の窓口に座った。

対応したケースワーカーは、「まずは受けとって」といきなり申請書を突きだした月光仮面に面食らい、「まずは相談を」ととまどった。

ケースワーカーは、なぜ生活保護を申請するのか、いままでどうしてきたのかを聞いていった。あの相談カード（6章の冒頭）にそって男性の「家系図」を作っていった。

このケースワーカーのうわさをほかの生活保護利用者から私は聞いていた。「よく話を聞いてくれる人」「無理強いをしない人」。そのとおりの人だ。それでもやりとりを聞いていて私は不安になった。

案の定、この日の申請は取りやめになった。男性に十数万円の所持金があることがわかったからだが、本質的な理由ではない。職住のない者の十数万円などあっというまに消える。いまは生活保護を使うしかないのだが、男性は市役所を出たとたん「もう二度と申請しない」とへたり込んだ。窓口で財布の中身をぶちまけさせられたことも傷ついたが、やはり本質的な理由ではない。

ケースワーカーから問われている間、男性はずっとおびえていたのだ。このままだと「あの過去」も話さざるを得なくなると。

男性は中学を卒業後、2年間の自衛隊勤務をへて父親が自営する鉄工所で働いた。鉄工所が不振で閉じられたあと、事件はおきた。当時49歳で無職。86歳の父親は足が不自由で、78歳の母親はその介護に疲れきっていた。朝、母親と相談したとおりに、父親に睡眠薬いりのコーヒーを飲ませて室内で練炭を燃やした。16時間後の午前1時、父親の意識がなくなったのを確認した。次に、母親を自宅2階の押し入れに寝かせて中で練炭に火をつけた。父親が意識不明、母親が一酸化炭素中毒死した状態で発覚した。殺人未遂容疑で逮捕・送検され、自殺幇助の容疑でも追送検された。4年6カ月の実刑判決をうけた。

刑期を終えた男性は、「東尋坊にでも行け」と親族から突き放された。月光仮面に保護されて生活保護を使いながら坂井市で暮らしていたが、その後は仕事が見つかったと言っては三重・山梨・再び三重・岡山と転々とし、ホテルの住みこみアルバイトを得た長野県で落ちついたかに見えた。いつのまにか岐阜の運送会社で運転手をしていて手詰まりとなり、そこから月光仮面にSOSを発して今回の福井市への申請となった。

男性に質問を重ねた窓口のケースワーカーは、その情報をどうするつもりだったのだろうか。その説明もなかった。ほかの窓口を訪ねてきた市民にもいきなり根ほり葉ほり聞いているのだろうか。どうして生活保護の窓口では聞いてもいいと考えているのだろうか。

不信

月光仮面は東尋坊でいくつかを確認する。心身の状態はどうか。手持ちの金はいくらか。貯金はあるのか。せいぜいこれぐらいだ。生活保護を使えるのかどうかを見極めるためであり、どこまで聞くのかに公式はない。話せば聞くし話さなければ問わない。事情を聴いてからサポートをするのかしないのかを決めるのではなく、助ける方針は東尋坊で出会った瞬間に決まっている。「東尋坊に立った時点で死を選んだのと同じだ。その重さを受けとめたい。話したくなければ聞かなくてもかまわない。まずは命を助ける。深掘りするのはそれからでも遅くはない。第一、人の心なんてわからないしね」。それでも信頼されるのは、東尋坊で出会ったことが「あなたを決して見捨てない」というメッセージになっているからだ。

東尋坊の人にとって窓口担当者はどのような存在か。

不信しかない。

窓口に、月光仮面にせっつかれて座る。応対する職員は「初対面の人」でしかない。それなのになぜ、東尋坊の崖に立ってまでも人に知られたくなかった過去を打ちあけなければならないのか。どうしてまた、家族関係をずけずけと聞かれなければならないのか。なにゆえに、丸裸にされないといけないのか。

それが当然と窓口の担当者は聞いてくる。収入申告書と資産申告書も、銀行口座を調べてもいいという同意書もとる。これは通称123号通知（4章「窓口と申請書」）が発端で、もとは暴力団対策だ。東尋坊の人は123号通知を知らないが、説明を求められて暴かれて「疑われている」といや応なく気づく。それでも従うのは「税金で助けてもらう」ことが申しわけないからだ。もちろん納得していない。「聞かれて当然」「答えて当然」の身分に落とされた者として納得なんかできない。不信は怒りに転化する。

マサノリが福井市に申請する前日に語った。「だれでも『堕ちる』ことがあると思うんです。そのときに助けてくれるセーフティーネットはあった方がいいのか、ない方がいいのか。俺は、あった方が安心して暮らせる社会だと思うんですよね」

申請書を出し終えてマサノリはこぼした。「前の日、生活保護への偏見は自分にはないって言いましたよね。でも実際に申請するとなると、俺、なにやってるんだろうと。窓口はとても丁寧でした。でも逆にそれが……。もしかしたら職員は『俺たちの税金を使ってただで飯を食いやがって』と思っているのかもしれないと考えてしまって」

半年後、生活保護を使ってアパートで暮らすマサノリに申請時のことを聞くと、「屈辱感はまったくなかったですね」

その夜、マサノリから「あらためて話したい」と電話があった。やはり窓口の男性は丁寧でしたよとふりかえりつつ「担当者が年下だったからよけいにみじめさを感じたんでしょうね。生活保護になって半年ですけれど、このみじめな感情をなくしてはいけないとも考えるんです」

揺れる言葉はマサノリだけのものではない。窓口担当者が優しいのか冷たいのか同情的か批判的かとは無関係に、とりわけ自己責任が蔓延する社会に生きる東尋坊の人がどうしようもなく抱くものだ。

福祉事務所の仕事はほんとうに難しいと思う。東尋坊の崖は離れても精神の崖に直面したままの、「いままで知らんふりしていたくせに」と不信と怒りの塊となった人と向きあうのだから。そこで申請の理由を聞き、「仕事をさがしたらどうか」「親に支援してもらったらどうか」なんて訓示もどきを垂れた時点で、これから築いていくしかない信頼の土壌の一切は流失する。

小山本は指摘する。「人はすべてその中に何等かの自主独立の意味において可能性を包蔵している。この内容的可能性を発見し、これを助長育成し、而して、その人をしてその能力に相応しい状態において社会生活に適応させることこそ、真実の意味において生存権を保障する所以である」

社会復帰を手伝うには相手に「内容的可能性」の発見が欠かせない。それには深い対話が必要だ。窓口担当者もケースワーカーも聞き取り不足だ。だから信頼関係を築けない。だから深く聞き取れない。これでは東尋坊の人と信頼関係を結びようがない。

小山本はこうも指南する。「被保護者の多くは（略）一種の潜在的卑屈感を捨て切れずに居るに違いない。このような状態に在る人々からかゝる圧迫感を取りのぞくことこそ、ケースワークの目的とする部門の一つであって、この際最も大切なことは、当局側に在る者の行き届いた配慮である」「生活保護手帳」も説く。「被保護者の立場を理解し、そのよき相談相手となるようにつとめること」

東尋坊の現実を見るかぎり、これを窓口から実践するのは無理だ。不信と怒りの鎧をまとった申請者の「声なき叫び」をすくいとるなんて「人生の達人」でなければできないし、そうした「特殊な能力」を求めると、万人に開かれているべきの窓口を狭めることになりかねない。「配慮」や「理解」は人次第となる。すべてに期待したいが、すべてに期待できない。「生活保護の窓口って人の生死をにぎり、人と濃密にかかわる最前線ですよね。自分とかかわった人が立ち直ってくれることにやりがいを感じる誇り高き職場ですよね」と願うマサノリには悪いが、窓口に「人の生死」をにぎらせてはならない。

話を聞かない

そこで提案だ。窓口で話を聞かないことにしてはどうか。「配慮」や「理解」やの一切を排して、申請書を受けとるだけにする。

「生活保護手帳」は窓口相談について「相談者の状況を把握したうえで、他法他施策の活用等についての助言を適切に行うとともに生活保護制度の仕組みについて十分な説明を行い、保護申請の意思を確認する」ためと書く。残念ながら、不信と怒りの対象でしかない窓口担当者の助言も説明も確認も、どれもこれもが東尋坊の人には言葉巧みなあしらいにしか聞こえない。

もとより、困窮の原因も理由も問わない無差別平等が生活保護の原理であることを考えると、窓口での面談は要件（6章「要件と優先」）ではないはずだ。生活保護の適用基準は突きつめればたったひとつ、収入が最低生活費を下まわっているかどうか、それだけだろう。

このことは小山本も指摘する。「生活保護法の運用における最も基礎的な事項は（略）その人が本条に所謂『生活に困窮する人』であるかどうかを明かにすることに帰着する」「これを更に分析すれば『最低限度の生活の需要を満たすに足るだけの収入のない場合』ということになるから、結局問題は最低生活費（最低限度の生活の需要を満たすために必要な費用）と収入の認定の問題に集約され（る）ことになる」

あれこれ聞いて手遅れになってはまずいというのが提案の趣旨だ。これは脱法措置ではない。生活保護法の第4条3項「急迫した事由がある場合に、必要な保護を行うことを妨げるものではない」を思いだそう。小山本が「この規定あることによつて第四条が立法の趣旨に即したものになつている」とする「法の神髄」を最大限発揮しようというまことに遵法措置だ。生活保護法は4条以外でも7条・19条・25条・34条で「急迫」にくりかえし触れている。それだけ大切な規定であり、それだけ無視されやすいのだろう。

現状の窓口は、申請の理由を不躾に問う。いきなり家族関係を尋ねる。DV以外は家族に通報する。窓口面談など長くて数時間だ。家族関係の聴取はその一部でさらに短い。生活保護の利用者になるとケースワーカーの家庭訪問もあるが、これも数カ月に1回あるかだ。これでは聞き取り不足と相互不信の悪循環にはまるだけだ。

申請書を受けとるだけにすれば信頼の起点となりうる。その後のケースワーカーの伴走ぶり次第で信頼を寄せはじめる。すると家族関係の深い部分も話してくれるだろう。ここまできて扶養照会の適切な時期も見極められるというものだ。

生活保護叩き（バッシング）の現状を鑑みると提案は荒唐無稽だろうが、おそらくこれ以外に東尋坊の人から行政が信頼される方法はない。

やはり無理な相談だというのであれば別の提案もある。

東尋坊に立つ。

月光仮面が「役所に欠けている」と指摘する「絶対に助ける」という気概を崖沿いの現場で示すことだ。

第8章　攻防―生活保護と就労

ナルミが地元に帰ると言いだした。

その直前、メールを続々と送りつけてきた。「なぜ福井に来たのか？　面接で嫌がらせのように聞かれます」「ハローワークに熱心に通って決めた仕事にいつも損害を受けてなんらプラスなんかありませんよ」

家族から縁を切られている今のナルミに帰る故郷はない。どんどん言葉が刺々しくなる。「東尋坊で考えて答えを出す　死んだら骨はおっかあに渡してくれ」「東尋坊から身を捨てれば身内の人間は安堵する　皆問題児がいなくなれば気が休まる　心配事がなくなるんだから　俺の骨を見れば平和が訪れる」「死を持ってしか償いきれない」

こうした自暴自棄がひっきりなしにナルミを襲う。東尋坊組の中でもっとも礼儀正しい青年だ、酒さえ飲まなければ。もともと飲めないから酔うと暴れ方は抑えがきかない。日ごろ胸のうちに圧縮しているものを爆発させる。

「俺に死ねって正直に言えよ」

天職だけれども

ナルミは大学を卒業後、専門学校に2年間かよってヘルパー2級を取得した。25歳のときだ。それから4カ所の特別養護老人ホームで働いた。この間に国家資格の介護福祉士も取った。

介護職はナルミにとって天職に思えた。「なぜでしょうね。おばあちゃん子だったからかもしれないですし、サラリーマンの父親に嫌気があったからかもしれない。最初の研修のとき、お年寄りの排泄物を見て大丈夫と思ったんです。人間だからうんこはあたりまえ。汚いと思えなかったんですね」

すべて正社員だった。日勤の手取りは月14万〜15万円。ひと晩あたり5千〜6千円の手当がつく夜勤を月5〜7回こなして2万5千〜4万2千円が上乗せされる。介護福祉士になってからは3千〜1万5千円の手当もあり、これで月の手取りは18万〜20万円になった。

29歳で職場の同僚と結婚した。2人の間に生まれた子どもと妻の連れ子の計4人のアパート暮らし。同じ介護福祉士の妻のパートの月給7万〜8万円をあわせても一家の手取りは30万円に届かなかった。職場を転々としたのは、夜勤をより多くこなせるようにと自宅に近いところを求めたからだ。

利用者の個人ファイルをひらいて生活歴を読む。戦争・離婚・貧困・孤独……「懸命に生きてきた人生」が浮かんでくる。「すると感謝の念しかわいてこないんです。その人が生きてきた人生に比べると、俺の人生も仕事もなんと楽ちんかと心の底から思うんです」

現場では、お年寄りを「ご利用者様」「お客様」と呼んでいた。「ご家族からお願いされて命をおあずかりしている以上、事故は絶対にあってはならないこととされていました」。転倒や寝床からの転落は訴訟リスクでもある。「緊張感ははんぱないですよ」。それでも事故はとくに夜間におきた。人手がないからだ。7〜8人の「目」がある日勤と違い、正夜勤2人と夕方からの準夜勤1人の計3人で25〜35人を見る。ひっきりなしにコールは鳴り、そのたびに走って冬でも汗だくになった。

ショートステイの利用者は施設で寝つけない人も多い。「夜勤帯は1人に3時間も4時間も割くことはできないんです。だから眠らせるしかないんです」。午後11時、どうにも寝ない認知症の利用者に睡眠薬を飲ませる。多用は歩く・飲む・握るといった生活力を奪う。深夜の投与は翌日の昼まで目覚めない副作用もある。朝食後の降圧剤の省略は生命にかかわる。「すると午後9時に寝かせましょう、睡眠薬を飲ませましょうとなる。事故のリスクを考えると、しょうがない、やむを得ないとなるんです」。矛盾の解消策も睡眠薬だった。寝床から落ちるのを防ぐために最初から床に寝かせる方法もあった。「家族が見たらどう思うのかというきれいごとは言っていられない」

混乱と崩壊

深夜から未明にかけての急病の発生で混乱は極まる。在宅の看護師に電話をかけて指示を仰ぐ。3人の夜勤者のうち1人が救急車に同乗して病院をさがす。家族に引き継ぐまでは病院から離れられない。その間は2人で踏んばるしかない。おむつ交換や水分補給は省略するしかない。

さらに家族に引き継げない。ナルミは送迎も担当していた。お年寄りを家に迎えにいく。体調を崩していたり病気だったりすると、ほかの利用者にうつしてしまうから断らないといけない。しかし家族はこの日があるから日々の介護に耐えている。「はやくつれていってくれ」というときの形相に、

「介護疲れ」「介護殺人」という言葉が切実なものとしてナルミに突きつけられる。「あずかれません」なんて言えない。3泊のショートステイを使って家族旅行をしていることもある。ささやかな「解放の日」に呼びだしたら家族の心が破綻する。

低賃金と、圧倒的人手不足の日々。そしてナルミの家庭は壊れた。

夜勤で疲れすぎて眠れない夜、酒を少し飲むと眠れた。次は同じ量を飲んでも眠れない。量を増やして無理やり眠った。もっと飲めばもっと眠れるはずだとなって不眠症からうつ病に進んだ。性格も生活もすさみ、31歳で離婚。酒で暴れるたびに家族や親族から関係を次々と切られた。毎月7万〜8万円を2700万円の自宅ローンに支払うだけとなった。ひとりには広すぎる家の中で東尋坊をテレビで見た。ほどなくしてマイホームも手放した。

甘え

ナルミが逮捕された。福井県警によると、午後8時20分から翌日午前0時20分の間に「最近うまれた4番目のガキから殺してやるから、楽にお前を殺さない、苦しませて両手両足を1本ずつ折ってからじゃないと気がすまない」といったメール11通を知人に送りつけていた。

月光仮面が拘置所を訪ねた。

面会室に入ってくるなりナルミは深く一礼。「飲むと憑き物が出ていく気がしていた」と話した。「もう飲まない」と約束もした。

月光仮面は出所後について語った。

1　もう飲むな
2　飲むとしてもおいしい酒を飲んでほしい
3　出所しても知人への復讐を考えるな。自分がみじめになるだけだ
4　出てきたら、あなたの利益になることはなんでもする。まずはプレハブ小屋シェルターに入って、生活保護を復活させてアパートをさがそう
5　東尋坊パトロールに参加すること

初公判の日、情状証人として法廷に立った月光仮面は、身元引受人として生活再建を手伝うと約束した。

起訴事実をナルミはすべて認めた。アルバイト帰りにビールを飲んで泥酔しメールを送ったという。「個人的な恨みは一切なく、私の状態をわかってほしいという一心だった。返信がないのでエスカレートした」と話した。

腕組みをした検事がナルミに問う。

――あなたは若いころから酒で失敗している。こういう法廷に出てから酒をやめる覚悟ではなく、その前に思わなかったのか。

「甘えがあったと思います」

――飛びおりそうなところを助けられたわけではない。結局その辺、甘えがあるんじゃないか。だれかが助けてくれると。

裁判長が口を開いた。

——えげつないですよね。あなた自身のつらさはあなたはわかっていても、なかなか伝わるもんじゃない。理解してほしいというのはわかるんですけれども。二度とこんなことしないでくださいね。

「はい、検事さんにも言われました。甘えていたのだと思います」

再び検事が問う。

——実際、自殺することはなく、自殺をするというのは助けを求めるために言っていることで、心の弱さにほかならない。

検事は「要は自分の気持ちだ」とも言った。なぜ酒にのまれて、なぜ東尋坊に来たのかといった背景はまったく触れなかった。求刑は懲役8カ月。2回目の公判で懲役8カ月執行猶予3年の判決が出た。

求人はある

拘置所を出た日から月光仮面のもとで生活再建を目ざしているが、ナルミの状況は変わらない。仕事が見つからない。仕事をしていない時間が長くなるほどに「再び仕事ができるのか」と不安に押しつぶされている。

「求人はいくらでもあるんです。火曜と木曜の2時間だけという求人はすさまじく多いんです。でも、それだと生保から抜けだせない。たしかに生保で生活は守られています。でも、このまま俺はだめなんじゃないかって。がんばっても安定した仕事は見つからないんじゃないかという不安が常につきまとう」

「仕事をしたいんです。でも、面接で必ず聞かれるのが『どうして福井に来たのか』です。正直に答えると次は『なぜ東尋坊に来たの』になる。白い目でみられます。『国から金をもらって情けなくないか』『とっとと仕事について生保を切れ』と説教させることもあります。生保をうけていることを堂々と言いたいけれど触れたくなくなる。すると『どうやって生きてきたの』と聞かれる。それで面接がぐちゃぐちゃになる」

しどろもどろの面接を終えてナルミは飲めない酒を飲み、暴れて叫ぶ。

「なんの希望もない。死んで終わりにしたい」

包丁

トシヒコ(55)から「ナルミさんがきて部屋の中で包丁を振りまわしている」と電話がかかってきた。ナルミに代わってもらう。

ナルミが泣きながら叫ぶ。「もう繰りかえしや。一生懸命やっても結果が出ないならいっしょやって。役に立たねえって。無駄だって。就職活動しても意味ないんやって。あすなんか見えないよ。あすが見えないんだったら死んだ方がましだ。生保でぎりぎりの生活して、面接でクソみたいに言われて。うんざりだ。人間あつかいされてねーんだから。刑務所で暮らした方がましだって。お金うまねーんだから。仕事してねーんだから」

私は車に飛びのってトシヒコのアパートにむかった。同じアパートに住んでいるアッシ(32)にも

た。

急行を頼んだ。月光仮面も、きのう保護した30代の姉妹の生活保護申請を中断して来るという。

私たちが到着したときはナルミは座りこんでいた。「トシヒコさんに迷惑だろ」と叱ると出ていった。

トシヒコによると、ナルミは最初から泥酔していた。８００円しかないから東尋坊に行く交通費を貸してくれと言ってきた。断ると、アパートの外がうるさいと怒りだし、台所の包丁を手にした。ベランダから飛びおりようとするナルミの体に抱きついてとめ、トシヒコは私に電話をしたという。

その夜、ナルミからメールが送られてきた。「私の息子は○○　親父○○の一文字和をもらって名付けた私の遺伝子を持つ男　私が死んだら彼が唯一私の遺伝子を持って生きてくれるであろう　月光仮面の名に懸けて東尋坊でなく他の地で死を全うしたい　色々ご迷惑をおかけしましたが生きる気力なし　死を持って来世に生きる希望あり」

翌日、ナルミを食事に誘う。涙をあふれさせながらナルミが言う——

打開できないんで……。

言われることはわかる。わかるんですけれど……。

お酒を飲んでまひして1日がとっとと終わってほしいだけで。そういう状況が泥沼になっていて。なにも変わらない。だからまたすぐ沈没する……。

毎月おなじことの繰りかえし。なんの進歩もしていない……。

自動車販売会社をうけました。延々と責められたんです。介護の仕事と店頭販売は違うんじゃないですかって。こっちでうまくいきっこないので帰った方がいいんじゃないですかって。できるかできないかは試用期間で見てほしいとお願いしても試しさえさせてもらえない……。

面接でだめになると心がだめになるんです……。

可能性を感じない……。


2週間後の3月29日、酔ったナルミが電話をかけてきた。ぼそぼそ声はたちまち激しくなった。

「どんなにがんばっても無駄という結論になる。だから3月で終わりにしてもいいかなと。4月以降なんの希望もないし、死ねば空気になるし、死人に口なしだし、月光仮面の説教も聞かなくていいし。だから俺、死にます。希望もないし、先行きも不透明だし。死ぬ。それでちゃらにする。終わるよ、もういいよ。やるだけのことはやったし、もういいんじゃないかな。死ねばいいよ。死ねば楽になるんだから。死んだらちゃらになるんだろっ。それで文句ないだろっ。俺はもう沈没だっ。金を返せばいいんだろっ」

——そんなことを言った覚えはない。

「月光仮面に感謝の念は強い。裏切れないし裏切りたくないし。でも清算したい。2万5千円だろ。なんでおまえがわからねえんだっ」

——俺に暴言を吐いても状況は変わらないぞ。

「申しわけない。それだけわけがわからなくなっています。お世話になったし、慰めてもらったし、その意味でちゃらで終わらせたい。死んだら思いだしてほしい。否定されて死んだ人間の最後の言葉を」

——どうしてそんな結論になるんだ。

「生活保護をうけている人間なんてそんなもんですよ。死んだら空気になって、それでいいじゃん。無駄だよ。おまえだってわかってるんだろ。俺たちは無駄だよ、無駄なんだよっ。がんばっても無駄だろっ」

——落ちついたらまた電話をしてくると信じています。

「うそつきやろう。どうせ見て見ぬふりするんだろ。偽善者がっ」

こんなことが繰りかえされて私はナルミと縁を切ることにした。もう勝手にしてくれとトシヒコの部屋で愚痴った。アッシも遊びに来ていた。

トシヒコが私を諭す。「人は寂しいときに人を求めるじゃないですか。その求め方が間違っているだけで」

アッシも言う。「もがいているんですよ。俺も他人事じゃないなって思いますよ」

ナルミは深夜、自転車を飛ばしてトシヒコのアパートに駆けつけた。トシヒコが酒に手をだして暴れたからだ。ナルミの緊急出動は断続的につづいた。自分も引きこもり中なのにアッシとともに駆けつけつづけた。

そのトシヒコは、やけ酒に手を出して引きこもったナルミの様子をのぞきにいったり部屋のドアに食料をぶらさげたりしていた。

気分が落ちたがわを、比較的落ちていないがわが支える。仲間内で交わすメールに書かれたこまやかな配慮は、東尋坊を背負った者同士にしかできないものだ。月光仮面も手を出せない領域だ。みんな、東尋坊で保護されたあとの日々を狂おしいほどに生きようとしている。

仕事と社会

タモツ（66）は仕事を激しく求めている。東尋坊で保護された直後は生活保護を使っていたが、障害者が通う就労支援作業所の職員になって利用をとめた。3年後に体を痛めて退職し、利用を再開した。

「もうそろそろゆっくりしろよ」と月光仮面。

「それは心が許さない」とタモツは言う。

「仕事がしたいんです。月光仮面さんには甘える部分があっていいと言われて、それはわかるんですが、われわれは周囲の人間にだけではなく税金にも甘えているわけじゃないですか。それは権利だと言われると救われる気持ちになるんですが、自分の足が動く間は少しでも収入を得たいんです。税金を使うことに負い目を感じるんですよ」

「社会に交わる方法が仕事だと思うんです。社会と交わっていないと人と自信をもって会えないんです。私が部屋の中でうだっている間も他人様は働いているわけじゃないですか。その他人様の税金をかすめ取っているわけじゃないですか。貧乏していても生きている姿勢を崩したくないんです」

社会参加の機会を仕事に奪われていることは日本の貧しさだが、そうした「高尚な議論」など今のタモツに意味がない。

履歴書の空白は東尋坊の人から再起への気力を剝ぎとり、アパートの部屋に閉じこめる。それは「怠けている」としか見られない。そう見られるほどに「そう見られている」と不安とあせりを膨張させる。「仕事をしたい」ともがく姿は、「生活保護をもらえてラッキーと考える怠け者」という風評どおりであったならば少しは救われるだろうにと思うほど痛々しい。

派遣の人生

ナオキは「なんとなく入っただけ」の高校を2カ月で退学し、16歳で電気スタンドの組み立て工場に勤めた。2年後に地元の派遣会社に入った。この1988年以降、ナオキは派遣社員として生きていく。

最初の派遣先はエアコン組み立て工場だった。バブル景気の最中で「仕事がばりばりありました」。自宅から寮に移り、手取り13万〜14万円の給料は全額を自由に使えた。テレビ・ラジカセ・CDと新製品が出るたびに買いかえた。

1985年、労働者派遣法が成立した。戦後ながらく禁じられていた戦前の「人夫だし」が復活した。

1990年、この年を境に完全失業率は急上昇し、有効求人倍率は急降下していく。経済界と政界が二人三脚で選んだのは「雇用の流動化」だ。要するに、いつでも切り捨てられる安価な労働者群をつくりだすことだった。

1993年ごろ、「あれ」と思った。エアコンの生産台数が目に見えて減っていった。「最初は季節的なものかなと思ったんです。でも、どうやら違うぞと」。バブル破綻の影響がナオキの地方にもおよんできた。直後に「生産が落ちている」という理由から次の派遣先を示された。自動販売機の組み立て工場で3年ほど働いた。

1996年に派遣会社を移った。「ここからがややこしい。記憶が定かではなくて、1カ月おきに契約を交わして、多すぎて……」。記憶によると、埼玉のコピー機の組み立て工場から始まり、名古屋や群馬にも行った。群馬の派遣先だけでも8〜10工場あるはずだが、もう思いだせない。

1995年、日本経営者団体連盟（現経団連）が「新時代の『日本的経営』」を発表して非正規の活用を提案する。

1999年、最初は13業種限定だった派遣先は、16業種、26業種と拡大されつづけて、この年に原則自由化された。

2004年、「最後の砦」製造業への派遣も解禁された。

2008年秋、群馬にいたナオキは寮での待機を命じられた。次の予定だった自動車工場への派遣も取り消された。派遣会社の担当者にリーマン・ショックを説明された。大変な事態だとわかった。暴利をむさぼってきたアメリカの投資銀行や証券会社の尻ぬぐいをなぜ自分がさせられるのかはわからなかった。

寮待機の間も懸命に面接に通い、3週間後に寮を追い出されて家賃2万8千円のアパートに移った。「何十社もうけました。まったく受からない。受からない理由がわからない」

リーマン・ショックは非正規労働者から職住を一気にはぎとった。非正規化とは人間の部品化だ。ナオキは部品ではなく人間なので蓄えの底が見えてくるころにうつ病を患った。

面接で落ちる日々が1年半つづいた。すると面接担当はその点を突いてくる。うつ病のことを正直に答えると、「なんでそんな病気にかかったの」。頭の中が真っ白になる。受かりたくて声をしぼりだす。言葉にならない。「そういう病気だと困るね」

ようやく派遣会社から示されたのは静岡にあるコピー機の組み立て工場だ。契約は2カ月と2カ月で計4カ月。「仕事があればさらに2カ月」と言われていたが4カ月で契約満了となった。

次はエアコン工場。寮から寮に引っ越す直前にわたされた契約書には冷蔵庫とあった。冷蔵庫の奥にシールを貼る作業を担ったが手が短くて届かない。年下の正社員から「なんでそんなもんもできねえんだ」となじられた。

こんなことはこれまでもあった。自動車工場に派遣されていたときだ。派遣社員へ、握りこぶし大の部品を正社員が投げつけた。目撃者はナオキひとり。「さすがにひどい」と会社に訴えた。事情聴取に正社員は「記憶にない」と言ったらしい。それで終わり。「このときに派遣の立場を思い知らされました」

それでも耐えてきた。今回は「なにかが切れた」。翌日、寮で出勤の準備はした。気がついたらタクシーに乗っていた。「自分の中にやけくそというのか、生きていてもこの先にいいことはなにもないだろうなというのがあった。逃げたと思われているんじゃないかという変なプライドもあった。インターネットで『名所』を知りました」

東尋坊をうろついている間、頭にあったのは「とにかく目立たないところで」だけだった。うしろから月光仮面に声をかけられた。

境遇

いまも通院中のナオキが「派遣社員の境遇」を語る。

「契約期間は短いところで1カ月、長いところで1年。それで次の工場へ移ります。だいたい3カ月が基本でした」

「月の手取りはよくて20万円で、9万円のこともありました。年収はずっと200万円いくかいかないか。だから年収のことは考えないようにしていました」

「社会保険は、長期で働けそうなら派遣会社からすすめられて入ることもありました。短期のときはこちらから断りました」

「次々と工場を移り、仕事がないと寮を追いだされる。正社員がうらやましいと思いましたが、どうあがいてもなれない以上あきらめるしかありませんでした」

ナオキは酒が飲めないからナルミのようには暴れない。しかしナオキのつぶやきとナルミの叫びとは「あすなんか見えない」でひとつながりだ。

2015年、派遣期間の制限を事実上撤廃して「生涯派遣」に道を開いた。

総務省の労働力調査によると、正規の職員・従業員に対する非正規の割合は4割に迫って上昇中だ。ほかの各統計をみるだけでも、ナオキの境遇はすべての非正規の境遇だとわかる。数カ月ごとにくる契約更新という名のクビにおびえ、「正」の4割に届かない低収入は経験を重ねてもあがることはなく、雇用保険や健康保険や厚生年金や退職金や賞与やの「正」限定の「恩恵」にもあずかれず、その「正」になる道もなく。

小泉純一郎内閣（2001年~2006年）は「聖域なき構造改革」で貧困と格差の社会をつくったと言われる。しかし、どの時代のどの内閣も働く者を守る規制を経済界の求めのままに切り刻んできた。小泉時代は「わかりやすかった」だけだ。「人間尊重の日本的経営」は経済界の自画自賛にすぎないが、それにしても「非」への差別はあからさまにすぎる。

安全網の壁

不安定かつ低賃金だった東尋坊の人にとって、社会保障は最後のよりどころだ。しかしリュウタ（47）からハローワークへの同行を頼まれたのを機に気づいたことは、東尋坊と制度との間にはふたつの壁があることだ。

1　不親切の壁

同行を頼まれたのは、リュウタ自身がなぜハローワークに行けと言われるのかわからないというからだ。とりあえず行って受付の男性に聞いた。「ケースワーカーの指示できました。前の仕事を辞めてから1年間が失業保険をうけられる期間であり、その1年が迫っているから残り5日分を受けとる手続きをしろと言われています。傷病手当の延長もしろとも言われました」

受付の男性は答えた。「前にいた地域のハローワークから離職票を取りよせるとなると日程的に無理ですね」「傷病手当は妊娠とか出産とかの事情があれば3年間の延長ができるけれど、それも無理なんじゃないですか」

同行していなければリュウタはここであきらめただろう。

翌日はハローワークの担当課に直行した。きのうも来ているのできのうの日付で受けつけましょうと親切だった。出された何枚もの書類に、説明の言葉をあびて表情を凍らせたリュウタは言われるがままに記入した。あれらの書類が何用だったのか私たちは今もわからない。なにしろ応対した課長も、うしろに座っているベテラン職員にいちいち聞いて、それを私たちにかみ砕いて教えるというやりかたなのだ。

教育と縁が薄かったリュウタは、書類と、印鑑と、学校で植えつけられる忍耐とが凝縮された役所的手続きを生理的に受けつけない。複雑な制度。煩雑な手続き。それ自体が不親切の固まりだ。

あらためて窓口の怖さも知る。「制度の不親切」に「人の不親切」が上乗せされたらどうなるのか。今回の受付男性もそうだが、そもそもなぜリュウタは失業給付を受けとっていなかったのか。

リュウタは心を病んで長年つとめた工場を辞め、すぐに地元のハローワークで手続きをしていた。3カ月後、この日から失業給付を受けとれるはずなので再訪すると「あなたは求職活動をしていませんね」と追い返された。これがリュウタにとって決定打となった。それまで必死に抱えてきた気力の芯のようなものが燃え尽きた。アパートの部屋に引きこもり、「確実に死ねる」と聞いた東尋坊に来た。

窓口の担当者は、求職活動をしなかった理由をなぜ聞かなかったのか。聞いていれば、面接を申しこんでも当日になると体が震えるようになっていたことなどリュウタの心身の変調に気づけただろうし気づくのが仕事だろう。

その結果、150日分の失業給付（72万7500円）を手にできたはずなのに、5日分（2万4250円）だけとなった。保険料を取っておきながらこれでは「ぼったくり」か「振り込め詐欺」かだ。

リュウタを東尋坊で保護した日、月光仮面はその場から抗議の電話を地元のハローワークにかけた。

「なに〜っ、そういうことを問われることがなかった？　どうして聞かないんだ。不親切だろっ。どうしてそんな意地悪をするんだっ」

こうしていっしょに怒ってくれる人にめぐりあえなかったのが東尋坊の人だ。無防備のまま安全網の外の世界を漂流するしかなかったのだ。

2　仲間外れの壁

ハローワークでの手続きを終えて精根つきはてたリュウタと私は、トシヒコのアパートに遊びにいってコーヒーをごちそうになった。

「こんなのが来たんですが、どうすればいいですかね」とトシヒコが黄色い封書を出してきた。日本年金機構の特別催告状だ。

トシヒコも東尋坊で保護されてからは生活保護を使っているので、以降の保険料は免除となっている。特別催告状はそれ以前の未納分についてのものだろう。月光仮面の方針は「払えないものは払えない」。これを実行できる東尋坊の人はいないから、こうした督促がくるたびに強制徴収やら差し押さえやらの記述におびえる。後日にトシヒコの手続きをすることにした。

東尋坊の相談でもっとも多いのは、この保険料の未納だ。

社会保障制度にうとい私は「困ったときに助けあう制度」と思っていた。間違いだった。東尋坊の人に教えられたことは、「保険料を払える人だけで助けあう制度」つまり「カネがない人は助けない制度」ということだ。

トシヒコは、工場のパート・アルバイトとなった40代以降は国民健康保険に入っていた。失職や両親の入院が重なって生活が困窮。そのころ保険料の減免をうけていたかどうかをトシヒコは知らない。覚えているのは、町役場に毎月2千～3千円を納めていたことだけだ。ほどなくして子どもの給食費も払えなくなったからそれも滞った。こうして、だれもが安心して医療をうけられると日本の政府が誇る国民皆保険から追いだされた。

トシヒコは税金も公共料金も滞納していたのだから、なぜ町役場は生活保護を案内しなかったのか。月光仮面に助けられたあとで歯医者に行くと、19本の歯を抜かれた。右足の痛みは治療不能となっていた。ほかの東尋坊の人も「風邪薬でごまかした」「ひたすらがまんした」と口をそろえる。これが、東尋坊で保護されたときに健康状態がまともな人はいない原因となっている。

国民皆年金はどうか。30～50代が最多の東尋坊の人は未納の勢ぞろいだ。やはり追放される運命だ。

そもそも制度が信じられない。東尋坊では珍しく長らく正社員だったタモツの年金は月8万5千円だ。「2階」の厚生年金を含めてだから「1階」の国民年金だけだったらもっと低かった。タモツの生活保護費は、この年金収入が引かれて月5千円に満たない。つまり年金額は保護費とほとんど変わらない。むしろ税金やら保険料やらの支払いを考えると年金が低い。さらにそもそも病院にさえかかれない者に、老後にそなえて納めろということに無理がある。

厚労省白書などによると、日本の社会保障制度は、1961年に始まった国民皆保険・皆年金が中核となっている。これは「正社員の夫・専業主婦の妻・子ども」を「標準」とし「安定」を前提としている。

それならば東尋坊の人が仲間外れにされるのは必然だ。リュウタは中学を卒業して3カ所の工場に勤めた。働いた期間は1週間・12年間・19年間。3カ所というのは東尋坊の中で圧倒的に少ない。ただし19年間働いた非鉄金属大手工場では3カ月ごとの契約更新を延々と続けた。昇給もボーナスも退職金も労働組合の加入資格もなし。このように失職と転職と低賃金の不安定を生きる者に、保険料を継続的に納められるはずもない。

失業も貧困も個人の問題ではなく市場の歪みを正すべき政治の問題だ――こうした100年以上も前の「発見」を基礎とするのが戦後の社会保障制度だろう。いや、そのはずだった。日本の制度は「標準」以外を無視した。歴代の政権はトリクルダウンという「おこぼれを待て」式政策をとり、政治の責任を放棄してきた。利益に左右されてはならない「人らしく生きる権利の保障」を利益に左右される企業にゆだね、ツケを「家族の助けあい」に押しつけてきた。東尋坊の人は100年以上も前の社会を生きている。

就労の指導

48歳の女性（4章「窓口と申請書」）をともなって訪ねた生活保護の窓口。用意してきた申請書を出すと、窓口の職員は「これは別として……その前に面談を」と言ってきた。

職員の第一声は「お仕事さがしをきのうはしましたか」だった。

「今後の自立にむけて話をしていきたい。4条に保護の補足性があって、ご自身の仕事の能力の活用が要件、と。扶養義務者からの援助を優先しますよ、と。援助を優先してもらうことが大切になってきます」とも言った。

「申請されてもお仕事の能力を最大限活用してもらいます。すぐに仕事をさがし、すぐに仕事をしてもらいます。変な意味、職種を選ばず、職業選択の自由がないわけじゃないですが、さがさないと申請が却下されることもありますので。却下もあり得ます」とものたまった。

「申請直後からお仕事さがしの状況を調査して見させていただいて、却下もあり得ることも覚えていただきたい。すぐにでも日払いの仕事でも見つければ保護も必要ないといいますか。それでも申請を?」とも語った。

職員の「ご説明」が一段落したところで、それまで黙っていた月光仮面が、ネギつきカモを見つけたと言わんばかりに矢継ぎ早に質問していく。

「申請したらあすから求職活動を調べるとはどういうことか」

「ハローワークに行ったことの証明として所定の用紙に印鑑を押してもらってくるとはどういうことか」

「ハローワークに市職員も同行するとはどういうことか」

「市役所には毎日報告に来てもらうとはどういうことか」

「女性は仕事をさがすと先ほど約束したよね。疑うのはそちらの自由だが、生活保護はまだ決まっていないのに、なぜ市役所に監視されないといけないのか。これは生活保護法の何条に基づくのか」

職員はえっという表情をした。机を離れて奥にいる別の職員に聞きにいった。その別の職員から刺すような視線が私たちに投げかけられた。

もどってきた窓口職員は「27条に『指導及び指示』とあります。これです」と言った。

月光仮面は、面談机の下に置いていた紙袋から「生活保護手帳」や「生活保護手帳　別冊問答集」などをどっさりと取りだした。

またえっという表情の職員。

月光仮面が質問を再開した。「たしかに27条に『必要な指導又は指示をすることができる』とありますね。27条の2には『必要な助言をすることができる』ともありますね。この『指導・指示』と『相談・助言』はどう違うの」

職員は「助言というのは……アドバイスということで……英語にしただけと言われればそうかもしれないですけれど……」。また離席して奥の職員とぼそぼそ。また刺すような視線。帰ってきた窓口職員の説明は意味不明だ。

月光仮面は、27条の指導・指示をできる対象は生活保護の利用者だけであること、申請者にできるのは27条の2の相談・助言で、しかも「求めがあったとき」という限定つきだと解説して、「つまりね、申請直後から監視するのは間違いじゃないの。『申請後、保護決定の前の段階において（略）ハローワークでの具体的な求職活動を指導するなど不適切な事案が指摘された』という国の文書もあるよね」とたたみかけた。

職員は「そういうつもりでは……」とくぐもった声で答えた。

月光仮面の声が大きくなっていく。「さきほど『日払いの仕事でも見つければ保護も必要ない』と言いましたね。その日しのぎの生活は肉体的にも精神的にもきつい。できれば安定した職場をさがしたい。無理をして体調を崩したら責任を取ってくれるか」

職員は黙りこんだ。

月光仮面は「できる範囲で一生懸命に職さがしをするということでいいですね」と一転してやさしい声で言った。

職員は「私も同じ思いです」と小さな声で答えた。

機械的劃一的

生活保護の申請書を出し終えたタケシは、ケースワーカーの訪問調査をプレハブ小屋シェルターでうけた。そのときにわたされた自立更生計画書にタケシは書いた。「週1回ハローワークに行き、就職活動を行う／就労支援プログラムへの参加を行う／居住先を探しています／仕事についたら、安定した生活を送りたい／なるべくは　保護生活から自立できるようにしたいですが仕事がつくまでは保護生活していくつもりです　なるべく早めに安定した仕事につきたいです」

これを後日に見た私は「就労支援プログラムってなに」と聞いた。タケシは「僕、わかんないですね」と言った。自分で書いたんだろと聞いても「僕、わかんないですね」。就労支援プログラムという言葉さえ知らなかったタケシが就労支援プログラムと書いた。「書かされた」のだ。

月光仮面がそばにいるときはいい。かわって反撃してくれるから。しかし月光仮面とて24時間はりつけない。圧倒的に長いひとりだけのときにうけるのが就労指導だ。「一日も早く仕事をして一日も早く生活保護を切るように」と。

小山本は、生活保護法の「自立を助長する」について「機械的劃一的に一つのことを強制するものでないことは申す迄もない」と説明する。

これが現代では、自立＝働く＝生活保護をやめると機械的画一的に読みかえられる。

たとえばトシヒコの日課の散歩だ。それを見かけたケースワーカーに言われた。「それぐらいの元気があるならばハローワークに行ってください」。治療不能の右足の痛みがあるトシヒコにとって散歩はリハビリだ。極端にやせ細っているトシヒコにとって、朝にトースト2枚を食べ、天気がいい日は昼から散歩ついでに買い物に出て、米は重くて無理だがペットボトルは持てるので買い、午後3時ごろに帰宅してシャワーをあびたり部屋の掃除をしたりし、夕食の準備に取りかかることは自立への助走だ。しかしこれらはハローワークに行くことよりも劣ったことなのだ。

ナルミも嘆く。「ケースワーカーに『自力で生保を辞めている人いっぱいいますよ』と言われます。

そういう人もいるでしょうね。でも、俺のことを心配していないだろ、俺の仕事のことを心配しているだけだろって」

いったい、「すぐに仕事をさがし、すぐに仕事をしてもらいます」「それぐらいの元気があるならばハローワークに行ってください」はどんな指導なのだろうか。こんなものは、個人の努力では抗えない流れにおぼれている者には「勝手に死ね」としか聞こえない。東尋坊に逃げるしかなくなってなお必死に生きている者にふりおろされるとどめの鉄槌だ。

自己責任

「勤め先は70カ所か80カ所か。派遣の方が切られるのが早くて、パートだと長めに働けました」(44歳の女性)。こうした言葉を東尋坊で聞くのはふつうだ。それでもナオキは言う。「どうしてこうなったのか。大きな原因としては自分にがまんが足りなかったというのがあります」。不安定の原因を「世代」に求めたのはマサノリだった(3章の冒頭)。自分たちは「失われた世代」だ。社会に出たのは就職氷河期だった。待ち受けていたのは非正規雇用の陥穽だった。個人の努力ではどうしようもなかった。そう嘆くマサノリも「だれが悪いとなると自分が悪い」と言う。

東尋坊の人には、まだ起きていないことへの強い不安が、それまでの人生の反映としてある。ぎりぎりのところで生きていて精神が慢性疲労の状態だから、どうすることが自分に得かを計算するゆとりがない。マサノリの退職(3章「東尋坊へ」)が象徴的だ。ささいなミスを上司に報告せず、翌日から無断欠勤を重ねた。こうして正社員の立場をみずから捨てた。

「身から出たさび」の根拠もあふれている。例外なく消費者金融の利用者だった。同情的な解説は「低賃金で生活費が足りなかったから」と言う。間違いではないが、それだけでもない。これもマサノリの借金（3章「リセット願望」）が象徴的だ。クレジットカードや消費者金融の計280万円は「生活費に使ったのではなく、酒・競馬・夜遊びで少しずつ」と話すように、「だらしない生活」が原因としてある。

東尋坊の人の職歴をたどると、最初から非正規だったというよりも、正社員からはじめた例も少なくない。不安定な生活にすさむ心は浪費の快楽に刹那の慰めを求めがちだ。だからこそ、自己責任や自業自得は、東尋坊の人の思考をほとんど無意識の階層からとらえて放さない。「そのとおり」だからだ。

ゆとりの欠如は合理的な判断力を奪い、金銭関係や人間関係の問題を次々と招きよせる。これを東尋坊の人は「災難が降ってわいてくる感じ」と言った。より昂揚した不安とあせりはより自滅的な思考と行動とに直結する。転職を繰りかえし、ますます不安定かつ低待遇の職場にむかう。

それでも、すべては自分で選んだことだからと耐えてきた。自業自得だからと生活保護を避けてきた。こうして努力すればするほどに、耐え忍ぶほどに非正規の身分に誘導されて縛りつけられるのが非正規という身分なのだった。ナルミが送りつけてくるメールの件名は「いつも何でだ」だった。努力をしているのに、いつも問題が起こるのはなんでだ。解決しようと動けばうごくほどに沈んでいくのはなんでだ。「いつも何でだ」は、不利な道を主観的には自分で選び、客観的には選ばされている者の悲鳴だ。

政府の自殺総合対策大綱は自殺を「その多くが防ぐことができる社会的な問題」としている。これと、東尋坊との間に生じる不一致は、自己責任を持ちこむことで一致する。「社会的な問題」は「個人的な問題」にすりかえられる。

自己責任とは畢竟、自己に応分の責任をとらせることではない。人間を崖に追いやることのない社会をつくり、再出発の支えを整備するべき政治や行政や企業やの無策を不問にするものだ。こいつらは他人に自己責任を迫って己の自己責任には見むきもしない。この無責任国家の象徴が、「甘えがある」と言ったナルミの法廷検事だろう。「心の弱さ」だとか「要は自分の気持ち」だとかで片付けられるなら確かにまわりはなにもしなくてすむ。何十回と職住を奪われたことも「自分が悪い」と恭順しなければならないことを、これは当人も認めているのだから冷酷ではないとする。現状の社会はどこまでも公正だと妄信して不公正の構造から目を背け、自己責任の虚構を信奉して苛烈を増殖させる検事だらけの日本において、東尋坊の人は蔑まされるにふさわしい。

月光仮面の就労指導

自己責任の虜囚となった東尋坊の人は「なんでもいいから仕事を」に極端に弱い。心身を病んでいてもあせって動いて復帰を遅らせてしまう。

どうすればいいのかと聞いてくる。

月光仮面の答えは決まっている。

「まずは病気を治そう。落ちついてから仕事のことを考えよう」

それでもケースワーカーがしつこいと訴えてくる東尋坊の人。

月光仮面がたちまちいきり立つ。

「こっちにも会社を選ぶ権利があると言っておけ。あせってブラック企業に捕まったらどうするんだって言い返せっ」

「新自由主義なんてものは金持ちだけがもうかるバクチだ。歪んだ社会や会社にこちらがあわせる必要はないっ」

さらに月光仮面はとどめを刺す。

「面接で『月給は50万円にまけときます』と言え。雇うがわも雇われるがわも対等だから希望を言うのは問題ない。それで断られても、求職活動はしているんだから問題ないだろうとケースワーカーに言え」

タケシが深夜、「3日間働いて4500円もらったー」と寝言で叫んだ。

月光仮面の就労指導に反対する方がおかしいだろう。

随應寺にいるときからマリは母親礼賛を続けた。「女性としてすごく魅力のあるお母さん。法事でも率先して動くし、笑顔を忘れないし。お母さんのようなお母さんになりたい」と。願望の裏返しでもあったのだろうが、福井暮らしが1年半になろうとするころ、この母親観に変化が見られるようになった。

たまに母親からマリに電話がかかってくる。内容は、近況報告のほか、祖父母との関係、マリの兄が事業に失敗したこと、家計が苦しくなったことの悩みが交じるようになった。

マリは「親だって完全ではないんだね」と気づいた。悩んだりとりつくろったり、つまりは自分と同じ人間であることを知った。

東尋坊パトロールにむかう車中、マリが語った。「どうしてこんな子に育ってしまったのと思っていても、では自分はどうすればいいのと思っていても、だれも答えをくれないんだよね。でも、あのとき苦しかったのは事実だから。どうしていいのかわからなかったのは事実だから」。それから「あぁ、いまの知恵を持ったままあのころにもどしてくれるならばもっとうまくやるのに～」と笑いを誘

東尋坊パトロール

った。

母親との関係も語る。「母親は電話で『あなたは間違いばっかり』って全否定してくるんだよね。最近は私も言い返すんです。私の感情とお母さんの感情は違うんだよ、私は私でしかないんだからって」

ようやくマリは「原因は自分だけにある」という閉じた空間から踏みだそうとしている。「どうしてあんな子に育ったんだろう」と両親につぶやかれて、「どうしてこんな子に育ってしまったの」と考えてきたマリは、「こんな子になるように育てられてきたのだからこんな子になった」と言葉にできるようになった。

大きな1歩だが心の整理の始まりにすぎない。マリの家計管理はしっかりしている。毎月の生活保護費からわずかな額をためて年末年始に夜行バスで一時帰省する。泊まるのは友人宅で、母親に帰省を伝えたことはない。

マリが仕送り返上をケースワーカーに訴えることができたのは（6章「あんたみたいのが」）、母親観の変化があったからでもあったが、「母親との関係でもっと満たされたい」

と「適度な距離がほしい」との間でまだ揺れている。

離れてちょうどいい

オサムがプレハブ小屋シェルターを出て東尋坊ちかくのアパートでひとり暮らしをはじめると、段ボール箱が次々と父親から送られてきた。中身は、家出前に使っていた衣類・電気カーペット・眼鏡・長靴・辞書・杖など。こたつぶとんは「プレゼントだ」と新品だった。

変化に乏しいオサムの表情から感情を読みとるのは難しいが、よろこんでいることは言葉からわかる。「この前さあ、おやじに手紙を書いたよ。便箋に5枚。携帯電話の番号も書いておいたから頻繁にかかってくるんだよね。『ちゃんと病院に行って薬をもらわないとだめだぞ』『不自由していないか』ってさ。いっしょにいたときよりもすごい心配してくれているなと」

わずか数カ月前、両親は、治療費がかさむオサムを憎んだ。父親は、東尋坊に逃げたオサムに36万5179円を返せと迫った（4章「督促状」）。

オサムは、そのころの父親をおもんぱかる。

「おやじってさ、もともと面倒見がいいのよ。身内で困っている人がいたら放っておけないタイプなんだよ。宮城県の山奥の出身でさ、貧しいからおやじが東京に働きに出てさ、あとからきた弟と妹の世話もしていたもん。あんまりにも世話を焼くから逆に勘ぐられて離れていく人もいてね。すると『裏切られた』ってよく怒っていたよ。そんなおやじだからさ、お金に関しても意地汚いところはないのよ。俺が家にいたころにいろいろ厳しいことを言っていたけれど、あれは本心じゃなかったんだよ。俺の医療費でかなり家計を圧迫していたからね。おやじが暴言を吐くようになったのもよくわかるよ。俺がふつうに働いてふつうに金を家に入れていればよかったんだけれどね」

一家は生活保護につながれなかったからオサムを東尋坊に追いやった。生活保護につながってオサムはもちろん両親も救われた。生活保護には、もつれた関係の糸をいったんほどいて結びあわせる力がある。

「これでさ、親だけの生活になったからさ、精神的なゆとりが出てきたんじゃないかな。無理やりいっしょに暮らせばまた同じことになるんだろうけれど。だから離れていてちょうどいいんじゃないかな。俺としてはさ、いまの距離を保ちたいと思うよ」

あたたかくなったら福井を訪ねてみたいと父親は言ってきている。


オサムには問題が残っている。父親が始めた毎月3千円の仕送りをとめることだ。年金生活の両親にそんなゆとりがあるはずもない。ケースワーカーは、オサムの入院中に一度お見舞いにきたが、「入院中は食費などを使わないから生活保護費からその分を差し引く」と伝えるためで、そのとおりに1万7572円を4月分の生活扶助費からさっ引いた。こういう計算はできるのに、オサム一家の権利を守る「計算」はできないのだろうか。

扶養は強制ではないことを78歳の父親にわかってもらうのも難しい。そこで月光仮面・オサム・父親が電話で話しあい、「坂井市福祉事務所長様」という文書を作った。

「いつも長男のオサムがお世話になっております。／ケースワーカーの△△様のご指示によりオサムへ毎月3千円の仕送りをしておりましたが、消費税の値上がりや年金の値下がり、私の体調悪化に伴う医療費負担などで生活が苦しく、今後はオサムへ定期的に電話をしたり手紙を送ったりする精神的な支援を主にしていきたいと思いますのでご了承ください」

父親はこの文書を坂井市に出して仕送りをやめた。いまのところ再開を求める坂井市の動きはない。文書末尾の、今後は代理人の月光仮面を通してくれという1文が効いているのかもしれない。

憲法の視点

1月10日、東尋坊ちかくのファストフード店。曇り、ミゾレ、ちょっと明るくなってアラレと忙しい天気の中、見まわり参加者が続々と集まった。

「あけましておめでとうございます」

ことし最初のパトロールは月光仮面やマリらで3日前にすませた。そろそろ松の内もあけるころと考えたのか、この日の参加者は総勢10人となった。

午後2時、崖沿いの散策路を歩きだした。昨年末の見まわりは、強風と、海から水平に飛んでくるアラレが顔にバチバチとあたり目をあけられなかった。大晦日は大量の波しぶきが崖の上に降りかかってきてびしょ濡れになった。きょうは少し寒いがパトロール日よりだ。

おおむね3グループに分かれて歩く。

だじゃれでも言っているのだろう月光仮面は最近、「闇夜を照らす　月光菩薩」という名刺も作った。これは長続きしなかった。

私のチームは近年のプロレス事情について。パトロール部隊の中でナオキや私はプロレスにうるさい。

オサムの歩みにあわせたチームは、いつものように野球の話題だろう。

ぞろぞろと歩き、「飛びおりポイント」を警戒し、あれは観光客なのだろうかと目をこらし、公衆電話の小箱に10円玉を5枚ずつ補充していく。

少し前の見まわりのとき、オサムの眉毛がいつもより「ハの字」になっていたことがあった。もともとポーカーフェースだから「ふつうの顔」と「困った顔」とを見分けるのは難しいが、明らかにしょぼくれている。

「実はですね、月光仮面に『ばかたれっ』と怒られましてね」

なんでも、「地元に帰ってはどうか」とケースワーカーに言われたので相談したら、どうしてその場で抗議しなかったのかと怒りを招いたという。

だから言ったじゃないかっ。こういうときに備えて生活保護の本をわたしているんだっ。どうして読んでいないんだっ。勉強しろっ。自分の権利は自分で守れっ。

そんなふうにこっぴどくやられたという。

月光仮面は、雨風と手垢とでボロボロの日本国憲法小冊子（4章の冒頭）もオサムに貸していたのだが、「どうせ読んでねえだろ」と取りもどしたあと、めくって「大事なのはこれかな。やっぱりこれだろうな」と12条を見た。

この憲法が国民に保障する自由及び権利は、国民の不断の努力によつて、これを保持しなければならない。

政治・行政・企業による人権侵害に仮借ない月光仮面は、理不尽にがまんするそぶりを見せたらオサムらにも黙っていない。

遊歩道を歩く10人はみんな生活保護に支えられている。東尋坊に来たのに、生活保護とめぐりあえたことで生きている人びとだ。こんなにも多くの命を救えるのだという生活保護の力を、この集団の壮観は表現している。

人が人らしく生きることを阻む勢力と闘うには憲法の視点が有効だ。だから月光仮面は憲法をうるさく語る。25条と生活保護法をこき使う。月光仮面の活動量を10とすると、週2回の定期パトロールに24時間態勢の緊急出動をくわえても1か2の「従」にすぎない。「主」は生活保護の活用だ。「適正化」と偽られる「生存権の削減」に徹底的に抗う。「憲法は現実にあわなくなった」という政治家の戯れ言に闘志をかきたてる。

パトロール後、「心に響く文集・編集局」が東尋坊にかまえている活動拠点茶屋「心に響く　おろしもち」に立ち寄り、焼きもちをごちそうになった。店長の川越みさ子さん（1953年うまれ）が「ことしは笑顔でいきましょうね。どうにもならないことはどうにもならないんだから」と明るく言った。

第10章　感情の矛先

東尋坊の人が電話をかけてきた。

「実はですね、殺したいやつがひとりいるんです」

――え、だれですか。

「○○ですよ」

――あなたと○○とは仲がいいと思っていたのに。

「あわせておかないとなにを言われるかわからないからですよ。あいつ、ロト6とかナンバーズとかで毎月数千円ずつ当たっているんです。それなのに市役所に収入申告していないんですよ。いよいよ腹にすえかねたので懲らしめてやりたいと。市役所に伝えてください」

――本人に注意した方がいいんじゃないですか。

「○○には天罰が必要なんですよ」

考えておきますと答えて私は放置した。「毎月数千円ずつ当たっている」が事実なのかわからないし密告に協力するつもりもない。

天罰

別の東尋坊の人が長文の携帯メールを送ってきた。その要旨――知りあいの生活保護利用者が10万〜20万円をだまし取られたようだ。そんな大金を失っても平然としている▽そいつは貯金が100万円あるようだ▽エアコン・ふとん乾燥機・DVDプレーヤーなどいろいろ持っている▽やはり放っていたら再びメールがきた。その要旨――私は100万円の貯金も所持品も実際に見たことはない▽それでも市役所に通報した▽浮かれているそいつへの天罰であり、自業自得である。天罰。

2人の密告者がともに発した言葉だ。ふくむ意味に心あたりがある。思い至ったのがインターネットの生活保護バッシングだ。利用者を嗤い、それは「懲らしめる」という「義憤」に支えられているから天罰だ。嗜虐を織り込みながら自分に累はおよばないという匿名の全能感をともなっていて、ゆえに天罰だ。

しばらくして、密告メール者が別のメールを送ってきた。その内容――友人が「仕事をさがせ」というケースワーカーの厳しい指導で精神的にまいっている▽ぜいたく品だという理由でテレビを市役所に取りあげられそうだ▽こんなひどいことに泣き寝入りするのはおかしいから力を貸してほしい。

これには「よろこんで」と私は返信したが、こうした思いやりと密告との間の落差にとまどう。密告は、ともに東尋坊で保護されて、生活保護を使い、福井で生活再建を目ざす仲間を背後から撃つものだ。この世の冷たさを骨身にしみて知る者が、月光仮面を「パパ」「とっつぁん」と親しみ仰ぐ仲間内に、貧相な考えを持ちこむのは悲しい。しかし現実は、排斥された者たちが連帯する理想とは違うのだろう。東尋坊の人には理屈で制御できない感情がある。組み伏せられた情動はいろいろなかたちで噴出する。

暴言

面談場所によく使う東尋坊ちかくのファストフード店。月光仮面が「いまも死にたいと思ってるの」と聞いた。

60 歳の男性は「心の片隅に、どこかに、生きるすべはないのかって」「はやく働ける体になって仕事をしたいです」と言ってむせび泣いた。たび重なる自殺未遂のすえにあらゆる親族から見放されているという。

「あせっちゃいけない。がんばらなくてもいい。でも、あきらめてはいけない。死ぬまで生きればいい」と月光仮面。

「やっぱ、俺、生きたい」と男性。すすり泣きの声は大きくなった。

生活保護をあす申請しよう。ともに歩いていこう。熱い約束を交わし、その夜はプレハブ小屋シェルターに入ってもらった。

翌早朝、男性は姿を消した。夕方に送ってきた携帯メールは「無駄な金を使わせやがって」「何が月光仮面だ」と罵詈雑言だらけだった。「無駄な金」とは、シェルターから出ていくための電車賃を指しているらしかった。

10日後、男性が再びメールを送ってきた。「息子夫婦と一緒に暮らす事になりました」うそに違いなかった。2人の子どもから10年以上も連絡を断られているとも言っていたからだ。確認のために息子がわに連絡すると「警察から引き取りを求められたが断った」ということだった。

真骨頂

月光仮面は菩薩ではない。あの短気が応戦しないわけがない。罵詈雑言メールは「胸くそ悪い」と即刻削除した。

ナルミがまた酒に手をだして、金が尽きたと電話でからみはじめた。「酔っぱらいの言葉は聞きません」。月光仮面は電話をブチリと切った。

しかし決して無視しない。ナルミに対する場合だと、酔った電話はブチッと切る。それからボロウスを飛ばしてアパートのドアに食料品をかけておく。とりこんだのか、ぶらさがったままなのかを確認し、後者だと夜中でも早朝でもドアをがんがん叩く。

月光仮面は「死ぬぞ」という訴えには「99％大丈夫」と楽観的だ。「しかし100％じゃない」と軽視もしない。1年365日・1日24時間の臨戦態勢は「東尋坊に立ったということは、それだけで死を選んだのと同じだ」という危機意識に支えられている。

こうした月光仮面に、東尋坊の人から返ってくるのは感謝の言葉ばかりではない。「迷惑だ」「帰れ」「うるさい」

月光仮面は思っていることを遠慮も仮借もなく言う。月光仮面なりの計算もあるのだろうが、弱っている人にはきつい。その「苦情」が私にくる。「また説教された」「また怒られた」「話を聞かない」

随應寺の恭子さんが「もうさあ、あの人と話をするのが嫌になるんだよ」とこぼしたことがある。まくしたてて一歩もゆずらない月光仮面にうんざりだと言いつつ「でもさあ、人の話を聞いていないようだけれど、どこか心に残してんだよね。次からちょっと気をつかうっていうかさあ」

プレハブ小屋シェルターは交通の不便なところにある。「自転車がほしい」という訴えに、月光仮面は「健康な足は財産だ。歩けっ」と一席ぶつ。ところが、この持論をほとんど忘れていて、見まわりの行き帰りに買い物によく付きあっている。素顔は極度の世話好きなのである。

そのような月光仮面が、「好かれるためにやっているわけじゃない」と強がるけれども、「帰れ」と追いはらわれて傷つかないわけがない。

しかし決して切り捨てない。黙って消えた人に電話をよくかけている。「出ないな。どうしているんだろ。また来るのを待つしかないか」。失踪から帰ってきた人に「んっ」とだけ言い、まれに「自分の得になることだけを考えろっ」と「説教」をし、さらりと支援を再開する。

これが月光仮面の真骨頂だ。「もう来るな」と言ってきた東尋坊の人に「なんだっ、その言い方はっ」と抗戦する。すぐに、近所に住んでいる別の東尋坊の人に「俺は今けんか中だからさ。縁の下から支えるからさ」と面倒見の根まわしをする。

月光仮面は「淡々とした駆けひきですよ。気が短ければこんな活動やめているよ」と言う。役所相手に息巻く姿を目撃している私に言わせると気は十分に短いが、支援をやめる気がないのはそのとおりだ。

対等

11月の見まわりの日、月光仮面とマリが大げんかになった。

この日は午後5時からのパトロールだった。散策路ですれ違う人の顔が見えない。冬夜の東尋坊はとくに暗い。

見まわりを終えて教会カフェへ。この日はピザパーティーだ。いつのまにか月光仮面とマリの姿が見えなくなった。「どうやら外にいるみたいですよ」とアツシ。寒風の中、教会の2階のベランダでやりあっている。

「あなたにはデリカシーがない」とマリ。

「それは私への言葉の暴力だ」と月光仮面。

保護した30代の女性への支援をめぐって、そろそろひとりだちをうながすべきだというマリと、まだまだ細かな支えが必要だという月光仮面との激しい口論は、ほかの見まわり隊員を放ったらかしにして1時間半におよんだ。

月光仮面が「なんでも手伝う」「すべてを代弁する」という時期がある。東尋坊の人が心身ともに疲れきっているときであり、凝り固まった人間不信をほぐすためでもある。期間の長短は人によって違う。ある時点から突き放していく。一気にではなく、これまでの10の要求すべてに対する便利屋的役割を7に減らしたり9にもどしたり4に切りさげたりしながら「自分でする」をうながしていく。

このところの勘所はマリの言葉を引くのが適当だろう。「みんながなんでもかんでも月光仮面に頼る気持ちはわかるんです。依存すると楽だから。薬に手を出すのといっしょ、手っとり早くという点で同じなんです。だれだってだれかの役に立ちたいと思っている。それを思い起こさせる。うまく引き出す。そんなことをしていたらどんどん苦しくなっていくよ。それを教えないといけない。心に響かせないといけない。飾る言葉じゃないから伝わると思うんだよね。それを読みとる能力は多くの人に備わっていると思うんだよね。東尋坊に来る人は欠落しているところも、いいところもたくさんあるんです。自分でできるという思いを引きだすことが大事なんです」

ベランダの口論はけんか別れに終わったようだ。帰りの車の中でマリは「あの分からず屋っ」と顔を真っ赤にしている。

アパートに着き、車から降りる前にマリは言った。「でも、あの人、一度たりとも私に『助けてあげたのに』とか『こんなにしてあげたのに』とか言わなかった。そんなそぶりも見せなかった。そこは尊敬するしかないよね。それでよけいに頭にきているんだけれどさっ」

これが月光仮面のすごみだ。支援を「するがわ」と「されるがわ」との間に上下関係が生じることは避けられない。けれども心構えは対等。だから三まわり以上も年下のマリと顔を真っ赤にしてけんかできるのだ。さすがに、動物占いをめぐっての大げんか（4章の冒頭）はやりすぎだと私は思うが。

世間にとって東尋坊にかかわる義務などない。対応せざるを得なくなると「やってあげている」と思う。反抗的な人には「ここまでしてあげたのに」と考える。失踪でもしようものなら「裏切りやがって」となる。

こうした感覚が月光仮面には不思議に欠落している。

反応する人

見まわりを終えたあと、行きつけのファストフード店に入ってみんなでコーヒーを飲んでいた。月光仮面は、いつもはおしゃべりの中心に割りこんで居座るのだが、この日はおとなしい。と思ったら、携帯電話のニュース画面に見入っていたあと、電話をかけて怒鳴りはじめた。

「生活保護を受けている人は犯罪者かっ。法律のどこにそんなことが書いてあるんだっ」

電話を切ったあとも興奮したままの月光仮面によると、相手は福岡市だ。「生活保護ホットライン」を開設するというニュースを読んではらわたが煮えくりかえったらしい。

福岡市のホームページによると、「真に生活に困窮している人に必要な保護を適用する」ためという。これが目的ならば、困窮者の情報を握っているのは税金や公共料金をあつかう行政なのだから、縦割りを排して内部で連携すればいいだけだ。真の狙いは、やはりホームページにある。ほしい情報として「資産や収入があることを福祉事務所に申告せずに、生活保護を受けているのではないか」「離婚して母子世帯として生活保護を受けているのに、実際は元夫と一緒に住んでいる」などが例示されている。

こうした密告の奨励が全国の自治体に広がっている。兵庫県小野市は条例化までした。帰りの車中でマリがつぶやいた。「もういじめだよ、いじめ。どうして世の中、弱い人にそうやってするのかなあ。どこからかわからない何億円をもらうような政治家を見はった方がいいのに」

ささやかながらもこうして反発できるのは、自分のために怒ってくれる月光仮面がいるからだ。

東尋坊の人は沈黙と服従の中に生きてきた。そうして圧縮してきた感情の矛先を、よりによって支える人にむける。

月光仮面の見方は「反応する人を求めている」

そうであるならば、「もう放っておいてくれ」とすなおになれないのは、助けてほしいという叫びだ。このむごい世の中で、ようやく出会えた「反応してくれる人」すなわち訴えを聞いてくれる人に、ここぞとばかりにぶちまける必死の自己表現だ。

これが傍目には「挑発」や「反抗」に映る。その反動で東尋坊のだれもが自分を憎んでいる。いったいだれが好きこのんで人を怒らせるのか。嫌われたいと思うのか。よりによって手をさしのべる人に迷惑をかけてしまう自分が忌まわしい。そう苦しんでいる。

そういう目

東尋坊の人が電話をかけてきた。□□がパチンコ店に出入りしているから注意しろという。

「やばいですよ、あれは中毒ですから。自分では抑えているつもりでもいつか生活が破綻しますよ」

——俺もおまえも酒とたばこをやっているだろう。

「酒とたばこは嗜好の範囲として許されていますよね。でもパチンコは禁止されていますよね」

そんな区分は生活保護法にないと言っても納得しない。

生活保護利用者にとっての正邪の境界線は未利用者のそれと同じであるべきだ。適度な飲酒に効用があるならば利用者が一杯やってなにが悪い。飲みすぎはだれにとっても悪い。ただし東尋坊の人は強いストレスを抱えていて量も過剰になりやすい。だから注意は「生活保護だから飲むな」ではなくて「やけ酒を飲むな」となる。パチンコも、少ない保護費で手を出せばたちまち「最低限度の生活」に食い込んでしまうからやらない方がいいのであり、「生活保護だから」ではない。

こうした月光仮面の考えも伝えたが、やはり納得しない。

「なにかあってからでは遅いんですよ。もしばれたら、厳しい新聞は生活保護全体の問題とするでしょう。福井の受給者全体がそういう目で見られてしまいます」

そういう目。

東尋坊に注がれる社会の視線はよくて「同じ境遇」だ。「五十歩百歩」であり「同じ穴の狢」だ。これらにさらされて、東尋坊の人は「脱落者と見られたくない」という緊張の中で生きている。そのすさまじさは、病気になって「よろこぶ」ほどだ。これまでは精神疾患と診断されることを恐れていたのに、崖沿いで保護されたという窮まった現状にいたっては、うつ病の診断を受けいれて「安心」する。耐えられなかったのは自分ではなくて病気のせいだと思えるからだ。このような救いを切望する者にとって「一歩」の違いは巨大だ。「あいつはなんてだめなやつ」は「自分は踏んばっている」だ。比較対象の「あいつ」は、東尋坊においては失踪を繰りかえすタケシが選ばれることが多い。タケシが失踪から帰ってきたとき、パチンコ密告者は「あいつ、ほんとうにばかでしょう」とあざ笑った。冷酷な性格だからではない。生活保護を蔑む社会にあっては、砕かれた自尊心のかけらをかき集めて精神の均衡を保つのに今は「そういう目」に同調するしかないのだ。

署名する心理と論理

オサムがケースワーカーの家庭訪問を受けた。「最近、不正受給が増えているでしょう。なにもなければ今までと変わらないんだけれど」。そうして「生活保護法第78条の2の規定による保護金品等を徴収金の納入に充てる旨の申出書」と「同意書」の2枚に署名を求められた。

生活保護法には63条の返還と78条の徴収の規定がある。おおざっぱに言うと、63条はなんらかの収入があったとき、78条は不正受給が対象だ。

この78条が法改定で「強化」されたことを受けて自治体がいっせいに集めはじめたのが、「不正」額に「罰金」を上乗せして次の保護費から天引きするという2枚の文書だ。天引きは生存権を侵害する違法行為だから、「利用者本人から申しでたことです」という言質をとり「本人が同意しています」という体裁を整えておこうというのだ。

オサムはばかではないからケースワーカーの腹の内に気づいている。それでも申出書と同意書に住所と名前とを書いて印鑑を押した。

「侮辱とは思わなかったよ。拒否したら生保をとめられるかもしれないというのは頭にあったけれどね。生活保護をもらっている身だから署名ぐらいならばね。別に俺、なにも悪いことをしていないから。やっぱり生保は白い目で見られがちじゃない。ケースワーカーにも『これは国民の税金から払われている』とよく言われるしさ。俺はふつうと違うしさ」

喝采する心理と論理

東尋坊の見まわり後、みんなでオサムのアパートに遊びにいった。こたつを囲んでおしゃべりが始まった。

「そういえばさあ、テレビで大阪市の『生活保護Gメン』やっていたね」

「あー、僕も見ました、見ました」

番組の主人公は「不正受給調査専任チーム」。警察OBらでつくる「Gメン」にカメラが密着し、利用者を尾行する。モザイクだらけの画面。音楽も背景説明の語りもすべてが「犯罪者を追跡中」の気分をあおる。パチンコ店や居酒屋に入ったことを確認し、Gメンが携帯電話にかけて「いまなにをしているのか」。うろたえて職さがし中だと答える利用者にうそだと突きつける。オサムたちは「すごいね」「あそこまでやるんだね」と言いあった。「Gメン、やるね」という肯定的な響きだった。

私は反論した。尾行なんて陰湿だ。人権侵害だ。パチンコをしたらいけないのか。酒を飲んだら悪いのか。保護費をどう使おうと勝手だ。生活保護の捕捉率は2割だ。8割の人を見殺しにしていることを行政は恥じるべきだ。生活保護Gメンというならば困窮者の発見に力を注ぐべきだ。

月光仮面の影響で私もつい感情的になってしまった。オサムは「文句は大阪市に言ってくれ」とこぼした。そのとおりだろう。

政権与党も一部野党も――もはや「一部」と言えるだろうか――生活保護への憎悪を隠さない。新聞は「生活保護の受給世帯数」を定期的に載せる。行政が定期的に発表するから。「生活保護を使えていない困窮世帯数」は定期的に載せない。行政が定期的に発表しないから。テレビはGメンを持ちあげ、行政は密告ホットライン開設を競う。

こうした勢力の本音をあからさまに見せてくれたのが、かつて私が取材した京都府宇治市だ。ケースワーカーが申請・利用者に署名させていたA４判３枚の誓約文を紹介しよう。

全89行。自分たちは、だらしなく、うそつきで、ふしだらで、わがままで、なまけもので、「生活保護ビジネス」や「保護費ロンダリング」に平気で手を出し、一転して「生活保護を受けているのだから見逃してほしい」と哀れみを乞う存在であることを「理解・確認」するよう申請・利用者に繰りかえし求めている。それをして躊躇のない福祉事務所の思い上がりは、母子世帯に「前夫・内縁の夫・異性の友人や知人などと生活を伴にしない」ことを、在日外国人に「日本語を理解しないのは自己責任である」ことに署名するよう迫って最高潮に達する。

これは裏で作られた文書だが、オサムらに突きつけられた表の申出書・同意書との間に断絶はない。生活保護利用者は疑われて相応という考えで統一されている点で、侮辱されたら傷つく人間だという視点が欠落している点でだ。

オサムはこうも言う。

「不正に金をふんだくっていると、まともにしている世間の人から白い目で見られてもしかたがないんじゃないの。正当な人間なら『俺らの税金で暮らしやがっていい身分だな』と思うだろうしね。そういう人にいくら説明しても納得してくれないと思うよ。もう理解してもらおうと思わない。この生活をした人にしかわからないと思うよ」

ぜいたくと「本当に」と

後日、オサムと私は生活保護について語りあった。

――生活保護について今どう考えているの。

「関節リウマチになってさ、親に『消えちゃえ』と言われてさ。『人間のくず』って罵声をあびてさ。それで俺、ここに命を捨てに来たわけじゃない。その人間が屋根つきふとんありのアパートで生活できるんだからありがたいよ。生きているんだなと実感しているよ」

――趣味の金はあるの。

「ないよ。旅行が趣味だけれど、人によってはぜいたくだと思うだろうしね。言われてもしかたがないかな。反論できないし」

――オサムにとって「ぜいたく」とは。

「たばこはぜいたくだと思う。生活に最低限必要な物だけという意味ではね。俺も外食することがあるからぜいたくしているかもしれない」

「ぜいたく」。この言葉を繰りかえすオサムの起床は午前8時。自炊で朝夜の1日2食を「冷蔵庫のテーブル」（5章「自己負担」）で食べる。「3食にするわけにはいかないよね。働いていないし」

風呂は夏冬ともに週2回ですませている。これで、台所分とあわせて水道料金972円と下水道使用料1188円の計2160円の基本内におさめられる。電気代は月2千円。頭が痛いのはプロパンガス代だ。基本料金1900円のほかに1メーターごとに690円かかる。冬は関節が特に痛むので家事にも温水を使わざるを得ない。昨年12月は9860円、今年1月は6500円だった。

ほとんどの時間を部屋で横になってすごす。好天の日に買い物に出る。杖をつきながら片道30分のバス停に行き、そこからスーパーが運営している無料バスに乗る。雪や雨の日は杖と傘の両立が難しいから外出しない。単調な生活で体重は58キロから70キロになった。

「ぜいたくを言えばきりがないし、ぜいたくをしなかったら最低限の生活はしているんじゃないの。太っていること自体ぜいたくだろうし」

「役所的な言い方だと『国民のみなさんの税金で養ってもらっている』ということ。俺たちはぜいたくな人たちってこと。俺も自分の口からはそういう言い方はしたくないけれど現状は事実だし」

「このこたつも2980円で買ったんだけれど、ぜいたくと言われればしかたがないかな」

生活保護利用者の自殺率は全国平均の倍以上だ。厚生労働省は原因に「受給者には、自殺の大きな要因と考えられている精神疾患を有する者の割合が全国平均よりも高いことが考えられる」をあげる。ずるい官僚のずるい分析だ。利用者は、なにを買うのにも、それが生活必需品でも「生活保護を受けているのに」と考えてしまう抑圧感に苦しんでいる。どこに行くのにも、たとえ自分の部屋の中にいても「いつも見はられている」という感覚につきまとわれている。「ぜいたく」をしていないかと監視されて暮らす者に「心を病むな」というのは無理がある。

——不正受給者はどれぐらいいると思う。

「生活保護をうけている人が100人いたら40人ぐらいかな。つまり40%ぐらいかな。テレビでよくやっているよ。不正受給が増えすぎだって。だから役所が生活保護Gメンをつくって取り締まってるって。本当に必要な人にまわらなくて、それで政府としても厳しくならざるを得ないんじゃないの。不正受給は、本当に生活保護を必要としている人に大迷惑だよね」

オサムの「40%」は間違っている（4章「記事のコピー」）。

そして「本当に必要な人」。似た言葉を私は思いだした。ある日、随應寺を訪ねてきた福井市議がいた。生活保護法の趣旨が現場でいかに歪められているかを速射砲のように語る月光仮面に、困惑の笑みをうかべて「でも、本当に困っている人のためのものであるべきですよね」と言った。厚労省の資料にも「本当に必要としている人のために」とある。

東尋坊に立った。これ以上どうやって「本当に」を証明すればいいのか。どれほど困っても、マリが言った「餓死寸前の人」（4章「忌避感」）には届かない。それこそ餓死した人をだしに使えば、「本当に」の基準はいくらでもさげられる。「本当に」の狙いは「おまえは本当に必要としている人なのか」と疑うことにある。「人間は欲の塊だからさ。今のままで十分だよ」とオサムに言わせるのに有効だ。

——みんな「先が見えない」と言うよな。

「不安とあせりは……ない、ない。ないね」。それまではうつむき加減だったオサムが私を見すえて言った。

——生活費がまたさげられるよな。

「……不満はないよ。不満を言ったら罰があたるよ」

2012年12月、生活保護費の1割削減を公約に安倍晋三政権が復活した。2013年8月から生活費を削りはじめて、戦後最大の削減総額は3年間で670億円にのぼった。2018年からも再び切りさげて2020年までの3年間で220億円を削減する。この間、水際・硫黄島作戦の「合法化」になりかねず生活保護の精神を踏みにじる法改定も重ねた。

いまの生活保護費は「健康で文化的な最低限度の生活」を保障せずに「飢え死にしない生活」を保障するものになりつつある。保護費を削る政府の理屈がどんなに理不尽でも、どれほど命をガリガリと削られても、東尋坊の人は「痛い」と言わない。どんなに傷つこうともまわりが気にかけてくれないのはしかたない。なぜなら自己責任だからと考える。疑われて当然の立場に貶められたと怒って、だれが理解者になってくれるのか。生きるか死ぬかの境界線上で耐えることを強いられるのは人権侵害だと訴えて、だれが味方になってくれるのか。月光仮面はいる。しかし「勢力」の前には微力だ。あきらめるしかないではないかとあきらめる。

「ふつう」でも「まとも」でも「正当な人間」でもないけれど、「俺、なにも悪いことをしていない」だけはわかってほしい。そうオサムたちが乞うても、「ふつう」で「まとも」で「正当な人間」は東尋坊の人を許さない。

ファミリーレストランの夜

マサノリを誘って夜のファミリーレストランに行った。

ビールを勢いよく飲んでマサノリはほろ酔いになるころ、「やっぱり世話になっているからという気持ちで、これまでは思想的なところは出さない方がいいかなと思っていまして」と言った。そうして「どう思いますか」とふってきたのは、多数の中国人が大阪市に生活保護を申請した話題だった。

次に、複数人の被害者が出た殺人事件について。「あれ、みんな実習生ですよ。何人も殺して。絶対、日本人じゃないですよ」。マサノリが犯人という実習生は中国人を指しているらしかった。

——中国人の「蛮行」が事実だとしよう。でも、ある日本人が人を殺して「日本人は人殺しだ」と一般化されたらどう思うのか。

「だって日本人はあんなに人を殺さないですもん」

——実習生を低賃金でこき使う企業や政府をどう思うのか。

マサノリは返事をしなかった。

「腹が減ったのでピザを頼んでいいですか」とマサノリ。ワインでだいぶ酔っている。

私が書いた新聞記事への指摘を始めた。在日コリアン3世を取りあげたもので、日本による朝鮮半島の植民地化や、女性の祖父が戦後に帰国できなかったことなどを書いていた。

「あの記事で引っかかったのは『植民地支配』とか『帰れなかった』ですね。あれは支配でなくて統治なんです。日本人と同じようにあつかい、行き来も自由だったんですから。名前だって自分から変えてくれと言ってきたんですよ」

——望んだ人ってだれなの。

「それはちょっと今……ネットを引けばすぐ出てきますけれど。いまは酔っぱらっているんでぇ」

――「自分から」というけれど、そうしないと生きていけないのが植民地支配だろ。

「志士がいなかったんですよ。ヤツらには」

――マサノリ君は志士なのか。自分の命を国に捧げられるのか。

「まあ、そうなった時はやりますね」

午前0時をすぎて帰ることになった。私の車に乗りこんだマサノリは、さらに酔いがまわってきたようだ。後部座席でほえ続けた。

「やっぱり韓国はだめですね。だって女の日本人観光客なんか強姦してしまえって国ですよ。ひとりでタクシーに乗ったらなにされるかわかんない国ですよ」

「沖縄の辺野古だって、真っ昼間からゴムボートに乗って反対運動している人たちって、あんなの市民なわけないじゃないですか。絶対、中国政府からカネもらってやっているんですよ、あいつら」

「中国の要領、知っています？　沖縄や日本を自分の領土にしてしまえって書いているんですよ。知らない？　じゃあだめですね」

「基地反対派は米軍基地のフェンスにリボンや旗なんかくっつけて。あんなの器物損壊ですよ。でも新聞は書かない。左翼が騒ぐから。琉球新報なんて偏向報道ですよ。百田（尚樹）が言いましたよね、琉球新報と沖縄タイムスなんてつぶれてしまえって。俺は同意しますよ。あんなの売国反日新聞ですよ」

マサノリは「あんなの」「あいつら」「左翼」「売国反日」に特段の力を込めていた。心の底から憎んでいた。

東尋坊組の中で政治が話題になることはない。例外はマサノリだが、この夜まで語らなかったのは、「まわりの目」があるからでもある。

ある日のパトロールにむかう車中。トシヒコとリュウタの次にマサノリをアパートの前でひろい、近くの踏切で停車した。たまたま自転車で通りかかった私の知人のフィリピン人が手をふってきた。

マサノリが後部座席から聞いてきた。

「カルデロン一家のことをどう思いますか」

——残れるようにする。それが人権ってもんだ。

「あー、そうですか。……例の人権派弁護士やらとかが残すと言っていましたよね。俺は、不法滞在なんだから帰すべきだと思いますけれどね。追いはらうべきですよ。なんで日本の国が他国の人になにかをしなければならないのか。中国のやつらは、旧ソ連のやりかたもそうなんですけれど、チベットやウイグルに人を送りこんでいますよね。人口で圧倒して乗っとるんですよ。日本もターゲットになっているから国として対策をとらないといけないんですよ。あいつら観光マナーが悪すぎるし、モラルが低すぎるんですよ。ごみは捨てっぱなしで立ちション便をあちこちでして。やつらの不法滞在でどれだけ治安が悪くなっているか。全部ではないですけれど」

——困っている人を切り捨てる国は、いずれみんなを切り捨てるぞ。

「まあ俺らも国の保護を受けていますからね。生活保護で助けてもらっていますからね。弱者が弱者を叩くといいますからね。マスコミは偏向していて一部を切りとって、それどころかうそを流しますからね」

このときの語りは長かった方だ。トシヒコが「あれは差別ですよね。日本人だってバブルのころは旅行マナーが悪いって叩かれましたからね」と言い、リュウタも「引いてしまいますね」と言った。いずれもマサノリがいないところでだが、こうした視線をマサノリは気づいている。「中国人のこと、どう思いますか」と疑問形をとっても口調から本音が漏れているから、まわりの表情を察知して「あれ、俺ちょっと浮いていますかね」と言って話題を打ち切るのが今までだった。

マサノリの言葉のどれひとつにも私は同意しない。しかし反論の一部を口にして一部をのみこんだ。いさめるたびにマサノリの口調が激しくなったからだ。この夜も私のおごりだった。マサノリは「相談するがわ」「おごられるがわ」、私は「相談されるがわ」「おごるがわ」。この固定された関係からくる日ごろの屈辱も立て板に水につながっていたのだろう。

もうひとつは考えこんだからだ。マサノリも福井で仕事に就いたり辞めたりを繰りかえしている。午後7時46分、マサノリがメールを送ってきた。食品工場に派遣されて4日目だ。「突然すみません。やはりたまに『生きていくのが苦しい』『生きたくない』と感じてしまうときがあります。しかたないことなのかな?」

翌日、電話で話を聞く。マサノリは暗い声で嘆く――

職場に行く前の憂鬱さがはんぱなくて。仕事のなにがつらいかと言うと具体的なものはないんですよ。なかなか言葉にできない部分があって……。

生きていたくない。これはやっぱり消せないんですかね。変に闘って苦しむより、そういう気持ちと付きあっていくしかないんですかね……。

すいません、話を聞いてもらって……。

6日後の午後8時31分、再びメールがきた。「何度も何度もすみません。／なにか精神的に、いっぱいいっぱいの状態になっています／自分でもどうコントロールしていいかわかりません／やはり、僕は生きていく価値がない人間なんですかね」

翌日、電話で話を聞く。マサノリは沈んだ声で語る——

こんな生活を続けるぐらいならと死にたくなる……。なんの楽しみもなくて、唯一ネットでやりとりするだけで……。寝て起きたときの絶望感ったらないですね……。こんな仕事やってられないと思うだけでなくて、死にたいとはんぱない。午後10時から翌朝6時まで7時間の流れ作業。ほんとなにもないです。ただつらさとしんどさだけ……。ひたすら耐え忍ぶしかないのかなって……。結婚もしていないし、どうせ俺の老後なんてろくなもんじゃないし、それでいて今の生活はしんどいことだけで……。聞きたいのは、この気持ちをどうすればいいのかなんです。どう付きあっていけばいいのか、そこなんですよ……。

——仕事をして生活保護から抜けることを「当面の課題」と言っていたのだから、先のばしすればするほどつらくなるだけではないか。

理屈はそうですけれど、精神の方が持たないんです。

——「もう少しがんばれる」「もうがんばれない」は自分で判断するしかないぞ。

十分がんばっているつもりですっ。

また6日後の午後9時30分、メールがきた。「やはり、やはり、生きていくのは辛くて苦しいですね／死ぬ勇気もないですが／全てが虚しく悲しくなる日々です」。4分後にメールを再び送ってきた。「自分は本当に弱く情けない人間だと思います／これから生きていく価値と気力がわいてきません／この気持ち、どうしたらいいでしょうか」

マサノリは食品工場を3週間たらずで辞めた。

それから1カ月半後の午後8時30分、電話をかけてきた。「副業」で始めた「インターネットビジネス」がだめになったという。ブログを始めて広告収入を期待していたのに規約違反で資格を取り消されたらしい。マサノリが絶望の声で語る——

……自分の中で死にたいという気持ちが消えないんですよね……なにやってもうまくいかないんですよね、俺……サイト、ぽしゃったんです……生きる希望だったんですけれど、失われて……生きてんのが毎日しんどいですね……それを薬で抑えているだけで……なにかをするしかないけれど、そのなにかがわからなくて……いまは耐えるしかないんですかね……なにか、こう、なにか気晴らししたいですね……サラリーマン時代ならばいくらでもありましたけれど、生保だと金もないし、家に引きこもってばかりだし、薬ばっかり増えて……いまの俺は無力なんですよね……まったくひたすら毎日、朝おきて、パン1枚買って、薬を飲んで、午前中はなにもしないでボーとして……午後からテレビを見て、薬を飲むために軽く食事をして、一日中沈んだ状態で……来月の見通しも立っていないですね……するとまたずるずるなのかなって……まあそんな感じで今はすごいつらい状態でございます……粗末な食事、薬、あまりにもつらすぎます……薬だけ飲んで寝るだけの生活なんで……いまの俺はどこにも線が引けないんですよね……つらい気持ちをずっと抱えていかないといけないと考えるのがもっとつらいんですよね……それこそ、なんですかね、うーん、つらいですね……ひとり薬を飲んで耐えているのが……すいません……つらい、しんどい、死にたい、それしか言えないですね……いま、OD（薬の過剰摂取）しそうで怖いんですよね……東尋坊にむかいちゃいたい感じですね……チャリンコに乗って、夜風が気持ちいいので、いまから行けば明るくなるまでに東尋坊に着くので、そこで死ねそうな気がします……うーん、とにかくつらいですね……けっこう薬が残っているんで、これを全部のんで東尋坊にむかったら死ねそうな気がしますよね……その衝動を抑えきれないです……暗いから崖の下は見えないんで、昼よりは怖くないんで、飛びおりれそうな気がするんですよね……自分の無力さが歯がゆいです……始末書1枚で済むミスで会社を辞めてしまって東尋坊に来てしまったんですね……言葉を失っちゃいましたか……すいません……。

——俺は今どうしたらいいのかわからないんだよ。

助けてくれないんですか。いっしょにいてほしい。ひとりでいるとなにかをしてしまいそうで。

——だめなんだよ。出張先にむかって高速道路を運転中だし。

今回は逃げ道がないんで。きょうはだれかといっしょにいたい。とにかく人がいるところにいて携帯でもいじっていれば、まわりに人がいれば変なことをしないと思うんで。ひとりで、なにもない部屋で、薬だけがある部屋にいると全部のんじゃいそうで、飲んだら変なところに行っちゃいそうなんで。とにかく人といたいんです。怖いです、目の前にある薬が。東尋坊が頭に浮かんで怖いんですよね。薬が大量にある部屋で夜を明かす自信がないんです。

助けてください。

とにかくこの部屋を出たいんです。

ひとりの夜がつらいんです。

目の前にある薬が怖いんです。


私は車を引きかえした。

午後11時、アパートから出てきたマサノリは路上で土下座をした。後部座席に座りこんで「もう涙しかでないですね」。どうしても今晩中に行かないといけないと言う私に、「駅前とか、とにかく人がいるところに連れていってください」。JR福井駅前の繁華街でおろすと、「すいません、お金を」。

後日に聞くと、ラーメンを食べたあとファミレスで朝5時まですごしたという。

「ファミリーレストランの夜」はそれから6日後だった。

仮想の世界

マサノリをネトウヨと切り捨てることはかんたんだ。しかし、社会の一員である実感をはぎとられたマサノリから、「日本人の誇り」を奪ったらなにが残るのだろうか。

マサノリと、マサノリをいぶかしがる東尋坊の人とを違えているのは歴史や政治への関心の高低だ。マサノリのは圧倒的に高い。その高い関心を一手に引きうけているのが、マサノリが「唯一の趣味」というインターネットだ。

事実の世界は複雑で難解だ。安易な解釈を許さない。その世界をさまよう弱り切った心に、仮想の世界は抗いがたい魅力をもつ。クリックひとつで苦しさの「原因」を明快に説明する言説は見つかる。「ネットを引けばすぐ出てきます」とマサノリ。その世界には痛快な排外主義も娯楽としての差別ネタも無尽蔵にある。気晴らしの標的をほしいままに与えてくれる。

いまの日本で仮想と現実の区分に意味はないだろう。通算でも連続でも在職日数が憲政史上最長となった安倍政権（２００６年９月〜２００７年９月、２０１２年12月〜２０２０年９月）のもと、差別を本音とし冷笑を毅然とする倒錯は完了した。規範は建前ゆえに嘲笑される。この事実が崩れさった世界にマサノリはすがりつく。インターネット空間の暗い情念にむしゃぶりつく。不安が根本的に解消されなくてもかまわない。この瞬間だけでも癒やされるなら事実はどうでもいいことなのだ。それほどまでに苦しいのだ。

そうした「差別するがわ」の事情は、「差別されるがわ」にとってどれほどの意味があるのかとも私は思う。マサノリは、中国とも朝鮮とも旧ソ連とも、これらの人びとと具体的に交わったことはない。いまの苦しさの責任を「やつら」「あいつら」に求めるのは不可能だ。

マサノリは「俺、わかっているんですよね」とよく言う。「実はこうですよね」「俺、知ってるんですよね」とよく口にする。「語られない真実」を知り「カラクリ」に気づいているのが自分であり、虚構の建前をありがたがっているのが冷笑すべき「左翼」である。

マサノリの怒りは、現実を規定する権力にむかわずに、異議を申し立てる人への敵意となる。分をわきまえず、無力なくせにと。この社会は変わりようがないのだから、盾突いて秩序を乱すなと。変革の試みは、従っている自分、耐えている自分への侮辱である。「売国反日」という言葉は象徴的だ。

国家的視点

マサノリが「インターネットビジネス」を「起業」するとき、「出資してもらってもいいですか」と頼んできた。要は、私の古いパソコンをくれるか、中古を買う金を貸してほしいという。リサイクルショップでの購入費3万円を私は「投資」した。

食品工場に派遣されたとき、「やってみて2日なんですけれど、心が折れそうなので少しだけ応援を」と電話をかけてきた。2リットルのペットボトル入りウイスキーがほしいという。私はウイスキー2本を贈った。

東尋坊パトロール前のファストフード店や教会カフェの食事代をおごられるのもマサノリだ。みんなが言う「貸してください」「おごって」をマサノリは口にできない。黙っていれば私が払うと計算している。茂さんのところで活動している東尋坊ボランティアは、マサノリの「たかり」に悲鳴をあげた。

それなのにマサノリは他者を嗤う。ハローワークの外で派遣社員スカウトを見かけたという。基本給はいくらか、残業代はいくらか、派遣切りはないのかといった質問に答えられなかったといって嘲る。「冷やかし半分で聞いたんですよ。あいつらばかが多いんですよね。こういうばかが営業をして、こんなレベルで人を採用しようとしているんですよね」

生活保護を申請するときにマサノリは言った。

「セーフティーネットはあった方がいいのか、ない方がいいのか。俺は、あった方が安心して暮らせる社会だと思うんですよね」（7章「不信」）

利用が決まったあとでマサノリは語った。

「この制度があって助かりました。でも、だれもが受給できるようになったら国がやばいですよね。国家的視点で考えると、だれもが利用できる制度にしないでおく、ハードルを高くしておくというのもわかります」

マサノリは自分を「ロストジェネレーション」「団塊ジュニア」と位置づけている。「俺は世代論が好きなんですよ。団塊の世代を養うために若者が犠牲になっている。それが俺のマクロな経済・社会観なんです」

福井で始めたブログに書いている。

「全て『時代が悪かった』あるいは『社会が歪んでいる』などと、世の中のせいにするつもりはありません。／しかし残念ながら、私のような『中高年の低所得者層』は、例えば、『若い時に努力や苦労を怠った』、『忍耐や辛抱が足りない』、『全て本人の頑張り次第』、などなど…。／いわゆる、／『自己責任』／の一言で片付けられてしまうのが、今の日本社会の現実です。／もちろん『自己責任』は否定しません。／その一方で、人生、『運』や『タイミング』という要素が大きく影響してくることも否定できません」

それなのにマサノリは「国家的視点」から他者を見おろす。東尋坊組やかかわる人のことを「自分はほかのやつらとは人生観が違うんですよ」「ここの人たちと俺とは価値観が違うんですよ」と言ったこともあった。
だからマサノリは東尋坊のだれよりも苦しい。
またマサノリから電話があった。打ちのめされた声で言葉を紡ぐ――
……ちょっと、生きたくない、生きるのもしんどい、死んでしまいたいという気持ちが起きている
ので、なにも手つかずって感じですね……。
……希望がないというとかんたんな言葉になってしまいますけれど、人生に失望しているところも
あって。たびたびで申しわけないですけれど……。
……ひたすら耐えるしかないですかね。この闇を耐え忍ぶしかないということですかね。いつかは
この闇も薄れるかも知れないということですかね……。

第11章　警察への視線

水曜日と土曜日の定期パトロールにむかう車中、パトカーとすれ違うことがある。

「うわわーっ、警察だー」と後部座席のルイがあわてる。

「隠れろ、隠れろー」と隣のマリがはやしたてる。

いまは仕事に忙しいルイがパトロールの常連だったころ、そんな光景がよくあった。

最初よくある冗談だろうと思っていた。私もアッシに言う。「パトカーだ。隠れろ」「どうしてですか」「おまえの顔が犯罪的だからだ」「どういう意味ですか」。そんな悪い冗談だろうと。

あるいは背徳感のようなものかとも考えた。

月光仮面の持論は「追いつめられた人は自殺だけが解決策だと思いこまされている。有効なセーフティーネットがないことが根本的におかしい」。自殺とは、自分の命を粗末にする個人の問題ではなくて、粗末な安全網しか整備できない社会の問題だということだ。東尋坊の人にそう考える余裕はない。「こうなったのも自分が悪い」。その自分がしようとしたことは自殺だ。それさえ遂げられなかった自分はなんとおろかで「悪いやつ」なのか。このような感情の共鏡として「悪いやつ」を捕まえる警察に拒否感を持っている。そうも私は考えていた。

見まわりに出発する前、携帯電話のニュースを見ていたナルミが「え、こんなことで逮捕されるんだ」と声をあげた。そのニュースによると、「死んでくれ」といったメッセージを、かつて交際していた女性にラインで送った男性が、女性の自殺後に自殺教唆の疑いで逮捕されたという。

いつものファストフード店でのおしゃべりはこの話題でしばらく盛りあがった。気になったのは「そんなことなら自分も言われたことがある」「これで逮捕されるんだったら警察官も逮捕されているよ」というみんなの言葉だ。

ルイは東尋坊に立ったとき、公衆電話ボックスに警察の連絡先が貼ってあるのを見た。「うわーっ、警察か」。駆けつけたマサキのことを「絶対に警察とつながっているよな」と疑った。

マリも、ルイの1カ月後に東尋坊に来たとき、「NGO　月光仮面」の名刺を見て思った。「すっごく怪しい。変なところに連れていかれるのかな」

東尋坊で保護したあと、「俺らが来たときにどう思った」と私はよく聞く。答えは「怪しい」と決まっている。無理もない。月光仮面の車はガタウスだ。マサキも私も残念ながら優しい人相ではない。そんな連中が崖に押しかけてくるのだ。それでもマリは「拉致・監禁されるのも怖いけれど、どうなってもいいやって」と月光仮面を選んだ。

東尋坊の人から話を聞くうちに、警察を忌避するのは「悪い冗談だろう」とか「背徳感のようなもの」とかの私の先入観を訂正する必要があると考えた。拉致・監禁でもかまわないと、それほどまでに警察を避ける背景を見ていく。

県境

ナルミの「警察体験」は東尋坊に足を踏み入れてすぐだった。

地元を車で出て翌日の7月1日早朝、東尋坊タワーが見えた。観光には早すぎる時間に不審に思ったのだろう。開店準備中の女性が通報したらしい。警察官がきた。

「自殺されては困る」と警察官。

「それでは帰ります」とナルミ。

東尋坊タワーから少し離れた道路に車を移動させた。30分後、パトカーがきた。「なにしているのか」「ちょっと……」「困るから車をどけて」。ナルミはまた車を動かした。しばらく周辺を走って同じ場所に停めた。

またパトカーがきた。「あんたは言ってもわからないみたいね。とりあえず福井から出ていってくれ」「福井以外で死んだら許されるのか」「とりあえず福井は困る」。パトカーで誘導するからついてきなさいという。福井と石川の県境を越えたところで「福井に来ないでね」

県境で車中泊し、翌日にナルミは東尋坊にもどった。ベンチで座っていたところを茂さんに保護された。

ナルミが言っていることを福井県警に取材した。「当時の署員に確認したり関係する人にたずねたりしたが、その事案が確認できない。文書の保存期間がすぎているので実際に保護しているかもわからない」

茂さんに保護されたあと、ナルミはいったん地元に帰った。4年後、東尋坊に再びきた。以来、福井での日々は自暴自棄の期間が長い。

死ねばいい

2月の夜、ナルミはやけ酒に酔ってJR福井駅前で騒いだ。駆けつけた警察官に交番に連れていかれた。

「自殺しにいくからかかわらないでくれ」とナルミ。

「死んだらいかん」と警察官。

ナルミは激しく反抗した。タクシー乗り場にむかいながら「死ぬのは勝手だからじゃましないでくれ」と暴れた。

警察官はナルミを囲んで「いかんいかん」「みんな心配するよ」ととめた。押し問答が続く中、ひとりの警察官が「死ねばいいじゃないか」と言った。

これにナルミは激昂した。なだめてくる別の警察官に「あいつが死ねって言ったから行くぞ」とぶちまけた。

このときパトカーの無線が音をたてた。どこかで事件か事故があったようだ。「この瞬間から雰囲気が変わりました。最初は自分を警察署に連れていこうかという感じだったんですが、かまっていられないとなったんです」

ナルミはタクシーに乗りこんだ。運転手は一連のやりとりを見ていて困った表情で「ほんとうにいいんですか」と聞いた。ナルミによると、警察官はうなずいたか「いいよ」と言ったかした。

この時の状況を私は1年間、ナルミに何度も確認した。警察官に言われたという言葉は「タクシーに乗って死ねばいいじゃないか」「勝手に死ねばいいじゃないか」「あんたの自由だから死ねばいいじゃないか」と変遷した。「でも『死ねばいいじゃないか』ははっきりと覚えている」

ナルミの訴えを福井県警に確かめた。「当時の勤務員から聴取しました。そんなことは言っていない、そういうことを言われることがわからないという結論でした」

いざこざの終盤、月光仮面の話題が登場する。このことについてもナルミと福井県警の訴えは正反対だ。

「タクシーに乗る直前に自分の携帯電話から月光仮面にかけた。『警察が死ねと言っているから俺は東尋坊で死ぬぞ』と訴えた」（ナルミ）

「あくまでも警察が身元引受人に連絡しました。『私のところに連れてきてほしい』と身元引受人が言われたのでタクシーに乗せて見送ったという状況です。警察は、自殺するという人をタクシーに乗せて放っておくということはしません」（福井県警）

私が抱いた双方への疑問も紹介しておく。

ナルミに対して。「はっきり覚えていないけれど、たしか警察から電話がかかってきたような気がする」と月光仮面は話している。

福井県警に対して。実はこの時、月光仮面とナルミとのつながりはほとんどなかった。1カ月ほど前の東尋坊パトロールの際、「茂さんのところでがんばっている青年」として名刺を交わした程度だった。ナルミへの支援はこの時からだいぶあと、拘置所の面会（8章「甘え」）からだ。その程度の関係の月光仮面を身元引受人として善後策を託しても大丈夫だったのか。実際、ナルミはタクシーに乗って東尋坊にむかっている。安否確認は十分だったのか。

ずるい

「警察に『勝手に死ね』と言われた」といった訴えが東尋坊の人から次々と出てくる。警察は全否定する。やりとりの録音記録はない。

崖に立つ人は叩きのめされている。同時に、自分が軽んじられてきたことに怒っている。この感情は、月光仮面による事情聴取や私の取材の段階で、いかに自分がひどい目に遭ってきたかという訴えとなる。誇張や思いこみが混じることもある。しかしナルミらの体験談は、境遇を偽る必要がなくなってから聞いたものだ。ここに至っても「警察はひどい」と言いつのるほどに東尋坊の人はうそつきなのか。そうであるならば、そこまでしてうそで警察を貶める動機はなにか。

一方で東尋坊の人は警察への不満を表沙汰にしない。沈黙するしかない状況をある人は「ずるい」と言った。こんなことを警察に言われた。あんなことをされた。それはほんとうかと私が疑う。そんな状況が「ずるい」という。

この「ずるい」の意味をアッシが説明する——東尋坊に来るような俺たちは公務員と比べて信用度が低い。「警察にひどいことを言われた」と訴える。警察が否定する。世間はどちらを信じるか。マスコミはどちらを信じるか。俺たちが信用してもらえないのはしかたない。しかたないけれども、このような状況が悔しい。ずるいと思う。

責任を取れるのですか

仲秋の東尋坊は蒸し暑く、昼前に気温が20度をこえた。晩夏と呼ぶほうがよかった。この日に起きたことは、見まわりボランティアや東尋坊の人の間にたちまち広がった。

覚知は、「心に響く文集・編集局」の巡回日誌によると、午前10時半。編集局の見まわりボランティア中村達也さん（1971年うまれ）は、午前11時か11時半だろうという。というのも中村さんは、編集局の東尋坊拠点「心に響く　おろしもち」が開店する正午よりも30分〜1時間前に崖をひとまわりするのが習慣だから、女性を見つけたのもその時間帯のはずだという。

その開店前パトロールで中村さんは、崖の先端に座って両足を投げだしたり引っこめたりしている若い女性を見つけた。目があった瞬間、視線の漂流がわかった。「やばい」と感じた。いったん離れて30分後にもどった。女性は崖の先端に座ったままだ。

「おろしもち」店長の川越さんに電話をかけた。「いきなり近づいちゃだめよ。刺激を与えてしまうから。観光客をよそおって近づいてみて」。この助言どおりに中村さんはゆっくりと近づいて女性に声をかけた。

「きょうは観光ですか」

「ここでお弔いしているんですけれどだめなんですか」

どうにも会話が成立しない。中村さんは「いや、大丈夫ですよ。自由にしてください」と返してその場を離れた。

まもなく到着した川越さんが女性に話しかけた。

「そこは危ないよ。なにしに来たの」

「弔いに来た」

「だれの弔いなの」

「お姉さんはなにしているの」

川越さんは東尋坊ボランティアであることを伝えた。「もう少しここにいたい」と言う女性に、「わかったわ。上の方で待っているからね」と語りかけて握手をかわした。このころ警察官の姿が崖の上に見えた。

たちまち警察官は規制線テープを張り、「離れて」と観光客に命じた。

中村さんは「まずい」と思った。「これでは女性を刺激してしまう」

観光客は「なにがあった」「映画の撮影か」と言いだしていた。事態を知って「東尋坊に来たからちょうどいい」と言う者もいた。

中村さんは「世の中ってこんなものか」と思った。女性はこの先どうなるのだろう。言いようのない不安も覚えた。

川越さんは「どうしたんですか」と崖の上の警察官に聞いた。行方不明者届が出ていて、あの女性かもしれないという。「彼女は『警察が嫌い』と言っていました」とも伝えたが、答えはなかった。

男女3人の私服警察官が女性に近寄って説得を始めた。レスキュー隊も到着して救命胴衣も用意された。

この「万全の態勢」が中村さんの不安をますますかきたてた。「あの女の人も引くに引けなくなってしまうんじゃないか」。数十人の観光客の視線は女性に注がれたままだ。規制線の外の存在となって手の出しようがなくなった川越さんと中村さんは「おろしもち」に引きあげた。

ややあって女性の親族から「おろしもち」に電話がかかってきた。それを女性に伝えようと2人は崖沿いにもどり、崖の女性と話をしたいと規制線を守る警察官に川越さんが持ちかけた。

「なにかあったら責任を取れるのですか」

これが警察官から返ってきた言葉だったという。

接触を断られた川越さんは、親族から電話があったこと、いま福井にむかっていることを女性に伝えてほしいと頼んで「おろしもち」に引きあげた。

「心に響く文集・編集局」の巡回日誌によると、午後5時25分、川越さんは崖沿いにもどった。「あの人は帰られたんですか」と規制線テープを回収中の警察官に聞いた。「飛びこみました」

以上が、東尋坊にかかわる人の間に論議を呼んだ出来事だ。その中には「警察官は失敗の責任を取れ」という声もあった。

川越さんの見方は違う。「女の人が生きていてくれれば一番よかったけれど、警察官も一生懸命やったんだし、失われた命の責任なんてだれも取れないよ。そんな責任、だれも求めていないよ」

茂さんは提案する。「私が現場にいたら、観光客をよそおって近づいてタックルして引きずりこみます」。やはり責任については「現場の警察官は最大限のことをしたと思う」

月光仮面は「警察官の責任？　そんなものあるわけないじゃない」

これは月光仮面を知る人からすると驚きだ。崖から飛びおりておぼれている男性を見つけたとき。月光仮面は見まわり隊員と協力して声をかけたり浮き輪を投げたりし、あとから来たレスキュー隊に「モタモタするな。それじゃあ溺死体回収隊だ」と毒づいた。崖の先端で女性を説得中、崖の上に姿を見せた警察官が手伝うことなく帰ったとき。月光仮面は「助けたいと思っていたなら自然と体が動くよ。助けようとしないかぎり相手に言葉は届かない。あんな警察官、来てもらっても困る」と吐き捨てるように言った。このように組織人に容赦ない月光仮面も「あいつらは一生懸命やった」と、現場の警察官を讃えるのであった。

同志的な敬意

なぜ、東尋坊ボランティアは現場の警察官の責任を問わないのか。

理由の第一は同志的な敬意だ。

警察官は職務で崖にむかう。ボランティアは無償だ。警察官は強制力を持つ。ボランティアにはない。立場は違うが、川越さんは「目的は同じだよ」と信じている。日没後はまったく機能しない役所の職員と違って、深夜でも早朝でも現場にくる警察官の姿を見ている。だからこそ敬意を忘れない。

理由の第二はもっと切実だ。

川越さんには「生涯忘れることのできない出来事」がある。それは8月4日、福井市で恒例の夏祭りがあった日だった。全国から集まった招待舞踊団が観光地の東尋坊でも踊りを披露してくれた日でもあった。

午後4時ごろ、「おろしもち」の近所の飲食店主から「客の様子がおかしい」と連絡がきた。駆けつけると、生後まもない男の子を抱っこひもで胸に抱いた母親がビールを飲んでいた。かたわらに小さな女の子もいる。「旅行にきた」と母親は言うが、表情からなにをしようとしているのか明らかだった。

母親は店を出て歩きだした。大人用のサンダルを引きずるように履いている女の子は、母親の異変を察知していたのだろう。「かか、かか、おうち帰ろうよ」「疲れたよ、帰ろうよ」と泣いている。

「おろしもち」に3人の親子を引きずりこみ、親族に引き継いだ。

翌日未明、母親が2人の子どもを抱えてマンション10階から飛びおりたという連絡が警察から入った。当時の報道によると、8月5日午前4時すぎ、37歳の母親、3歳の長女、生後1カ月の長男が倒れているのを新聞配達員が見つけた。母親は子育てに苦しんでいたという。

川越さんは泣いた。泣きじゃくった。キューピー人形そっくりの女の子だった。よほどのどが渇いていたのだろうね。「おろしもち」で冷たいお茶を出すと、たちまち2杯を飲み干した。川越さんや茂さんと母親とが言い争っている間、見まわりボラティアの手をぎゅっと握りしめていた。母親が落ちつくと、アイスクリームをおいしそうに食べた。弟のことを「見て、かわいいでしょ。私の赤ちゃんだよ」と言っていた。帰り際に「おじちゃん、おばちゃん、ありがとう。おうちに帰るね。バイバイ」と言った。

東尋坊ボランティアのだれもが、自分はなんと無力なのかと心のうずきを抱えている。だれもが、過去の失敗を抱きしめて崖に目を光らせている。ここに自殺をとめられなかった「責任」を持ちこむと、ボランティアは無数の責任を問われて活動はたちまち停止に追いこまれる。だからこそ説得にあたった現場の警察官の責任を問うことに反対する。

責任とはなにか

月光仮面ら見まわりボランティアが怒ったのは、女性の説得に失敗したことにではない。「なにかあったら責任を取れるのですか」に怒ったのだ。ならば警察は責任を取ったのか。取るべきなのか。取れるものなのか。そう怒った。

規制線内への侵入を排除するのは警察の仕事だ。ただし川越さんが無理やり立ち入ろうとした事実はない。親族からの言葉を女性に伝えたいと線外から打診しただけだ。あるいは茂さんが指摘するようなことだったかもしれない。「川越さんは人命救助のベテランだが『資格』はない。対応を任せて飛びおりたとなると、『なんで素人に任せたのか』と遺族から責任を追及されるかもしれない。それを恐れる気持ちがあったんじゃないかな」

福井県警への取材のやりとりを紹介しよう。

――「なにかあったら責任を取れるのですか」と現場の警察官が言ったのか言わなかったのかにつ

いて。

「こういう言った言わないの記録は取っていないので事実は確認できませんでした」

——説得に失敗したら問われる「責任」とはなにか。

「いまから飛びおりるという人がいたら、警察であれ一般人であれだれでもとめるでしょう。警察には（警察法にある）『個人の生命、身体及び財産の保護に任じ』の責務がありますから一生懸命しています。それに対しての責任は警察が判断することではないと思います。遺族が訴訟を起こして裁判官が判断することになります」

「一般の人に責任があるのかないのかの判断はしません。大災害など警察だけでは対応できないときに手伝ってもらうことはあるし、その権限も警察にはある。その時になにかがあれば指示した警察に責任があることもあると思います。一般の人が手伝わせてくださいと言ってきたときに断ることもあると思います。通常は警察が引き継ぎを受けたら自分の責任として警察が説得します。一般の人に説得をさせることは通常ありません」

人間の責任

福井県警が重視するのは「法的な責任」だ。女性の件で問われる責任があるならば、言うとおりに遺族の訴訟を待つべきだろう。

東尋坊のボランティアは別の責任を背負っている。

川越さんは「あなたのことを放っておけないよ」と語りかける。

茂さんは「わしがなんとかしてやるから任せとけ」と声をかける。

東尋坊パトロールにもっとも熱心な中村さんは、保護した人の姿に、「死にたい願望」にとらわれていた過去の自分を重ねる。

月光仮面は「俺が出会ったんだから俺に責任がある」とよく言う。

それぞれ表現は違っても、助けを求める人を放っておけないと考える人びとだ。頼まれたわけでもないのに、東尋坊に迷いこんだ人が生きていけるように手伝う責任が自分にあると考える人たちだ。

この「人間の責任」を携えてボランティアは東尋坊を歩く。声をかける。訴えを聞く。ともに泣く。

「なにかあったら責任を取れるのですか」に怒ったのは、この責任感をあしらわれたからだ。協力しあえば救えたかもしれない命への申しわけなさからと、警察のすることに手を出すなという思いあがりを嗅ぎとったからでもあった。

川越さんは仲秋の東尋坊をふりかえる。「私はさっきまで女性と話していたんだよ。情けないと思ったよ。要は、警察と民間が協力すれば救える命があるかもしれないってことよ」

中村さんは悔やんでいる。「うつろで弱々しい女性の眼光が今も思い浮かびます。そっとせずに僕が変にかかわってしまったばっかりにと自分を責めています。警察が言う『責任』は自分のメンツのことだったのではないか」

警察官の優しさ

60歳の男性（10章「暴言」）には、「何が月光仮面だ」と暴言メールを送って姿を消す前にこんなことがあった。

さきほどまで保護されていた警察署から出てきて、月光仮面の前で「やっぱり生きたい」とつつみ泣きながら、かばんから1枚の紙を取りだした。

上申書
1　私は平成○年○月○日の夜に自殺する気持ちを持っていたが自殺する気持ちがなくなったので、○○交番に助けを求めに行きました
2　今は私の住定地がある福井市に帰りたいと思いますし生活保護の手続きもお願いしたいと思っています
3　これから2度と死のうと思う気持ちを持たず東じん坊や、○○に来ない事を約束します
○○警察署長様
平成○年○月○日

男性は「これ、俺の正直な気持ちじゃないんです。一言ひとことこう書けと言われて書いたものなんです」とまた泣いた。

福井県警は反論する。「強制的に書かせた事実は認められない。二度と自殺しないと言っていたので、その意思を確認するために一筆書いてくださいとうながしました。上申書の書き方を知らない場合、警察が指導することはあります。それが強制するということにはならないと思います。なぜなら

自分の筆跡で書かせていますから。本人が拒んだら書かせません」

男性はこうも話していた。「きのうの夜、『生きていれば孫に会える日が来るんだから』と警察官が優しく声をかけてくれたんです」。上申書を書いたのか書かされたのかはさておき、1泊した警察署でぞんざいにあつかわれたわけでは決してないということだった。

JR福井駅前で暴れて再び東尋坊で保護されたナルミの時もそうだった。連絡を受けて月光仮面が迎えにいったのは午前3時をまわったころだ。警察署のロビーの長いすに座ってくだを巻くナルミに、「うんうん」「そうかそうか」と警察官は聞き役に徹していた。「よくできるな」と私は感心した。酔ったナルミはどうにもたちが悪いからだ。

60歳の男性を諭した警察官。ナルミに根気強く付きあった警察官。一方の月光仮面は、聞き役になるどころか「酔っぱらいの話は聞きません」と突き放す。どちらが「優しい」かは一目瞭然だ。

24時間

警察が保護する根拠は警察法だ。第2条は「警察は、個人の生命、身体及び財産の保護に任じ、犯罪の予防、鎮圧及び捜査、被疑者の逮捕、交通の取締その他公共の安全と秩序の維持に当ることをもつてその責務とする」と定めている。

具体的な手段は警察官職務執行法にある。

第3条──「応急の救護を要すると信ずるに足りる相当な理由のある者を発見したときは、取りあえず警察署、病院、救護施設等の適当な場所において、これを保護しなければならない」

その2項――「前項の措置をとつた場合においては、警察官は、できるだけすみやかに、その者の家族、知人その他の関係者にこれを通知し、その者の引取方について必要な手配をしなければならない」

その3項――「第一項の規定による警察の保護は、二十四時間をこえてはならない」

まとめると、警察が保護できるのは24時間と決まっている。いつまでも警察に拘束されたらたまったものではないからこれらは必要な決まりだ。しかし東尋坊を考えるとき、「できるだけすみやかに」に落とし穴がある。

東尋坊パトロールの先駆者である茂さんは福井県警の元警察官だ。解説を聞こう。

警察官には、①法②全体の奉仕者③申告主義のみっつの縛りがある。すなわち、①公務員は「ここまでしろ」「そこから先は立ち入るな」と規定されている②対象は不特定多数である③申告があって初めて対応するのがほんらいの姿である――。これらは東尋坊の現場で次のような解釈と対応とに反転する。①個人の尊重を定めた憲法13条や「24時間」から「自殺は家庭や本人の責任」「私生活に介入しない」と考える②ひとりに深く介入することは「私にも」と次々と求められることになりかねないから避ける③世間体や意地から助けてと言えない人を見落とす――。「こうして、目の前に困っている人がいるのになにもしない、話を聞いてはあげるけれど苦しくなったらまた来なさいとなり、門前払いやたらいまわしが起きる」

茂さんは「では、その人たちを助けるのはだれか」とみずから問い、みずから答える。「つまりボランティアとなってくる。民間には公務員のような縛りがない。相手の承諾を得て私たちは生活にも会社にも深く入り込んでいく。それが民間に社会が期待していることでもある」

この結論は、茂さんの活動の原点から導きだされた。

茂さんは警察人生の最晩年の2003年3月、東尋坊を管轄する三国署（当時）の副署長になる。以降、自殺者の検視に追われた。同年9月、東尋坊のベンチに座っていた55歳と72歳の男女を保護し、警職法3条2項「法令により責任を負う他の公の機関に、その事件を引き継がなければならない」にしたがって三国町（現坂井市）に任せた。

しかし2人は三国町に追いはらわれた。石川・富山・新潟各県のいくつもの市町にもあしらわれて、新潟県長岡市の神社で首をくくった。2人の遺書を受けとった茂さんは、翌2004年3月に定年退官して同年4月にNPO法人「心に響く文集・編集局」を川越さんと設立した。

2人を自殺に追いやった役所の対応に、茂さんは今も抑えがたい怒りとともに刑法218条「保護責任者遺棄罪」をあげる。「老年者、幼年者、身体障害者又は病者を保護する責任のある者がこれらの者を遺棄し、又はその生存に必要な保護をしなかったときは、三月以上五年以下の懲役に処する」

月光仮面の優しさ

月光仮面は短気だ。「そんなことない」と反発するが、やっぱり短気だ。東尋坊の人とつまらないけんかをよくしている。それなのにあの気長さはなんだ。暴言を吐かれても、失踪を繰りかえされても迎え入れる。したがってかかわりは長期間となる。「俺が死ぬまで続く」を実践している。結果、揺るぎない信頼を勝ちとる。「あのジジイは人の話を聞かない」と私といっしょに陰口を楽しんでいても、行き詰まって手首に刃物をはしらせた東尋坊の人が、助けてほしいと頼るのは必ず月光仮面だ。ルイは17歳の時、青木ケ原の樹海で警察官に保護された。「くわしく話を聞きたい」と言われて、警察が聞きたいことしか聞かれなかった。即座に家に帰された。翌年、自宅で手首と首を切った。

随應寺ではなにも問われなかった。「いままでは家出をして警察に捕まって家に帰されての繰りかえしだったので警戒していました。今回はどっか違うなと。お寺の人も月光仮面もちょっとは信頼できそうかなと。自分の空間を持てたというのか。自分が大事に思っていることは伝えることができる人だとそのときなんとなく思いました」

マリも東尋坊に立ったとき、「家に連れもどされるとわかっていたから警察には連絡できない」と考えた。それで怪しい「NGO　月光仮面」に身をゆだねた。随應寺に案内されて「あっちが悪いとかこっちが悪いとかと評価されない自分ひとりの空間」にめぐりあえた。

ルイとマリが言う「空間」とは「居場所」のことである。これは長い目で見まもる人なしには成立しない。

時間をかけて築いた信頼関係。これが欠けていたからこそ60歳の男性は上申書1枚であしらわれたとしか考えられなかった。「24時間」に縛られている警察が提供できない時間こそ、月光仮面が私生活を犠牲にして提供している優しさだ。

適正は適正か

警察は、保護した人の身のふり方について「本人の意思」を強調する。

自分で望んだ。同意した。手続きは適正だ。そう言われると東尋坊の人に返す言葉はない。ないのだがだ。たしかに同意した。だから文句は言えない。言えないけれども、本心をすくいとってくれる時間はなかったじゃないか。家族を呼ぶこと以外の選択肢はなかったじゃないか。ルイやマリらの警察嫌いにはこのような背景がある。

保護された人が「話を聞いてくれて落ちつきました」と言う。半分はうそだ。耳をかたむけてくれる人にこれ以上の負担をかけたくないからだ。死を迫るほどの問題は傾聴だけでは解決しない。生きたいのに死にたいと偽る。支えてほしいのに支援者を罵倒する。そんなふうにしてしか自分を表現できない人に、「自殺はよくない」という説得は説教でしかない。「そのとおり」だからこそ耐えがたいのだ。「犯罪の予防、鎮圧及び捜査」（警察法）という姿勢では、東尋坊の心に分け入ることはできない。どれほど優しい態度で接してもだ。「異常な挙動」（警職法）に犯罪のにおいをさがすかぎり、「内容的可能性」（小山本）を見つけることはできない。

茂さんが活動の心得を語る。「岩場に立つ人の悩みを受容したり傾聴したりだけでもだめなんです。原因を取りのぞかないとだめなんです。聞いて聞いて聞きまくる。それで元気になるか？　なりません。ただし聞きまくることでその人が死ななくていい点や解決点がでてくる。パワハラ・セクハラ・多重債務……苦しみの原因が必ずある。これらは本人の力だけでは解決できないんです。そこでわれわれが職場の環境を改善したり多重債務を解決したりとそこまでしないといけない。それが自殺防止活動です。いや、これは人命救助です」

東尋坊で問われるべきは適正の中身だ。適正に保護した。適正に意思を確認した。適正に家族に引きわたした。適正を積みかさねたのに、その結果が東尋坊にむかうことをとめられないならば、この適正はだれにとっての適正かとなる。崖沿いをさまよう人にとっての適正か。法的な責任を問われないですむという組織にとっての適正か。

ナンパ

月光仮面は「もちろん警察の力は必要だ」とも語る。

夕刻、前回の見まわり時に転落防止用のロープを張った崖の先端に、若い男性が座りこんでいた。そばにウイスキーの瓶が転がっている。話しかけると「あんたに関係ない」と暴れるばかりだ。「関係あるんだよ」とねばる月光仮面をふりきって男性は歩きだした。茂みに入る。崖沿いをうろつく。酔いがまわってきたのかばたりと倒れた。東尋坊はすでに暗い。「こちらに心を開かない場合は危ない」と判断して通報した。こうするしかないときもある。

警察とボランティアとの関係を考えるとき、「協力すれば救える命がある」という川越さんの指摘に行き着く。だからこそ福井県警に気づいてほしいことがある。少なからずのボランティアが、警察に対する砂をかむような思いを、「お願いすることもあるから」と表に出すのを控えていることを。

この点について遠慮のない月光仮面の体験から引こう。

「若い男性」は、警察からの連絡をうけて迎えにきた父親に引きわたされたらしい。この「らしい」に月光仮面は怒る。

別の日、東尋坊からSOSの電話が午前4時半にあった。熟睡していて気づかなかった月光仮面は午前5時半、県警に出動を頼んで自分も即座に東尋坊にむかった。電話をかけてきたとみられる若い女性は、県警に保護されたらしい。この「らしい」に月光仮面は怒る。

なぜ怒るのか、福井県警はわかるだろうか。


見まわり隊員が「月光仮面のナンパ」と呼んでいる行動がある。とにかくよく崖沿いで声をかける。「どこから来たの? 富山? 食べ物がうまいところだ。ライチョウを見たことがある?」とかなんとか。話しかける相手は男性より女性の方がどうも多そうだから「ナンパ」だ。

月光仮面は苦笑して反論する。

あれは東尋坊パトロールを始めてすぐのころ、未明に目が覚めて携帯の着信履歴を見ると、2時間前に電話がかかってきていた。やはり熟睡していて気づかなかった。あわてて東尋坊に車を走らせた。崖沿いでかたっぱしから声をかけた。白いマスクの若い女性に「花粉症ですか」と声をかけて怪しまれたが気にする暇はない。結局、電話をかけたという人は見つからなかった。

その夜、茂さんから電話があった。「お礼の電話がありました。『飛びおりようとしていたところで声をかけられて我に返りました。あす、夫といっしょに病院に行きます』と話していました」。お礼の電話をかけてきたのは、声をかけたうちの2人目、なんの印象も残っていない50代の女性だった。

これが「なにがあるのかわからないから声をかける」という「ナンパ」の始まりだ。月光仮面は、東尋坊で「関係ない」と言われたら「これから関係あるんだよ」と食らいつく。「勘が動いた」と言いだして動きだす。「どうせはずれる勘だ」と見まわり隊員にからかわれる。要は必死なのだ。滑稽なほどに真剣なのだ。

マナー

月光仮面が怒りの理由を語る。「なんの報告もないからだよ。問いあわせるとようやく『父親に引きわたした』『保護した』と言うんだ。ご協力ありがとうの礼がほしいんじゃない。なぜ『無事に帰った』程度の連絡ができないのか。それがマナーだろ。俺が保護してくれと頼んだ人と警察が保護した人は別人かもしれないじゃないか。それならば未解決ということだから見まわりを続けなければいけないじゃないか。助けあって助けられる命があるのに、そういう気配りがないんだよ」

崖沿いでかばんを見つけたので通報した。警察からなんの連絡もない。保護した人から聞き取った書類を警察がごっそり持っていった。その後の報告はない。このときのボランティアの怒りを理解できるか。「あとはよろしく」で済ませることができない「人間の責任」に敬意をはらえるか。ここが、ボランティアと警察とが心の底から協力しあえるのかどうかの分かれ目だ。

福井県警の警察官が言った。「ひとりの人間の命を救うことは大変なことです。保護した人から24時間ずっと目を離さない警察官の大変さをわかってほしい」。そうであるならば、必死を軽んじられて怒らないボランティアもいないことを警察は知るべきだ。

真の自殺防止策は保護したあとの日々にこそある。それは警察の手にあまる。その証拠は、「警察に保護されたことがある」と訴える人が次々と来る東尋坊に充満している。それを福井県警も知っているからこそ茂さんや月光仮面に身元引受人を頼むのだろう。ならば頼る相手への「マナー」があるはずだ。

自殺対策基本法8条に「国、地方公共団体、医療機関、事業主、学校、自殺対策に係る活動を行う民間の団体その他の関係者は、自殺対策の総合的かつ効果的な推進のため、相互に連携を図りながら協力するものとする」とある。

この関係に上下も優劣もあってはならない。現状は、東尋坊ボランティアが警察官に抱く敬意は一方通行だ。それでも月光仮面らは東尋坊に立つ。警察のためではない。助けを求める人を放っておけないからだ。この一方通行の関係は、なにかのきっかけで崩壊する危うさをはらんでいる。

第12章　家族の風景

◇48歳のリュウタ

「どうやら東京都荒川区なんとかというところで生まれたらしいんですけれど。というのも本籍がここになっていたはずですから。どうやら私はここに2歳までいたらしいんですけれど」

リュウタが生い立ちを語るとき、「どうやら」「たしか……」という前置きがある。

3歳のときに母親が家を出た。あるいは、リュウタら子どもたちを連れて父親が家を出た。「だから母親の名前はまったく不明です」

父親は的屋だった。小学生になると家業の手伝いが始まった。道具一式を車に積み、「家族4人で夜店があるところならばどこまでも行きました」という毎日。たこ焼き・お好み焼き・たい焼き・固焼きを売り、晩ご飯はそれらの売れ残りで、夏はラムネになった。夜は車の中で寝た。小学校に行く日よりも的屋を手伝う日の方が圧倒的に多かった。

「家」のことで覚えているのは、小学校3年生のときは川崎球場が目の前にあったことと、光化学スモッグ警報の看板が近くにあったことぐらいだ。それだけが故郷の風景だ。その年だけで少なくとも3回は転校した。家のない時期もあり、そんなときは的屋仲間の事務所で寝泊まりした。

父親は大のギャンブル好きで、徹夜の麻雀によく付きあわされた。「雀荘で何度寝たかわかりません。姉は車の中で寝ていましたね」

パチンコの開店前の順番まちも大事だった。早朝、父親に車で連れていかれて行列にならばされた。車に乗っていなくなった父親は、開店の時間にもどってきて「もういいぞ」。リュウタはそのまま小学校に行かずにパチンコ屋の待合室で眠った。

「もう学校なんて行けないよなとあきらめていましたね。たまに行っても友だちなんてできないし、しばらくしたら転校でしたしね」

小学5年生のとき、中学生の姉が家を出た。「もう今では名前もわからなくなっています。たしか『みーちゃん』と呼んでいたから『みさこ』かなあと思うんだけれど」

父親は「あいつのことは忘れろ」と言い、それからの口癖は「おまえもいつでも出ていっていいからな」になった。継母はそんな父親の味方だった。

涙の不思議

姉の家出はリュウタにとって痛恨事だった。両親の暴力が自分ひとりに集中したからだ。父親は日本刀を、継母は小刀を突きつけてきた。

「どういうときに殴られるのかというと、親の機嫌が悪いとき、親に逆らったときですね。親に逆らうというのは、たとえば小学校の遠足に行きたいと言うと、『その日は仕事だ』と却下されて、『嫌だ』と逆らうわけです。すると殴られたり蹴られたりとなるわけです。『じゃあ出ていけ』『だれに食わしてもらっているんだ』って言われるわけです。もちろん恐怖心が芽ばえますよね。俺も出ていきたい。でも小学生でしたから、どこに行けばいいのかわからなくて。次第に逆らっても無駄だなとあきらめてしまうのです」

だから恨みは姉にむいている。「自分だけ助かりやがって」

まれに友だちの家に遊びに行けた。「お母さんは優しいねと言うと、友だちは『ふつうじゃん』と言うんです。それだけで涙が出てきましたよ」

48歳の現在ならば「両親は、私をどうにでもしていい所有物としてしか見ていなかったのだろう」と分析できる。しかし子ども時代にあっては涙があふれてくるのはなぜなのかと思うだけだった。

中学校に通えたのは、父親が刑務所に入って的屋の手伝いがなくなったからだ。継母の虐待はいっそう激しくなった。「さすがに家にいたくなくなって、中学校の先生に、どこでもいいですから施設に入れてくださいって自分からお願いしました」。学校からの問いあわせに継母は「ご自由に」と答えたらしい。

その児童自立支援施設の寮生活で悔しかったのは連日の「反省文」執筆だ。「親に迷惑をかけたとか、反省していますとか、そういう手紙を書かされるんです。それを寮長がチェックして提出するんです。なんで俺が反省をと思いましたけれど。でも俺はくずだからしかたがないのかなって思いました。親への反省文も当然と言えば当然なんですよね」

中学を卒業すると、すでに出所していた父親が施設に迎えにきた。「反省文」の効果なのか「反省しているみたいだから」と言っていた。翌日から的屋の手伝いが復活した。「高校に行きたかったけれど、行かせてくれるとも思えないので言いませんでした」。再び始まった父親と継母との3人暮らしは、まえにも増して的屋として各地を放浪する日々だった。

3カ月後、両親の目を盗んで施設に助けを求めた。勤め先として製本所を紹介してくれたので、16歳で家を出た。ここは1週間で辞めた。施設で仲が悪かった男がきて7人がかりでリンチされたからだ。製本所と施設が事態を察知し、あらたに製粉所を世話してくれた。ここで12年間働いた。「正社員でした。給料は18万円から19万円はありましたね。社会保険もあり、年金の保険料もきちんと納めていました」

社長が酒好きなのは困ったが、副社長とその妻が親がわりとなってくれて、その家に間借りした。「父」はよくしゃべる人だった。「母」はひたすら優しかった。いっしょに朝食を食べ、テレビを見て、クリスマスを祝った。

「しばらくは泣きながら寝ていましたよ。家族そろって食事をするなんて16歳になるまで一度もなかったんですから。ああ、これが家庭かあって」

20歳でアパートに引っ越して、そこから製粉所に通った。

両親の死

アパートへの転居の直前、製粉所に警察から電話があった。両親が死んだということだった。電話に出るかと聞かれて断った。リュウタはこれまで、両親のことを問われたら「車の事故で亡くなった」と答えていた。真相は2人そろってのガス自殺だ。場所はわからない。調べる気もない。

28歳で会社を移った。

新聞広告で見つけた非鉄金属大手の工場は車や航空機のエンジン部品をあつかい、コバルト蒸着によるデジタルテープ作りを担当した。「正社員ではなくて準社員? 組合員じゃなくて非組合員というか」。3カ月契約を延々と更新する契約社員だった。ここで通算19年間働いた。「1年したら正社員にしてやるという話があったんですが、それはだめになりました。ちょうど会社の経営が悪いときだったらしくて、それと年齢のこともあるしとも言われましたね。それならそれでしょうがないかなと」

正社員かつ組合員と、契約社員かつ非組合員との間に漂う軋みには耐えられた。得心できなかったのは待遇差別だ。「それは雲泥の差なんです」。給料日に「40万円ぽっちかよ」という正社員の愚痴を耳にする。「正社員と私の仕事は変わらないんです。それなのに私は15万円なんです。最後は17万円になりましたけれど」。ボーナスの「たったこれだけかよ」も、退職金の「2千万円かよ」も聞いた。「これが一番くやしかったですね。俺は0円だから」

「やっぱりきつかったですね。正社員に更新はないんです。自分は要するにいつでも辞めさせられるということです」。それでも黙々と仕事をこなした。

「さすがにこの年になると次の仕事なんてありませんから」。踏んばった結果、うつ病と睡眠障害の診断をうけて休職した。半年後に復帰して4カ月後に辞めた。「一度休むとまわりの見る目が変わるんです。なにげない一言で気持ちがドーンとさがって、自分は役立たずだ、お荷物だと思うようになって自分から辞めますと言いました」

東尋坊へ

工場を辞めたリュウタは、蓄えの50万円が底をついたので、東尋坊に行くことにした。「ほかの『自殺の名所』は飛びおりてもけがをするだけで、東尋坊ならば確実に死ねると聞いたから」。6月8日午前6時20分、月光仮面に保護された。

プレハブ小屋シェルターから福井市のアパートに転じたのは1カ月後の7月8日。「行くと体が吸い込まれそうになる」とおびえていた崖沿いのパトロールも今は熱心に参加している。

7月25日、オサムのアパートに見まわり隊員8人が集まってすき焼きパーティーをした。食べ、飲み、おおいに語りあった。解散後、リュウタがしんみり言った。「こんなに笑ったのは何年ぶりのことでしょう」

——これからどうする。

「まずは健康を取りもどして仕事をさがして。できれば結婚もしたいかなあと思いますね。でも年齢が年齢だし、あきらめの気持ちもありますね。それに僕はあたたかい家庭というものがわからないから、あくまでも憧れですね。そもそも家族というものがわからないから、やっていけるのかどうかもわからないし。もしも家庭を持つことがあったら、俺が味わったことを子どもには絶対にさせたくないですね」

◇26歳のコウイチ

ハンバーグとエビフライと大盛りのご飯をコウイチは食べ終え、アイスティーが入った私のコップは氷がとけてびしょびしょだ。

「さっぱりわからないんだよ」と私。

「そうですねえ、わかんないですねえ」とコウイチ。

福井市のファミリーレストランで、私たちはきのうもきょうも同じ結論に苦笑する。

東尋坊でコウイチを保護したのは半年前の4月11日午前5時22分だった。

「死のうと思っていたわけね。いまはどうなの」と月光仮面。

「あ、はい。はっきり言ってびびったというのか」とコウイチ。

「もう二度としないね」

「あ、はい」

どうして東尋坊に着いた昨晩に電話しなかったのかを聞くと、「夜中に電話をするのは悪いと思って明け方まで待っていました」と言った。

東尋坊組の交流は濃密だ。「自殺」の秘密を共有しているから自然とそうなる。仲が深まると「つまずきのきっかけはこれかな」とか「あれが原因だったのではと今になって思う」とかの打ち明け話も出てくる。この半年間、コウイチからはまったく出てこない。自分でもわからないという。

それでも私たち2人は、東尋坊までの道のりをファミレスでふりかえった。

あの人

翌日、ファミレスで注文を終えたコウイチが聞いてきた。「きのう、相続放棄をどうしますかって電話があったんですよ。どうすればいいんですかね。でも、あの人、ほんとうに死んでいたんだなって。3月にアパートで野垂れ死んでいたらしいです。いくつだったんだろう、あの人」

「あの人」とは父親のことだ。たしか旅館の板前だった。コウイチが小学5年生か6年生かのころ、それまでもちょくちょく家からいなくなっていた「あの人」は完全に姿を消した。以来、会ったことがない。仕事に不熱心で酒好きだったという。

——父親が酒を飲んでいた姿をよく見ていたの。

「あ、たぶん俺が小学生のときだったと思います。テレビゲームをしていたとき、なにかを飲んでいる姿がテレビ画面の黒い部分に映っていましたね」

——ほかには。

「離婚したと母親から聞いたことがあったはずです。なぞですわ、あの人のことは。なにも思いだせない。なんなんだろう。忘れているだけかもしれないんですが、怒られたことも、ほめられたことも、なにかを買ってもらったこともないんですよ」

表情に暗さはない。私に問われたから話してみましたという感じだが、聞かないでほしいという感じでもない。

母親

母親については「あの人」以上に語ることはない。ファミレスでコウイチがしぼりだした風景は次のとおり。

主婦だった▽父親がいなくなってからは牛乳配達とスーパーの仕事をかけもちしていた▽たぶん今は介護の仕事をしている▽自分が小学生のころは学校を休むことにうるさかったが、その後は放任だった▽基本的に夕食は用意してくれた▽小学5年生くらいのとき、大工の祖父の工場でおがくず拾いのアルバイトを数時間したことがあり、そのお金で母親になにかを買ってあげたはずだ。

「家族の風景がないんです。ほんとうに家族というものがわからない。なんなの家族って。おやじに殴られたこともないから、おふくろに守られたこともない。ほんとうにわからない。あの生き物は……」

「家族というものがわからない」という言葉はまったく同じでも、「家族の風景」の欠落を今も嘆くリュウタのとはまったく違う響きがする。

「寂しいとか家族がうらやましいとかの感情は一切ないですねえ」

可もなく不可もなく

「中学はテニス部。野球部希望でしたが頭を丸めるのが嫌で隣のテニス部にという感じ。練習をさぼったのは1回だけ。純粋に楽しかった。なにが楽しいって楽しいものは楽しい。成績は280人中

100番目ぐらい」

「高校でもテニス部に入ったんですが、居酒屋でアルバイトを始めたので行かなくなりました。月に7万円は稼いで、テニス部に在籍はしていたのでラケットを買ったり、通学定期代を払ったり、携帯電話料金を払ったり。それと高校3年でパチスロを始めました」

「可もなく不可もなく育ちました」

高校を卒業して東京の専門学校に進んだ。「テレビの音声の仕事がしたいと思ったので行きました。一番目立たない仕事じゃないですか。テレビにちらりとしか映らなくて。別に映らなくてもいいんですが」。学費は母親が出した。アパートの家賃や生活費はアルバイトで賄った。

パチスロ熱が高じて専門学校は2年生の秋に退学した。帰郷後すぐに自宅を出て隣町のアパートでひとり暮らしを始めた。20歳からの1年間はアルバイトで暮らした。

群馬県に引っ越したのは、バイト先の同僚が群馬の大学に合格したからだ。「そいつがひとり暮らしをすると家賃が高いと言うので、それならと軽いのりでついていきました」。弁当屋でアルバイトをしたり工場に派遣されたり。居酒屋で知りあった人に誘われて新潟市に転じ、インターネットの光回線を各家庭に売りあるく通信会社の営業に就いた。1年後に会社は倒産した。

求人誌で見つけた愛知県の自動車工場の期間工となり、半年の契約が切れたので実家に帰ろうとした。母親に電話をすると「帰ってくるところはないよ」と言われた。これが東尋坊のきっかけだという。「実はもっときつい言い方でしたけれど。そのとき、もういいや、もう知らんと思った」

期間工時代にためた50万円を手に東京に出た。ネットカフェを転々とする生活を1カ月。「この期間はなにも考えなくてよくて一番楽だったんじゃないかな。朝おきて、パチンコ屋に行って、夜はネカフェで寝て、たまにひとりで飲みにいって。このころに『お金がなくなったらもういいかな』と考えはじめたと思います。もしかしたら、その前から頭の中に死はあったんじゃないかな。金がなくなるにつれてそれじゃあという感じかも」

4月10日の夜に東尋坊に着いた。所持金は200円だった。

今どきの若者

東尋坊の人は、福井での生活が始まると強烈な自己主張や他者依存・干渉拒否が出てくる。こうしたクセがコウイチにはない。保護直後は「内向的かな」と私は思った。プレハブ小屋シェルターを出てアパート暮らしになると見まわりにまったく不参加となった。かといって付きあいを拒んでいるのかというと違う。同じアパートのトシヒコの部屋は東尋坊組の若手のたまり場と化していて、みんな気ままに訪ねて寝転がっている。それはほとんど毎日で、コウイチもそのひとりだ。初対面の人との会話も苦手ではない。

東尋坊までをファミレスでさくさくと語るコウイチをながめながら、どこかに孤独の影が潜んでいないのかを疑ってみようと私は思った。

中学・高校の同級生から電話があった。「生きていたか」と結婚の報告をしてきた同級生。「生きているよ」とコウイチ。軽口まじりで近況を報告しあう仲だが、自分が東尋坊で保護されたことも今は福井に住んでいることも伝えていない。

20人以上とやりとりしているラインで交換するのは無料ゲームアプリの情報だけだ。ゲーム以外の話題が出てくると「黙っているだけ。反応しなくなる」

ほかにもあるのだが、いくらならべても「コウイチの人間関係はうわべだけ」と判断するのは疑いすぎの気がする。コウイチと同い年のマリが言った「典型的な今どきの若者」だから私には気づけないのか。

けだるさ

東尋坊に来たことは本気だったのか。それをめぐっても私たちの「わからない」は深まるばかりだ。ファミレスでコウイチはいろいろ語った。

「俺の場合は衝動的というのか、『そうだ、京都に旅行に行こう』みたいな感覚。それまでもちょくちょく面倒くさいと思うことはあったんですが」

――なぜ母親の「帰ってくるところはない」にそこまで反応したの。そもそも母親との関係は薄いんじゃないの。

「淡泊になれないものが母に対してはあったかもしれない。そのときは非常にショックを受けたんでしょうね。虫の居どころというのか」

――生と死の間にある壁が低かったのかな。

「低かった。なんで低かったのかな。いま考えると俺、なにがしたかったんかな。そうだ、俺、面倒くさいやつだなと思いますね」

――繰りかえし聞くけれど、母親の言葉がそれほどショックだったの。

「もういいやと。このときの『もういいや』は、すべてがどうでもよくなる感覚ですかね。生まれて初めてのものでしたね。生きていることに意味があるのかな。人になにかをしてあげられるわけでもないし、死んだら迷惑はかけるだろうけれど、それぐらいはという感じですかね」

――あまりショックを受けた口ぶりでもないよな。

「直前にスロットで大負けしたことが大きかったかもしれない。いま思うと、母親の言葉はたいしたものではなかったかもしれないですね。帰るところがなくても生き方はほかに山ほどあったはずだし。それなのにじゃあやーめたという感じになって」

――なにかを隠しているようにも見えないんだよな。

「ありのままの話をしていたらなぞのままです。聞かれたことに答えたいけれど、うまい言葉が見つからないというのがありますね」

「いまの自分がどういうものなのかもわからないです。説明上手な人がうらやましいっすよ。昔から読書感想文とか修学旅行の感想文とかも書けなかったんですよ。掘りさげれば掘りさげるほどなぞが深まっていくんですよ」

「なにを楽しみに生きていけばいいんだろうって。でも、それはすべての人もそうかも。楽しみという言葉がいけないのか。生きがいと言った方がいいのか。俺は考えることをやめたがるところがあります」

ファミレスを引きあげる直前、東尋坊で保護した直後にノートに記した私の印象を読み聞かせた。

「この『生への執着心のなさ』はなんだ。もともと夢も目標も持てない人生を生きてきたのならば絶望もないということか」

――どう思う。

「そうかもしれないっすね」

――俺が言ったからあわせている感じだ。

「それもあるかもしれないっすね」

――今後はどうする。

「ふつうに食ってふつうに暮らす一丁前の生活はしたい。仕事はなんでもいいですよ、とりあえず。結婚は一生しないですね」

「生への執着心のなさ」もおおげさな気がする。とらえどころのないけだるさとでも言えばいいのだろうか。

◇66歳のタモツ

夏の日のパトロール。「救いの電話」の小箱に10円玉を補充し、遊歩道にもどった。前日に梅雨明けしたというが蒸し暑さは変わらない。7人の見まわり隊員でソフトクリームをなめながら歩いた。

午後4時、後方のタモツが私たちを呼びとめた。引きかえすと崖の下に男性がいる。海から突きでた岩にしがみついている。タモツはいつのまにか崖をおりていて、岩場に手足をはわせつつ接近を試みている。雨が降ってきた。

男性は長いこと海につかっていたらしく体温を奪われて自力で立てない。数人がかりで手を引っぱったり、ズボンのベルトをつかんで岩場からおろしたり。「ああ、だめだ」と小さな声を出して絶望的な表情を浮かべる男性に、タモツが声をかける。「さ、ここに足を置いて」「うん、大丈夫だ」「よーし、よくできた」「ここにいるのはあなたの味方だから。安心していいよ」

崖の上に引っぱりあげたころ、雨が強くなった。あたたかいシャワーのあるところに連れていかなければいけない。裸足の男性に、タモツは自分の靴を脱いですっと差しだす。こうしたことが自然にできる人なのだ。

秋の夕暮れ、木曜日。東尋坊の「心に響く　おろしもち」でタモツにばったり会った。月光仮面による水曜と土曜の定期パトロールがない日にタモツは自主的に見まわりをしているのだった。

軒先のパイプ椅子に座り、川越さんがいれてくれたお茶を飲みながら私たちはしばらくおしゃべりをした。月光仮面と同レベルのだじゃれ好きで下町の大工といった外見のタモツは「実はですね」と語りだした――

いつの日か、徒歩で全国をめぐる旅に出たいと考えています。持ち物はテントぐらいで、野宿をしながら本州と四国ぐらいは一周したい。それは「贖罪と証明」の旅です。他人様に迷惑をかけてばかりのくだらない人生だったから、行く先々にある神社仏閣に合掌することでせめてもの贖罪のかわりとしたい。これからどんどん体が動かなくなっていくと思います。そうなる前に歩きだして、自分はなんのために生まれて、なんのために生きてきたのかを見つめてみたい。一周をして、この三国の地に骨をうずめたい。

日本海に太陽が沈んでいく。赤い半輪を背にして真っ黒になった建物をぼんやりとながめていたタモツは再び「実はですね」と語った。

「私、母親に2度も捨てられているんです」

生きていたお母さん

タモツは祖母と岡山で2人暮らしだった。両親は死んだと聞かされて育った。「いいばあちゃんでした。貧乏ではありましたが、小さい畑を持っていてちゃんと食わせてくれたし、かわいがってくれました」

小学2年生のとき、知らない男性が家にきた。「お母さんに頼まれて迎えにきた」と言った。

「えっ。お母さんは死んだのではなかったの」

突然あらわれて叔父だという男性に、「なにを今さら」と祖母は怒った。

祖母を裏切るような気もしたが、「お母さんに会いたい」という思いを抑えきれなかった。男性に連れられて神奈川県横須賀市に着いた日の夜、小さなアパートで母親に会った。「あっ、きれいなお母さんだ」

それからの新生活は母親との距離感にとまどう日々だった。「すなおに甘えることができなかったんです。母親からするとかわいげのない子だったでしょうね。もっともおふくろも仕事でそれどころじゃなかったと思う。当時は親の事情なんてわからないから、俺もわがままだったと思うようになったのは大人になってからです」

実父のことを聞いたとき、母親は怒り狂った。名前も言いたくない、思いだしたくもないとまくしたてて「二度と口にするんじゃないよ」とにらみつけてきた。

実父については後年、暴力団員だったと聞いたが真相は不明だ。

また捨てるのか

1年後、タモツは児童養護施設に入れられた。

かわいげのない子だったのだろう。そのせいだろう。それでもわずか1年とはどういうことか。生まれてすぐに捨てて、また捨てるのか。それなら呼んでくれない方がよかった。「だからいまだに母は好きじゃないです。自慢できるのは器量よしだったことぐらいです。人間的には嫌いです」

母親の再婚相手すなわちタモツの継父は、毎月1回の面会日に菓子を袋いっぱいに詰めてきた。この日は夜の外出も認められていたから、駅ちかくでラーメンも食べさせてくれた。最高にうまかった。母親は一度も来なかった。

中学3年生の2学期に家にもどった。母親とは口をきかなかった。「それでも高校を出してもらったわけで感謝しなければと思いますが」

東尋坊へ

大学を中退後、23歳で結婚、10年後に離婚。タクシーの運転手をへて43歳からの17年間は神戸市の老人ホームで働いた。

離婚後ひとりながらも充実していた日々が暗転したのは、60歳を目前にして定年延長を老人ホームと話しあっていたころだ。神戸に呼んでくれた先輩の保証人になり、ややあって先輩は行方をくらました。あせったタモツは「パワーストーンをあつかうサイドビジネス」に手を出した。保証人としての毎月3万円の支払いの上に信用金庫と消費者金融2社の計200万円の借金が重なった。「もうどうしようもない」という感覚は、「どうせ家族もないのだから」「死ねば借金もきれいに消えるだろうから」となっていった。

3年前の7月17日、東尋坊に来た。「それまでの1カ月間だれとも会話はなかったんですね。だれか人間の声を聞いて死にたいと思ったんです」。見つけたのが「NGO　月光仮面」の名刺だった。

家族ってなんだ

東尋坊の夕闇の中でタモツはひとりごつ——

この年になっても家族っていうのがはっきりわからないんです。自分は安息をおぼえる家庭というものを知らない。できすぎた嫁をもらった。けれどもとまどってばかりでした。家庭ってどう築いたらいいんだろうか、子どもが生まれたらいいお父さんになれるだろうかと。ずっと不安でした。

道を歩いていると家から笑い声が聞こえてきます。うらやましいと思うけれど、みんなどうやって家族を作っているのだろうかとも思うんです。アパートに帰ると部屋は真っ暗です。「いってらっしゃい」も「おかえり」もない。気は楽ですが、ものすごく寂しさを感じることもあるんです。家族に

「救いの電話」に10円玉を補充する月光仮面

憧れはあるんですが、いまとなっては憧れで終わるんだろうなと思います。家族論を語る人がものすごくうらやましいです。自分はなにも語れませんから。いつ死んでも後悔はないんですが、唯一の心残りは家族っていうのがほしかったなと。

継父は1990年に、母親は2003年に亡くなった。

継父には優しい姿が記憶に残っている。「大学は出た方がいい」と言って学費も、ひとり暮らしの費用も出してくれた。大学を辞めるときに言われた「どんな生活をしてもかまわないが、おまえのやったことで他人を泣かせるな。どうしても困ったら言ってこい」は忘れない。

タモツは表情を変えないまま母親を語る。

「この年になっても、おふくろには『2度も捨てやがって』という気持ちを捨てきれないんです。俺もろくな子どもでなかったことは認めます。でもどうしても養護施設の件が許せないんです」

「おまえが死んでも葬式は行かねえからなと思っていたんですが、死に顔を見ると、不思議ですね え、涙が自然に出てきたんです。白い布をかぶせられた母親に心の中でつぶやきました。俺、いい息子じゃなかったけれど、あんたもいいお母さんじゃなかった。いずれあの世に行くからその時は仲よくやろうよ。でもあの世でもかかわりたくねえなあ。2度も捨てやがって」

東尋坊はたちまち暗闇となった。

タモツは「こんな人間なのに人には恵まれているんです。ばあちゃん・継父・別れた嫁さん・先輩・月光仮面さん。ある意味では幸せな人生だったのかもしれません」とも語った。恨みに心を食いつぶされていないタモツだけに、半世紀以上も前をふりかえって母親だけは許さないという暗鬱の表情は、家族という関係のくびきの強さを示している。それはおそらく老境を迎えた人の心を死ぬまで縛りつける。

第13章　マリの視点

タケシが1回目の失踪から帰ってきた。

失踪中の2カ月間は、まず福岡市に行き、スポーツ紙の求人広告で見つけた千葉県の製鉄所で清掃をしていたという。タケシの日記で確認すると、働いていたのは2週間だが、記憶では「3～4カ月ですかね」となっている。

東尋坊パトロールにも復帰した。初日、集合場所のファストフード店で「すいませんでした」と頭をさげた。みんなの反応は「俺が怒っているのは、黙っていなくなったことじゃなくて、月光仮面に迷惑をかけたことだよ」と厳しいものが多かった。ヒロシは、貸していた自転車を置きっぱなしにされたことに怒り心頭で、「なめとるんか」と迫ってタケシを怖がらせた。

月光仮面は「憲法22条で自由が保障されているんだから。ひとこと断っていけばなんの問題もなかった」と言った。

あとで私がタケシに説明した。「引っ越したくなったらそう言えばいいってことだよ。そうすればみんなも『新天地でがんばれよ』って送りだしたのに。荷物もなにもかも置いたままいなくなると心配するだろ。月光仮面が不動産屋から信頼を失ったら次にくる人が困るじゃないか」

海面の輝きがキラキラからギラギラにかわり、週2回の定期パトロールも暑さにうんざりする季節になった。見まわりを終えたあとはオサムのアパートに避難し、風通しのいい部屋でおしゃべりをしたり花札をしたりして夕方までをすごす。タケシは、隣の部屋でひとりスポーツ新聞を読んだり携帯電話をいじったりしている。やはり居心地が悪いようだ。「針のむしろに正座している気分です」と言った。

100回以上の転職

タケシを保護したのは半年前だった。直後からパトロールに熱心に参加した。「ようやく『みんなの輪』に入ることができました」とよろこぶのはいいのだが、少しはしゃぎすぎてやたらと声をかけたり「スクランブル担当」と派手に書いた名札を作ったり。「あまり目立たないことが大事だ」と月光仮面からたしなめられた。

聞き取りはとくに職歴で難航した。「その前は覚えていないですね」「その後は覚えていないですね」。隠しているのではなくて転々としすぎていてほんとうにわからないのだ。私が聞いたかぎりでも100カ所以上ある。「自分、長続きしないんですよね。でも、やっぱり個人差ですもんね」

福井での就職活動はだれよりも熱心だ。ハローワーク通いはもちろん、日ごろから出歩いて面接の約束をあちこちから取りつけてくる。就いてすぐに辞める。「あせるな。まずは腰痛を治してからにしろ」と月光仮面に言われても、その場は「そうですね」と答えてすぐに動きだす。

福井でも転職を繰りかえすタケシに、腰痛のほかに理由があるのではないかと聞いた。

３カ所目のスーパーを辞めたのは――「立ちっぱなしで腰にきてしまって。だんだんいろいろな仕事をしていかないといけなくなって。入社時にそんな説明はなかったんです」

失踪直前の焼き肉店を逃げたのは――「福祉の人といろいろあって、仕事もがんばっているのに、『生活保護は打ち切り』という話になったので。仕事も楽しくやっていたのに、申しわけないと思いますが」

真相はこうだ。焼き肉店のアルバイトで６万円の給料が入った。これは市役所に収入として申告し、ほぼ同額が生活保護費から引かれることになる。この仕組みをタケシに何度も伝えてきた。しかし６万円も生活保護費も使ってしまったので逃げたのだった。

たとえケースワーカーに非があったとしても失踪の理由にならないと問いただす。「急に『打ち切り』という話になったので、急なことなんですが、自分としてはよくないことだと思いますが、急に電話があって急に言われたもんですから、ケースワーカーが急に言ってくれなければよかったんです」。まくしたてるのは、それ以上を聞かれたくないからだ。

東尋坊組には保護された時期と年齢とを掛けあわせたゆるい上下関係がある。タケシは、年下でも古株には礼儀正しく、からかわれるタイプには年上でも露骨な態度をとる。目上への気に入られ方を心得ている。「かわいいところがあるんですよ」とトシヒコは言うが、この「かわいい」は「幼い」と同義だ。面接に受かるのは、すなおな受け答えで好感を持たれるからだろうが、働きはじめるとたちまち破綻する。相手のささいな言動に過敏に反応し、自分に非があっても被害者だと口をきわめて主張し相手を怒らせてしまう。

再びの失踪

「福井で暮らしたいし、僕にはそれしかないんです」と話していたタケシは1年後、再び失踪した。今度は3カ月後に帰ってきた。日記で確認すると、失踪先で7カ所の工場や倉庫に派遣されていた。月の給料は5万~6万円で、そこから寮費の4万円を引かれるといくらもない。1日4千円まで前借りできるのでそれで光熱水道費や食費を賄っていた。福井に持ち帰ったのは借金だけだった。

しばらく身を寄せることになったトシヒコのアパートでタケシは家計簿をつけ始めた。

その姿をながめてトシヒコは思った。「タケシさんは、どこに出かけるのにも目的地までの公共交通機関を調べつくして一番安い運賃を選ぶ。買い物も1円単位で記録している。これだけ計算しているのに、どうして生活費がなくなるのか。どこで抜けているのか。不思議でしかたがない」

この「不思議」は、プレハブ小屋シェルターで同居したときに私も見ている（4章「2万円」）。のぞいたタケシの家計簿は、ちいさな大学ノートに日付・収支・支払い・残高の欄があり、購入予定品表や商品価格比較表やも日々更新されてと、細かさの異様を感じさせるものだった。

タケシは賭け事も酒も一切しない。それなのにいつも金欠だ。すぐに仕事を見つけてすぐに辞めたりクビになったりするから間欠的に給料を手にする。これと生活保護費とをすぐに使いはたしてたちまち窮する。1週間の計画は立てられるのに、1カ月先を見すえることができない。

やはりトシヒコ宅に遊びに来ていたアツシに失踪の理由を聞かれて、タケシは「悪気があってあっちこっち行っているわけではないんです」と答えた。

さっそく精力的に動きまわっている。派遣された総菜づくりを2週間で辞めた直後、喫茶店で私と話をしていたとき、「いつも面接で『ひとつの仕事が長続きしないんですね』と言われるんです。どうしてですかね」と言った。まじめな話が苦手でごまかし笑いをするのが常のタケシが、東尋坊で保護された直後に「自分がわからない」と言ったときの表情を見せた。

知的障害

風が強い東尋坊のパトロールを終えた帰りの車中、この日は欠席したタケシの話題になった。「あいつ、最初の失踪のとき、隣のナオキの部屋のドアにタクアンをぶら下げていったんだぜ。『お世話になりました』とか手紙を添えているならまだしもさ、だれからの物かわからないから怖くて食えるか」とか、トシヒコに連日おくりつけているお下劣メールの内容とか。私たちが笑い話にしているタケシの奇行をマリはいっしょに笑い、一転して神妙に言った。「彼はかわいそうだよ。病院に連れていった方がいいんじゃないの」

トシヒコが「ひょっとしてタケシさんは障害が……」と口にしたことがある。このときは「そんなことを言うもんじゃない」と月光仮面がたしなめた。

私もタケシへの疑問を封印してきた。家計簿にみる計画性と日ごろの行動の無計画性と。生活に支障をきたすちぐはぐさを「笑い」にかえて直視しなかった。「あいつ、変だよな。でも俺たちは仲間外れにしていないよな」と思いこみ、社会の「不寛容」を指弾してきた。

それを正面から突いたのがマリだった。「タケシさんは、なぜ自分はうまく社会に適合できないのか原因に気がついていないと思うんだよね。だから苦しんでいるんだと思う。生きづらいと悩んでいると思う。私も苦しかったから。なぜ苦しいのかわからなかったことがよけいにつらかったから」

それから7カ月後にタケシは3度目の失踪をした。鹿児島に行くというメールを月光仮面に送って実際は北海道にむかい、転じた大阪でも仕事を見つけられなかった。4カ月後に福井にもどってきて「これから東京に行きます」と月光仮面に言ってきた。「ここでやり直したいんだろ」と誘うと、たちまち食いついてきた。福井で4度目となる生活保護を申請後、タケシに軽い知的障害があることがわかった。

逮捕歴

タケシは中学を出て調理専門学校の夜間部に通った。入学試験では不合格だったが、父親が経営者と知りあいで、金を払った裏口入学だった。そのことは父親から聞いたという。

専門学校を出たあとは、千葉県の生鮮食品店で3カ月働いて帰郷し、北海道のホテルで1カ月働いて帰郷しを繰りかえしていた。全国を転々とする気ままな生活は、飲食店を繁盛させて裕福な父親の援助で可能だった。タケシは身の丈を超えた時計などの高級品を買い、友人に配ってもいた。

タケシには3度の逮捕歴がある。

最初は19歳。北海道を旅行中に店のレジから札束をつかみとった。店員に見とがめられ、「気が動転していて逃げられなかったですね」。家庭裁判所の審判で保護観察処分とされたらしい。

次は20代。父親の知人宅に泊まりがけで遊びに行き、背広からカードを抜きとった。実家に帰ると逮捕状が出ていた。執行猶予つき判決を受けたという。

30歳のころ、父親の店が倒産して一家はバラバラになった。タケシは公園や駅のベンチで眠り、友人宅をまわって食べ物をもらっていた。「あんまり思いだせないんですけれど、仕事がなくて生きていけなかったんです」。3度目はそのころだ。なにも考えられないほどの空腹に、お菓子を盗んだ。レジ横の貯金箱も店を出て地面にたたきつけた。1万5千円が入っていた。目撃情報から逮捕されて2年半服役した。「悪いことをしたら刑務所にほんとうに入るんだってわかりました」。懲罰を何度も受けたと顔をしかめた。

いつもひとりだった

刑務所を出て最初に就いた仕事は、求人誌でさがした寮つきの建築会社だ。以降、「そこからいろいろな仕事をしてきたから思いだせない」というタケシから引きだした職歴を列挙すると、屋根瓦のリフォーム会社で営業部に所属して石川県をまわった。成績が悪いからと工事部に移されて福井県や滋賀県で仕事をした▽保護司のつてで地元の飲食店で働いた▽神奈川県で解体業をした▽大阪府でパン工場の運転手をした▽東日本大震災後は宮城県でがれきの撤去をした……「ほかにも大阪・鹿児島・北海道と行きました。どこでも人間関係のトラブルとかで辞めました」

働いた場所や期間を時系列に整理しようとしてもどうしても矛盾が生じる。はっきりしていることもある。「この10年間はスポーツ紙で見つけた寮つきの建築会社で何度も働いていました」。理由ははっきりしている。住む場所を確保するにはそれしかなかったからだ。

東尋坊の直前は関東をうろついていた。スポーツ紙の「悩み事相談」という広告に目をとめ、電話をかけるとたちまち駅に車が迎えにきた。あてがわれたのは民家の中のベニヤ板でいくつにも仕切られたうちの4畳半。カラオケスナックで働くよう命じられ、給料は生活費回収名目で取りあげられた。申請したはずの生活保護費もどうなっているのかわからなかった。入居者への暴力もあり、1カ月半後に逃げた。大阪府と京都府の建築会社で短期間働き、派遣された三重県の自動車大手系列の工場でも長続きしなかった。

次の仕事は見つからないし。どうしようもないし。自分がわからないし。ひとりぼっちだし。話を聞いてくれる人はいないし。

まとまらない想念は「人生を終わらせたい」という一点に固まった。東尋坊で月光仮面に保護されたとき、「いつもひとりだった」と言った。

マリの視点

マリが、東尋坊の見まわりにむかう車中、ぼやいた。アルバイト先の40代の「お局さん」は難病の治療をうけながら働いているけれど、どうにも自分にきつくあたってくるという。牛乳をこぼしたときは「あなたはどうか知らないけれど私は潔癖性なので片づけて」と怒られたらしい。

後日の車中、マリが興奮気味にしゃべった。「この前ね、お局さんが『私は言葉がきついときがあるのでその時は言ってね』と言ってくれたんです。ジーンときてね。お局さんによると、これまでずっと障害者としてしか見られていなくて、まともに仕事を任せてもらえなかったんだって。それでどんどん追いつめられちゃってて。ああ、障害者って社会がつくりだしているものなんだなって。同じ心と同じ命を持って生まれてきた人なのにさ」

別の日、見まわりを終えた帰りの車中、マリとルイが東尋坊にくる前の日々をふりかえっていた。マリは「夜の世界」に生きていたころ、友人の家を泊まりあるき、断られたらネットカフェを使っていた。

「ネカフェに入るでしょ。そこからメールを出すと、返信が何百も殺到するんだよね。その中から優しそうな人を選んで泊めてもらうんだけれど、すると求めてくるんだよね。『そういうの苦手だから』『無理だから』とかわしてね。いま考えると殺されてもおかしくなかったよね。いい人ばかりでよかったあ。そのころは、死ななければいいかな、半分殺されてもいいかな、死ぬのも生きるのも同じもんだから、そんなふうに考えていたんだよね」

ルイも東尋坊の直前はネカフェ生活だった。朝まですごせるナイトパックがある。シャワーもある。ドライヤーも貸してくれる。ジュースは飲み放題、インターネットも使い放題、「携帯電話の充電もできるしね」。2人は「ネカフェは天国だよね」「十分に生きていけるよね」と笑いあった。

マリとナルミ・私の3人でドライブに出かけた日、「最近の若い女の子ってインターネットで『ご飯に連れていって』と相手を募ってほんとうに行くんですね。なにかあったらどうすんですかね」とナルミが言った。マリは、このオジサンたちはなにもわかっていないという口ぶりで「最近の若い女の子」の立場を代弁した。「あたりまえのことだよ。生きる手段だから」

　喫茶店でお茶を飲んでいるとき、ある無差別殺傷事件についてマリが語ったことがあった。「加害者を許せないし胸くそ悪い事件だけれど、そういう教育をうけてきたからそうなったと思うし、その人も被害者だろうなって思うし。でも今って、危険なものを社会から排除してほしいというのがどんどん強くなってきている気がするんだよね。自分と出会う危険を排除してほしいと自分だけの幸せを願うしかない時代なんだ」


　マリは東尋坊組の中でずば抜けて朗らかだから、よく相談される。「わかる、わかる」といっしょに号泣している。その姿からは、あなたの話を聞かずにはいられないという気迫さえ伝わってくる。マリは、私があなたであったならば、あなたのようにしか考えられなかったよねと受けとめる。これまでは無関係に生きてきた私とあなただけれど、東尋坊で出会ったという一点から深くつながっているよねという姿勢が相手の心を開く。

　マリにカウンセリングの知識も技術もない。学歴もない。おそらく、ネカフェの外の「地獄」を生きて学んだのだろう。そこで身につけたのが、人間への優しいまなざしだったのだろう。

　あとさきを考えずに相談に乗るから、話を聞いたあとは「落ちる」。過剰なまでに寄りかかってくる相手を受けとめられなくてうろたえる。人とかかわりたいのに力がないと自分を責める。やめていたリストカットをしてしまったと泣きながら私に電話をかけてきた。「どうすれば人との関係を続けていけるのかわからない。だからのめりこむのが怖い。いなくなったら怖いから自分からストップをかける。それゆえに心が満たされない」

月光仮面と行動をともにしている私も、東尋坊の人から相談されることがある。のっぴきならない事情なら「俺にどうしろというんだ」と思う。ささいなことなら「自分でしろよ」といらだつ。そんなときは「いったい彼はどうしてこんなことをするのか」とマリに意見を聞くようになった。

薄暗さ

東尋坊の人に共通するのは、家族関係に薄暗さが漂っていることだ。殴られたり蹴られたり、無視されたり期待されなかったり。この寂寞感をコウイチは「家族の風景がない」と表現した。小学校に通えなかった日々をリュウタは「なんにもできないんです。どうすればいいのかわからないんです」とふりかえった。そうして多くが「あたたかい家庭」を想像の中で膨らませている。

子どもは家族からいろいろなことを学んでいるのだろう。泣いて、抱きしめられる。叱られて、がまんする。拒まれて、受け入れられる。そうして感情と行動とを自分のものにしていく。東尋坊の人は幼少期において損得ぬきの安心感や信頼感やを得られておらず、孤独感と無力感とにとりつかれていた。自分の存在を価値あるものとする自己肯定の感情を育んでいない。

マリは「いまでも自分を好きになれない」と泣く。マリによると、自己否定と他者否定は一体だ。「自分を必要と思えない」は、「いずれまわりは消えてしまう。私がおかしいからいなくなっちゃう」「こんな自分じゃ受けいれられない。まわりをどうやって信じていいのかわからない」という他者への不信でもある。これもマリによると、「私たちは自分の感情と行動をうまくコントロールできないし、他人の感情も推し量ることができないから、お互いが安心できる距離を保って人とつきあうことができない」。だから安定した関係を結べないという。

エージの部屋

失踪したエージ（34）のアパートに入った。これほどのごみ部屋を私は見たことがない。6畳間にごみが60センチほどの層となり、何年も前の食べ残しの異臭が鼻をつく。風呂場にも台所にも冷蔵庫の中にさえも汚物がこびりついていた。

かつて訪ねたフィリピンのスラム街よりひどい。あの街の人は貧しかったが清潔と不潔の概念があった。踏まれて黒い大地と化したごみ山の上の掘っ立て小屋は、中は清潔にしたいという配慮があった。食べ物と汚物は近接していても同居はしていなかった。

エージの部屋は、清潔と不潔とはなにかを知らない人物が入居から5年かけて作りあげたものだった。

エージは、東尋坊の中で数少ない大学卒業組だ。小学校で始めた柔道は全国レベルの実力で、体育会系だったからか礼儀正しかった。年下に先輩風を吹かせすぎるところも、酒で病院に運びこまれることもあったが、仕事を続けて自立の道を歩んでいるように見えた。「期待の星」（月光仮面）だった。

1年前から金づかいが荒くなり、そしてごみ部屋を残しての失踪だ。生活保護の申請・アパートの確保・就職先の紹介など支援を惜しまなかった月光仮面に黙って出ていった。立て替えてもらっていた携帯電話代など十数万円も踏み倒していった。

タケシの部屋

トシヒコが日課の散歩ついでにタケシのアパートに寄った。トシヒコの日々の楽しみに、1日に何通も送られてくるタケシのお下劣メールがあるのだが、それが1週間ないので様子をうかがうためだった。

部屋に入ってトシヒコは異様な蒸し暑さに驚いた。真夏の午後1時、窓もカーテンも閉めきられていた。タケシは6畳間にぽつねんと座っていた。テーブルがわりの段ボール箱。その上に6枚の食パン。とまったままの冷蔵庫。トシヒコは「飯ちゃんと食ってるんか。メールもしてこいよ」と声をかけた。「パトロールにもこいよ」と誘った。

タケシは「計算があわなくなった」と生活苦を訴え、「当分はパトロールも行けないですね。でも元気だとみんなに伝えてください」と答えた。

数日後にタケシは2度目の失踪をした。直後に私に手紙が届いた。「今回も何も言わないで無理を承知で出ていき、自分勝手なことをして、迷惑をかけてしまい、福井から出ていったことは自分として許されるものではないと承知しています」。8月分の生活保護費を受けとって逃げた先の大阪市で投函したようだ。

同封の鍵で部屋に入った。電気料金の請求書と数枚のチラシがポストから落ちて玄関に散らばっていた。それ以外は完璧に片づいていた。冷蔵庫やふとん類を廊下にきちんと積んでコード類も束ねていた。トイレも風呂も磨いて入居前のようだ。床に落ちている小さな赤い輪ゴムが目立つほどだった。

前回の失踪からもどってきてタケシがここに入居したのは1年前だ。複数の物件を「生活保護だから」と大家に断られ、ようやく見つけた部屋だった。

私は月光仮面ではないので「また裏切られた」と思った。部屋の片づけと解約手続きをしたあと、愚痴でも聞いてもらおうとトシヒコのアパートを訪ねた。

いつものように遊びにきていたアツシが、タケシの手紙に目を通して言った。「これがタケシさんの精いっぱいだったんですよ」

マリは、タケシへの対応について語る。「彼からどれだけ信頼を得られるかがポイントだと思う。心に響く言葉をどれだけ投げかけられるかが大事だ」

まわりを困らせる人は、どうして自分はまわりを困らせてしまうのかと、まわりの人以上に困っている。そう見抜くアツシは中学を卒業しただけで、マリは高校を数カ月で辞めた。学歴はなくても人間力はある。

トシヒコらと話しているうちに私も落ちついてきた。思いすごしでなければタケシが福井で信頼を寄せていたのは月光仮面・トシヒコ・私だった。トシヒコと私は語りあった。「月光仮面は『生きているならいい』と言うけれど、黙って出ていくなんて寂しすぎるぜ」「あらたな場所でうまくすごしていればいいなあ」。トシヒコと私はやや感傷的な秋を迎えた。ところが……。

共通点

タケシは3カ月後にもどってきた。福井に到着したときの荷物は、赤と黒のスーツケースがふたつ、桃色のリュックサックがひとつ。財布はネットカフェの会員証で膨れあがっていた。最初はおどおどしていたが半日ももたなかった。「怒っちゃいないよ。蹴っ飛ばしてやろうかとは思っているけれど」という月光仮面の支援が三度えられるとわかると、たちまち調子を取りもどした。

エージの不思議は、汚部屋を残したあとから始まる。月光仮面からの電話に今も応じるのだ。失踪者は例外なく音信不通になる。うしろめたさから携帯電話の番号を変えたり着信拒否にしたりする。タケシでさえそうだ。ところがエージは、なぜ帰れないのかを言を左右に訴えて悪びれるところがない。

エージは、裏口入学するしかなかったタケシよりも「勉強」はできた。しかし、自律の力すなわちマリが言う「自分の感情と行動をうまくコントロール」する力や、想像力つまり「他人の感情も推し量る」力は身につけられなかった。その点でエージとタケシは同じだ。つつがなく生きていく技術——それは常識や社会性といったものだろう——が欠けている点でだ。

育てられたように育った

マリは「結局は育てられたように育った」と言う。「みんなは生きづらさの原因にどこかで気づくんだろうけれど、私らにはそれが足りないんだろうね。みんなは小学校とか中学校とか高校とかで学ぶんだろうし」

常識や社会性もまた膨大な学習の成果だ。言葉づかい・身だしなみ・気配りといった「ふるまい」を、教えられているということさえ意識することなく私たちは学んでいる。こうした所作やしぐさを身にまとって「お互いが安心できる距離を保って人とつきあう」（マリ）からこそ無用な摩擦を避けられる。常識とはほんらい、人の生き方を窮屈に縛るものではなく、労力の浪費を抑えて創造的な営みに振りわける技術のはずだ。この社会参加に不可欠の素養が東尋坊の人にはない。

学歴

ここ数年に東尋坊で保護した人のうちの39人に学歴を聞いた。

中学卒業　14人（35・9％）
高校中退　5人（12・8％）
高校卒業　13人（33・3％）
大学中退　2人（5・1％）
大学卒業　5人（12・8％）

聞き取り前に帰郷したり失踪したりした人の働きはじめた年齢も加味すると、高校中退までの割合はさらにあがる。東尋坊の人は「よくて高校まで」といえる。こうなる原因としては、学習の機会を奪われていたリュウタの子ども時代（12章の冒頭と「涙の不思議」）が「わかりやすい」が、東尋坊までの道のりを考えるときの問題は、学歴という「結果」ではない。

通った学校名の羅列としてではなく「つつがなく生きていく技術」を身につけやすい環境を「高学歴」とするならば、「技術」を体感的に学ぶ機会に乏しかったことの表象が「低学歴」だ。入試に必要な「学力」なんぞは「技術」の周縁にあるものにすぎない。東尋坊の人の問題は、その後の人生に悪影響をおよぼす火種だらけの「過程」に育ってきたことにある。リュウタ以外の多くもまた、学齢期の風景を聞いたかぎりでは貧しい学習環境の被害者であった。基礎学力の基礎としての「始めるための意欲の芽」を育めなかったため、前向きに生きていく力も、危機の際に踏みとどまる力も弱い。自分をあきらめやすく、自棄になりやすい。

みんな学びつづけている。それでも「技術」がつたないままなのは、これもマリが指摘するように、大人になってからの経験値よりも子ども時代のそれの比重が大きいからだろう。したがって修正には大変な自己変革が求められる。東尋坊で保護されたあとに虫歯を19本も抜いたトシヒコを見てみよう。

「予定は18本だったんですけれど、もう1本と言われて。大根じゃないんだから」とトシヒコは笑うが、「信じられないと思いますけれど、俺、長いこと歯磨きを知らなかったんです。家に歯ぶらしもなかったですし」とも言うように、これも「貧しい学習環境」に生きてきたことの反映だ。

トシヒコの3人の姉は生まれてすぐに亡くなった。自宅の仏壇に3柱の位牌があり、ひとつには「あけみ」と書かれ、ふたつは無記名だった。

両親は優しかった。そして貧しかった。長屋の自宅でラムネ工場を営んでいた。6畳間で家族4人が暮らし、隣の6畳間に機械を置いていた。早朝から深夜までラムネづくりに追われていた。子どもの前での激しい夫婦げんかは、工場の金策をめぐって連日あった。

近所から「汚いからくるな」と言われた子ども時代をおくった。「朝ご飯はなにを食べましたか」と小学校の先生に聞かれて、「えっ、朝ご飯というものがあるの」と驚いた。晩ご飯がない日も多く、空腹をこらえて寝た。

中学生になると、両親のラムネ工場は生き残れなかった。窮迫度が劇的にあがった。「人間はやっぱり金です。金がないと、その影響が子どもにもくるんです。このころになるともう朝も晩もご飯がまったく出なくなっていました。ものさしで測ったように家が壊れていきましたよ。ボロボロ、ガタガタ、各自バラバラです」

高校を中退して酒屋の丁稚となり、22歳で結婚。筆箱カバーを製造する町工場に移り、水道器具の卸販売、自動車用のパイル染色工場と転々とした。最初の結婚は4年で失敗した。

父親は酒におぼれた。認知症と胃癌を発症して2年間の闘病の末に死去、たしか62歳だった。妹も交通事故で亡くなった。32歳。子ども2人を残してだった。

40歳で再婚。母親の入院費や治療費が急増した。勤め先の工場が倒産した。土地の差し押さえ書が届き、子どもの給食費も払えなくなった。再婚生活も3年で壊れた。

母親も胃癌で亡くなった。消費者金融からの督促状が連日のように舞いこむようになった。トシヒコを保証人にして母親がこっそり借りていたようだ。

そしてトシヒコは故郷を捨てた。

貧困も構造だから不幸を次々と引き寄せる。この窮迫の日々に「技術」を教える余裕はトシヒコの親になく、学ぶ余裕もトシヒコにない。トシヒコの今に続く偏食の原因はこのような背景の中にある。

身長156センチ、体重41キロと極端に痩せているトシヒコは今、朝ご飯を食べる努力をしている。「俺、朝にパンを食べていることが不思議なんですよ。朝に腹が減っているわーと感動さえあるんですよ」。1日3度の食事はいちいち決意を迫られる苦行だから気を抜くとたちまち乱れる。というよりも食べなくなるのだ。

はじかれる

身のこなし術がぎこちないタケシらは、学歴を前提とする会社国家からはじかれる。世渡り術や処世術もない「ごまかせない」感性は、いくらみずみずしくても役に立たない。いまの日本にあっては「常識」なんぞくそ食らえでちょうど人間らしいと思うが、現実は「技術」の習得が会社の歯車となる最低の条件だから、「非常識」はつまみ出される。そうしてマサノリに見たように、未発への強い不安にとらわれてあとのない状態に生きている東尋坊の人は、問題を誘発して自分を不利にしていく（8章「自己責任」）。

マサノリは苦境の原因を「失われた世代」に求めたが、そうすると「世代」だけが原因ではないだろう。

マリが言う。「私は教養もなくて自信もないけれど、偉そうなことも言えないけれど、ひとを立ち直らせることはすごいこと。支援を求めたり受けたりすることと、甘えるとか依存することとは違うと思うんだよね。いまここから発展するためのなにか。これから歩み出すために必要なものはなにか。そのなにかがわからなくて、見つけきれないから足踏みしているんであって、そのなにかを補えばいい」

現代の日本に「足踏みしている」人のための「いまここから発展するためのなにか」はない。いつの時代にも貧困はあり続けていることからすると、「なにか」の欠落で突き落とされたのはマサノリの世代だけではないだろう。「失われた世代」が直面したことは、リーマン・ショックによって「成長」という虚飾がはぎとられた結果、自助を可能にする公助すなわち「なにか」の整備を怠ってきた政治の貧困があざやかに暴露されただけだった。

エリコ

エリコ（32）は10月9日午後10時すぎに保護されたあと、視線を一点に集中させてほとんど語らなかった。崖沿いの電話ボックスを離れて近くのファストフード店に連れていく。

――東尋坊に来た理由があると思うんだけれど。

「……」

――警察は嫌い。

「……」（うなずく）

――家族に連絡しない方がいいの。

「……」（うなずく）

――あなたがしてほしいことを言わないと、どういうサポートをしていいのかわからないよ。

「……」

――生年月日を聞いていい。

ようやく小さい声で答えた。

――お仕事はなさなっていたの。

「……」（首をふる）
――東尋坊に来た理由は。
「人とかかわることがしんどくなった」
15分で切りあげて、いつものように随應寺にお願いした。午後11時半に小野寺さん夫婦に託す。

エリコが寺に身を寄せてから数日後、小さな紙片に小さな文字で「これまでの人生」をふりかえる手紙を恭子さん宛てに書いた。それをもとに聞いたエリコの半生は次のようなものだった。

1歳のときに両親が離婚した。幼稚園に持っていく「弁当」は500円玉だった。それを園長にわたして買ってきてもらう弁当を食べた。まわりは弁当箱をあける。自分のは店の包みのまま。「自分だけが違う」と感じた。

「死にたいって初めて思ったのは小学生のときでした」。教室から机と椅子がなくなった。みんな笑っていた。仲のいい子が「どうしたの」と聞いてきた。その子が犯人だった。液体ノリで机と椅子をベタベタにされたときは、先生にばれないように急いで自分で拭きとった。5年生で交換日記がはやり、のぞいた友だちの日記に「エリコは気持ち悪い」とあった。先生に相談して交換日記禁止令が出た。それがまたいじめにつながった。

母親の仕事は病院の食事づくりだった。

午前4時に出て、学校から帰ってくると寝ていた。「寂しいと言えなくて、いつもお母さんが仕事に行くときは、ふとんの中で寝たふりをしてこらえていた」

中学でもトイレの壁に油性マジックで「死ね」と書かれて、卓球クラブではラケットのラバーを刻まれたり球を全部つぶされたり。靴がなくなるのはいつものことで、小4でできた円形脱毛はずっと治らなかった。

「いつから殴られるようになったのかは覚えていないけれど、小さいころからお母さんの機嫌がいいのか悪いのかを見ていた。仕事でイライラしていないかとか、いまは話しかけてもいいのかなとか。だいたい機嫌が悪いので話しかけることをあきらめるようになった」

高校受験に失敗して別の高校に入った。「進学校を目ざして落ちてきた子」と言われた。1年生の途中から保健室ですごしリストカットを始めた。

「いじめに遭ったときから人を信用することが怖くなった。いまも人とかかわるのが怖い。裏切られるんじゃないかなって考えてしまう」

大学で初めて楽しいと思った。

「そのすごい楽しいときに親友が自殺しました。もっと話を聞いてあげていたら生きていたんじゃないかと苦しかった。しんどくなって精神科に通うようになり、薬がないと眠れなくなって、もういいやって1カ月分の薬を飲みました」。病院のベッドで目が覚めると、そばにいた母親から「恥ずかしいことをしないで」と言われた。

エリコは大学を卒業して2年後、アルバイト生活をあきらめて実家に帰った。その後は自殺未遂と入退院と家出とを繰りかえし、そして東尋坊に逃げてきた。

母親からすると

エリコの母親から随應寺に手紙が来た。

「ご迷惑をおかけしてます／病院から退院してきて二日目に家を『仕事に行って来ます』そう言って出て行きました／同じ事の繰り返しを何度もです／本人の意志にと思っています／どうぞよろしくお願い申し上げます」

恭子さんは「なんちゅう親や」と憤った。私は「とんでもない鬼ババアだ」とまで言った。

エリコの実家を私たちは訪ねることにした。ことによっては「ふざけるんじゃねえぞ」ぐらいは言ってやろう。

福井から車で5時間半。私たちの前にあらわれた母親は「娘がご迷惑をおかけして申しわけありません」と恐縮し、初対面の者への外面を差し引いても鬼ババアどころではなかった。60歳だという。小山にはりついている小さな農村集落にあって、家のつくりからもつましい生活が見てとれた。坂の路地を挟んで隣の家とはどれほども離れていない。私たちを招き入れた母親は、暮らしや地域の実情をあけすけに語るのだった――

私は結婚を機にこの家を出て、エリコが1歳になる前に離婚しました。家にもどりたかったのに、父が許してくれませんでした。ここの住民は必ず全員が自治会やら寺やらの役を割りあてられていて、行事の参加・葬式の参列・寄付の求めが頻繁にあります。断ったら村八分です。お互いさんで助かることもあるんですが、しんどいところもあります。そういう土地柄ですから出もどりはとんでもない恥だと父は認めなかったんですよ。父が亡くなってようやくもどることができました。それから母の面倒を10年みてきちんと見送りました。

ひとしきり語って母親は家の中をながめた。「どうしても遺品を整理できなくてねえ」とぼやいた。私たちにインスタントコーヒーをいれながら「片付けたらどれだけ広くなるんだろうねえ」とつぶやいた。細々とした仕事を転々としていることも語った。声は、苦しさを耐えるしかない者のあきらめの色に染められていた。恥ずかしい話を聞いてもらってすいませんということだった。表情は、30年以上のひとり親生活で疲れきっていた。

エリコの言葉からは、幼少期から続く苦しくて悲しい母親との関係が見えてくる。これを背景にエリコは家出と自殺未遂を繰りかえしている。「どうして私は生まれてきたの」という思いにとらわれている。

死にたい人は生きたいから必死でしがみついてくる。家族というのっぴきならない関係にあっては切ることもできず、母親にとってエリコとの関係は「幼少期から続く苦しくて悲しい娘との関係」であった。

私たちは母親と話しあい、エリコはしばらく福井で暮らすことを決めた。

もしも東尋坊に来たのが母親だったら。そんな話を随應寺に帰って恭子さんと私はした。「なんちゅう子どもや」「とんでもないクソ餓鬼だ」と言ったかもしれないという結論になった。

家族関係の原則

東尋坊の人と家族との関係を月光仮面はどう考えているのか。ふたつの原則に整理できる。

第一の原則　つながりが生きていたら「よかったなあ」

家族に連絡する機会は保護した人と話しあいながらさぐる。「自分で電話をかけるか、かけにくいのであれば代わりにします。どちらがいいかはゆっくり考えて決めてください」。自分でかける人と代行してもらう人とは半々ぐらいだ。

保護した人が「孤独だ」と思いこんでいることはよくある。何十年も没交渉だった家族とのつながりが切れていないこともある。帰郷をとめることはあり得ない。また困ったら必ず連絡をすること、福井に来たら支援を惜しまないことを伝えて送りだす。

第二の原則　家族の絆に頼らない

理由は単純で「東尋坊に来た人は家族に頼れないから東尋坊に来た」からだ。多くは関係が崩壊しているか修復に相当な時間を要するかだ。エリコもSOSの電話で最初に発したのは「警察に電話しませんか」と「家に帰しませんか」だった。これを月光仮面は無条件に受けいれる。保護した人は不信の塊だ。東尋坊で、プレハブ小屋シェルターで、随應寺で、いきなり家族関係をぺらぺらと話すことはない。だからどのような関係なのかわからない。そこで「家族に連絡する」と宣告したら、不信の爆発はどのような結果につながるのかわからない。無理やりくっつけて再崩壊した関係は、崩壊した関係より修復が難しい。

「家族の助けを当然視する絆至上主義」（6章「絆至上主義」）を排して単純すぎる第二の核心的原則はあちこちとぶつかる。扶養をめぐる行政との衝突はこれまで見てきた。「家族に連絡しない」と約束したからには破るわけにはいかないという訴えを却下する病院とも、したがって肝心要の原則はぶちあたる。エリコを保護した当日からふりかえろう。

家族と連絡を取らなければどうしようもない

東尋坊で保護して数時間後、日付がかわって22分、随應寺でエリコが耳鳴りと頭痛を訴えた。左手の痙攣も始まった。敷きぶとんを担架がわりにして私の車に乗せて病院にむかう。

救急口に着いた。「本人が言うにはうつ病や境界性パーソナリティー障害らしい。くわしいことは私たちも会ったばかりだからわからない」と東尋坊で保護したことを伝えた。「精神科の専門医がいない」「ほかの病院に行ってください」と看護師。月光仮面は別用で不在だ。私が代わりをするしかない。「放っておけというのか」と月光仮面よろしく迫る。呼吸は正常か？　血圧は？　脈拍数は？とりあえず命は大丈夫かぐらいは診れるだろうと。

看護師はしぶしぶ、救急口に停めたままの私の車に来てエリコの血圧を測る。しかし中に入れてくれない。

病院の事務室では福井県精神科救急情報センターに電話をかけている。職員が「ここに電話して」と情報センターの番号を私にわたした。自分で交渉しろということか。しかたがない。かけると「これから受けいれ病院をさがします」。それは頼みつつ、いますぐ診てくださいと看護師に申し入れる。

警察にも通報したようだ。警察から事務室に電話がきて問いあわせのいちいちを私に聞いてくる。これもしかたがない。「伝言ゲームは面倒だ」と言って私が警察からの電話に対応する。

到着から1時間がすぎようとしている。午前2時20分、ようやくエリコを救急室に入れてくれた。情報センターから私の携帯に電話があり受けいれ病院名を伝えてきた。ここからは高速道路を使っても30分はかかる。「救急車で運んでくれるんですね」と看護師に詰める。答えはない。

この夜、私と恭子さんは何度も訴えた――①彼女は東尋坊で保護した。会ったばかりだから私たちは家族の連絡先を知らない②保護直後に「家族に連絡しないで」と言っていた③本人の同意がないまま家族に連絡したり警察を呼んだりしたら、退院後のフォローが難しくなる④私たちは医療の素人だ。命の危機が迫っていて治療に親の同意が必要ならば反対しない。拒む権限もない。そんな緊急事態ならば親どころか本人の同意がなくても治療をしてほしい。

無駄だった。警察にも通報ずみだ。さらにエリコのかばんが随應寺にあると知ると、中を調べるから持ってこいと言いだした。医者が出てきて「家族と連絡を取らなければどうしようもない」と言う。「信頼関係が……」と言おうとした私を、「生命に危険がある状態ですっ」と一刀両断した。では1時間ちかくも病院に入れてくれなかったのはなぜかと争ってもしかたがない。恭子さんが寺にもどってエリコの荷物を取ってきた。看護師らが中をあさったがなにも見つけられなかった。

3人の警察官が来た。恭子さんと私が、エリコを病院に運ぶまでを時系列に説明する。警察官は病院ともやりとりし、結論は「名前と携帯番号しかわからないなら保護者の連絡先は調べることができない」

警察官が引きあげたあと、事務室の中は「なんで警察に連絡したんだって言われたよ」と悪口に忙しい。「生命に危険がある状態ですっ」と言いながらこのゆるやかさはなんだろうか。

エリコへの措置は進んでいるようだ。あとで受けとった明細書によると血液検査や頭部スキャンなどを受けている。

午前4時15分、エリコが意識を取りもどした。会いにいく。消え入りそうな声で「家に……連絡……しないで」と言った。

午前7時14分、病院からの通報をうけて県職員が来た。エリコのことを教えてほしいというので説明する。もう何度目かわからないが「家族に連絡をしないで」も伝える。あしらわれる。午前8時前、県が借りた大型バンタクシーにエリコと恭子さんが乗って転院する。私は自分の車で追いかける。

転院先でもエリコは過呼吸と痙攣をおこした。措置入院の要否を判定するために別室に連れていかれた。医師や県職員に続いて恭子さんが入ろうとしたら、「親族以外は入れません」と拒まれた。恭子さんは「私が付き添うことで彼女も安心するのではないですか」と言った。「あなたが引きうけるのですか」と看護師は強い口調で言った。「では病院が引きうけるのですか」という言葉を私はのみこんだ。月光仮面ならば黙っていなかっただろう。

警察から病院に連絡がきた。母親の連絡先がわかったので電話をかけたが引き取るつもりはないとのことだった。

措置入院の必要はなく昼前にエリコは退院した。私の車で随應寺にもどることになった。帰り際に県職員に私は訴えた——①家族に連絡をするのをやめてくれとお願いしたが決して聞き入れられなかった②連絡がつかなかったのに検査も診断も措置もやった。「家族と連絡を取らなければどうしようもない」はなんだったのか③鑑定室から恭子さんを閉めだしたのに、退院となると随應寺に任せるのは虫が良すぎないか④エリコに対して今後あなたがたはなにができるのか。「あとはよろしく」では丸投げではないか。

県職員は「私たちにもできることとできないことがある」「私たちは制度に従ってしかできない」と言葉を濁す。

恭子さんが訴えた。「ならば、こういう事実があることを知ったあなたが制度を変えるように行動してください。上に伝えますと言うだけでなく、あなた自身が行政の内部で具体的に提案してください」

疲弊

東尋坊で保護して3日目の午後5時30分、エリコが随應寺で過呼吸をおこした。近所の元看護師が駆けつけてくれた。月光仮面が独自の過呼吸対策について熱弁をふるう。どうにも怪しいのでまわりから突っこまれる。また月光仮面は午後8時になろうとするころ、県庁の関係機関に電話をかけまくった。夜なので対応しないという電話に「名前を名乗れ」「個人情報？　それは公人情報だろ」と怒鳴っている。

そうした光景をながめていたエリコは、恭子さんの手を握って笑みを見せた。東尋坊で保護してから46時間後の11日午後8時になってようやく見せた笑顔だ。東尋坊で車のヘッドライトに照らされたエリコは、眉間にしわを寄せて一点を見つめていた。いまようやく人らしい表情をみせてくれた。こうして信頼は深まっていく……そう思った私は甘かった。私たちが疲れはてるのにそれほど時間はかからなかった。

連日のようにエリコを随應寺から病院に運ぶ。それは月光仮面と私とで手分けすればいい。問題は、エリコにべったりと懐かれている恭子さんの疲弊だ。「家の中は凶器だらけ」と元看護師から聞いて以来、目を離してはいけないと思いつめている。発作は決まって深夜から未明におこることも疲れを加速させている。2回の発作があった夜があけて早朝、エリコは恭子さんにメモをわたした。「死んで楽になりたい」。こうした訴えをながせないのも恭子さんだ。

この間も東尋坊に人がくる。プレハブ小屋シェルターに運び、生活保護申請の準備にはいる。ほかの東尋坊組への対応もあるから月光仮面は随應寺にはりつくわけにはいかない。

とくに小野寺さん一家を追いつめているのは「豹変」だ。

随應寺で11日目の夜、エリコを交えて今後のことを話しあう。散会。直後の午後11時14分、恭子さんから電話がかかってきた。「これまでで最大の発作」

私たちは引きかえす。恭子さんによると、みんなの散会後もエリコは明るかった。和彦さんのギター演奏をよろこんでいた。そろそろ寝ようかというころ、洗面所でガチャガチャという音がして、エリコがへたり込んでいた。「私、なんのために生まれてきたの」と叫んだ。恭子さんはうろたえ、「わからないけれど生きていることは事実だから」となだめた。疲れてきたので寝ようと誘った。どこで寝るのかと聞いたら2階を指さすので運んだ。直後、「うわーっ」という叫び声をあげて発作と過呼吸がはじまった。午前0時33分、病院に運ぶ。

翌日、水曜日の定期パトロールを終えたみんなで寺の晩ご飯をごちそうになり、散会。十数分後、恭子さんから悲鳴のような電話がかかってきた。「エリちゃんが薬を大量に飲んだ」

私たちは引きかえす。恭子さんによると、みんなの散会後、エリコは風呂に入って「ではまたあす」と敬礼して2階にあがっていった。様子を見にいくと、枕の上に30錠の包装シートが散らばっていた。病院に運ぶ。深夜の病院のソファに座りこんだ恭子さんは「私が薬を管理していなかったから」と半泣きになった。

親元に帰るのが一番いい

エリコの地元の主治医と連絡がついた。やはり境界性パーソナリティー障害で、「難しい病気なので見まもるしかない」と言う。

境界性パーソナリティー障害　医学事典MSDマニュアルによると、孤独に対する耐えがたい痛みがある。見捨てられることを避けるために死に物狂いの努力をし、気を引くために自己破壊的行為にはしる。世話をする人を理想化し、あらゆるものの共有を求める。気づかってくれないと感じると一転して幻滅し、強い怒りをぶつけてくる。自分を悪い人間と考えていて内面を空虚に感じている。自殺リスクは一般より40倍高く、患者の8~10%が自殺により死亡する。

なるほど極端にふれる思考方法はエリコそのままだ。しかし私たちはどうすればいいのだろうか。

エリコがODをしたとき、運び込んだ病院の医師が言った。「こういう状態になるならボランティ

ア の範疇を超えています」

　翌朝から恭子さんと月光仮面が病院に詰める。医師が言った。「ここに残っていてもなにができるわけではない。入院して治るものでもない。親元に帰るのが一番いい」

　月光仮面が反論する。「帰せるならばとっくに帰している。親に頼れるならばとっくに頼っている。それができないから困っている。解決のためにわれわれはなんでもする。それだけでは足りないので病院の力を貸してほしい」

　医者が言った。「私の話を聞いていればわかると思いますが、率直に言って、こういう患者はどこも受けいれたくないんですよ。うちでできることは少ないんです」

生きる力

　エリコを保護してから1カ月になろうとしている。生活保護が決まり次第、随應寺からアパートに引っ越すことになる。月光仮面の友人で社会福祉士の南康人さん（1962年うまれ）を招いて勉強会を開いた。

　恭子さんがエリコの状態を説明する。「少しでも相手をしなくなると『死にたい』というメールを送ってくる。甘えたいからだろうけれど、突き放せばいいというものでもない気がする。『薬を飲んだ』と言ってくるようになったのは前進と思う。私も疲れて突き放すこともあるのね。エリちゃんはすべてメールで伝えてくるんだけれど、昨晩は『一番怖いのは見放されること』と書いてきたのよ。『いろんな人が支えるから長続きする付きあい方をしていきたい』と伝えたんだけれど……」

南さんが助言する。「自殺するしないは紙一重。彼女はぎりぎりのところでSOSを出している。私たちもその力を信じた方がいい。この人は生きていけるはずやと信じて接することが基本だ。とくにこれからひとり暮らしをするとなると、そう信じないとこちらが参ってしまう」

この日の結論は、病院や行政に助力を求めようとなった。これは喫緊の課題にもなった。恭子さんの母親が交通事故に遭ったからだ。認知症の症状もある。ますます恭子さんとエリコとを切り離す必要がでてきた。

翌日の夜、随應寺でエリコに伝える——①アパートに移っても寺との間を行ったりきたりすればいい②ひとりの時間を少しずつ増やし、適切な距離を構築していこう③不安になって暴れてもいい。ただしODは体に負担がかかりすぎる。SOSの出し方を変えていこう④小野寺家は今後、恭子さんのお母さんを支えていくことで手いっぱいになる。

発作がないときのエリコは快活だ。きちんと理解する。

またか

随應寺で暮らして40日目、生活保護が実行された。アパートでひとり暮らしを始めてからも「発作が起きた」「薬を飲んだ」と間断なくエリコから「通報」がある。そのたびに駆けつけて病院に運ぶ。ことあるごとにエリコに伝える。

——みんなにも生活がある。おまえが望むように駆けつけていたら生活が崩れて関係が維持できなくなる。少しずつ「自分でする」を身につけてほしい。

――死にたいという思いをODやリストカットといった行動と切り離していこう。見捨てられるという思考回路をただしていこう。

――またODをするだろう。それはしかたがない。でも俺らは信じている。決して致命的なことはしないと。おまえの生きる力を信じている。

やはり昼間のエリコは理解する。しかし夜になると、どうしようもなくなるのだ。

何度目かの病院の待合室。未明、措置を終えた医師が聞いてきた。「これからどうするつもりですか。救急隊員も『またか』と言っているし。みなさんは今後についてどういう計画を持っているのですか」

あとでエリコが語ったところによると、救急隊員は救急車の中で「ボランティアでやっているんだったら俺らを呼ばなければいいじゃん」と言った。看護師は病室で「あの人だよ、面倒くさいの」と言った。私たちの気を引くためのエリコの虚言かもしれない。しかし、ここまで連夜の搬送が続くと「またか」という視線を確かに感じる。

月光仮面が医師に訴える。「エリコさんには、こういうことを繰りかえしては心身によくない、自分をコントロールする術をゆっくりでいいから身につけていこう、そのためにはわれわれも知恵をしぼると伝えている。行政や病院に丸投げをしたいわけじゃない。あなたがたの知恵を貸してほしい」

医師が聞いてきた。「職務の範疇をこえて私にボランティアをやれということですか」

月光仮面が訴える。「ボランティアをしてくれとは言っていない。今後について話しあうためにだれかがこの病院の窓口になってくれないか。あなたが職務の範疇でやってくれてもいい。そうした場がないと、病院からするといつまでも『またか』となるだろう。それはお互いに不幸だ」
医師は納得したようだったが、話しあいの場についての答えはなかった。

家族責任

家に帰して解決するならとっくにそうしている。しかし、福井でできることはないが帰した地元ではできることはあるのか。東尋坊の人の「家族に頼れない」は、家族からすると「とても支えられない」だ。追い返せば問題を家族の中に封じ込めてしまうだけだ。だからこその第二の原則だ。自己責任と同根の家族責任では東尋坊の命を救えない。

月光仮面は「俺が出会ったんだから俺が責任を持つ」と言う。その言葉どおり、深夜から未明にかけて東尋坊の人のもとに何度かけつけたか。そのまま車の中で寝て何度の朝をむかえたか。自宅兼寺をシェルターとして提供している小野寺さん夫妻は、「死にたい」と言う人と1カ月をともに暮らす。口に出さないが心身へのストレスは想像を絶するものがある。

エリコの母親にとって地域は恐怖だった。エリコの通院は「買い物」とごまかさなければいけないことだった。入院は「旅行中」と隠さなければならないことだった。それでも広がるひそひそ話。エリコが「奇行」にはしるたびに好奇の目は鈍い輝きを増した。東尋坊と実家とを行ったり来たりしている男性が、「困っているときはお互いさま」と近所から声をかけられるたびに自分は迷惑な存在だと考えるように、地縁は無力どころか枷ともなる。

人生をふりかえるときに心をあたためてくれる関係は血縁だけでもないはずだ。タモツが継父を語り、リュウタが製粉所の副社長夫婦を懐かしむ表情からもいえる。地縁や血縁とは別の縁で支える。それが行政の役割だろう。月光仮面の活動も行政が機能しないと焼け石に水だ。

月光仮面が「どうして病院も県もなにもしないのか」といらだつのは、「家に帰す」以外の知恵をいっしょにしぼってくれないからだ。ほしいのはたったひとつ、協力だ。どうしても家に帰さないといけないので関係のこじれた家族にともに働きかけていきましょう。福井で暮らせるように手伝いましょう。そんな言葉がないから「なにもしない」と怒る。あなたたちはボランティア。やりたくてやっている。そんな態度が透けて見えるから「丸投げ」と怒る。

殺されそうになった

エリコは、とくに恭子さんの生活すべてを自分に捧げることを求めて、支えようとする人の体力と気力を削りとった。深夜から未明にかけて電話を延々と鳴らし、アパートからの失踪を繰りかえした。

東尋坊の保護から8カ月後の6月13日、エリコは福井から出ていった。月光仮面に絶縁状メールを送ってきたのは間もなくだった。

あなたがたに殺されそうになった。

そうしたことが書かれていた。

エリコの母親がひとりで30年以上してきたことを、私たちは1年もできなかった。

エリコは今は関東にいる。そこでも入退院を繰りかえしている。

終章　「きょうを生きる」を手伝う

年末の夜、福井市のアパートの前に月光仮面が立った。暗いままの部屋から男性が出てきた。月光仮面に気づかずに自転車で出かけて、コンビニエンスストアの袋を手に帰ってきた。

これでとりあえず、最近は電話に出なくなっていた男性の生存は確認できた。5年前に東尋坊で保護された男性は48歳。ずっとアルコール依存症に苦しんでいる。

帰宅後も明かりをつけないままの2階の部屋を訪ねた。呼び鈴を押しても反応がない。郵便受けに口をあてて呼びかけると、腰にコルセットを巻いたトランクス姿で男性は出てきた。

「電話もメールも出ないから心配するじゃないか」「生活保護はどうなっているの」「会社に連絡したか」。月光仮面が次々とたずねる。「はい、はい」「行っていない」「とっていない」。男性は目をあわせずに答える。

翌早朝、男性を車に乗せて市役所に連れていった。昨晩のやりとりから毎月の生活保護費を取りにいっていないことがわかったからだ。

「何度も訪問して手紙も置きましたけれど」と市の担当者は声にいらだちをにじませる。男性は帽子を深くかぶって黙りこんだままだ。「引きこもってまた酒を飲んじゃってね」と月光仮面が助け舟をだす。

生活保護の一時停止を解くには印鑑と勤め先の給与明細が必要という。アパートにもどった。部屋から印鑑を取ってきた男性に、次は無断欠勤を続けている会社に給与明細を取りにいこうともちかけた。「俺、社長に会わせる顔ないですよ。こんなことになって。社長、怒っていますよ」と男性。「会わせる顔はあるんだって。頭をさげればいいんだって」と月光仮面。

男性を車に押しこんで会社へ。到着しても男性はふてくされたままだ。「俺はおまえの保証人やぞ。迷惑をかけましたって俺も頭さげんといかんやろ」と月光仮面は語気を強めた。

ようやく会社の事務室に入った。社長は月光仮面の知人だ。男性が放置したままの8月の給与15万円を持ってきて「ちょっと顔、むくんでいないか」。ソファの右端に尻を半分はみ出して座っている男性はすねたままだ。かわって月光仮面がわびた。男性がアルコール依存症であることや、生活保護の再開に給与明細が必要なことも説明した。

再び市役所にむかう車中、男性の不満が爆発した。「よけいなこと言わないでくださいよ。アル中だとか生活保護だとか」

「どうしてだっ」と月光仮面。口論になった。

「外を歩けなくなりますよ」

「なんでだっ」

「アル中がどれだけ恥ずかしいことか」

「事実を言わないとしかたないだろっ」

「それに生活保護だってことも」

「生活保護のなにが恥ずかしいんだ。そんなの差別じゃないか」

市役所で収入申告書に記入する。8月分は15万円、会社を無断欠勤した9月分と10月分は0と書く。

「もう収入はないか」と月光仮面。「自分で聞いてくださいよ」と男性。

むくれたままの男性を車に乗せて会社を再訪し、2日間だけ出勤していた9月の給料9950円を受けとる。この日三度目の市役所で書類を修正する。市の担当者が「携帯の番号は」と聞くと、男性は「前も教えましたけれど」とやさぐれている。

年があけて未明、痛風で動けなくなったとSOSのメールが男性からきた。市役所に電話をしてもだれも出ないという。

月光仮面はアパートに駆けつけて救急車を手配し、救急隊員といっしょに部屋に入る。ビールの空き缶と1・5リットル焼酎の空パックがいたるところに散乱している。ベッドの脇には未開封の焼酎20パックが整然と積まれている。男性を乗せた救急車を追って月光仮面も病院にむかう。

これで何度目だろうか。月光仮面は「さすがに疲れるよ。成果が見えないからさ」と苦笑した。「俺が死ぬまで一生つきあわないといけないな」

手術の同意

男性からのショートメールが月光仮面の携帯電話に残されていた。「これが最後です　電話下さいお願いします」。着信時間は午前11時2分だからもう1時間が過ぎている。あわてて男性に電話をかけたが出ない。

男性は2カ月前から、アルコール依存症を治そうと非営利型福祉事業法人の施設に通いはじめていた。自分でさがしてきたところで、数日前には月光仮面を誘って見学をさせるなどやる気になっていた。

施設からの電話で、病院に搬送中だとわかった。男性は自宅アパートから持ってきた包丁を腹にあて、職員に制止されたあと左手首を切った。現場に直系30センチの血だまりができたという。

病院で、医師と月光仮面との間でひともんちゃくが起きた。左手の神経が傷ついていたら後遺症をもたらすかもしれないという。手術をするのかしないのか、するとしたら局所麻酔にするか全身麻酔にするかに「本人か家族の同意が必要」という。

月光仮面が「私が同意します。ただし医学的なことはわからないので手術をするのかしないのか判断はお任せします」と申しでた。

だめだ、という。医師は「本人か家族の同意が必要」を繰りかえす。

月光仮面が訴える——男性は5年前に東尋坊で保護した。自分も男性の家族を知らない。だから傷の深さで判断してくれないか。どうしても同意が必要であれば、男性の面倒を見てきたのは自分なので、自分が同意するに値する人物だと証明する方法を教えてほしい。書類を急いで集めて提出する。

医師はしぶしぶおれた。月光仮面が同意人になることが了承された。

こうした日々が数年つづき、月光仮面になにも言わずに男性はアパートを引っ越した。たまに街角で見かけても目をあわせない。

病院の連帯保証人

未明、病院から電話があった。エージが運びこまれたという。失踪（13章「エージの部屋」）する前のことだ。午前2時、病院に駆けつける。大量の酒を飲んで路上で倒れているところを警察に発見されたという。

月光仮面は、点滴を受けながら病室で眠っているエージに代わって入院申込書に署名した。

「入院後は、病院の諸規則並びに診療上指示されたことを守り、診療に関する患者負担の費用については、病院から指示があり次第、遅滞なく支払うことを連帯保証人と連署をもって約束します」

こう書かれてある申込書の連帯保証人の欄に自分の名前を記入し、エージとの続き柄は知人と書いた。

東尋坊と病院は切り離せない。連帯保証人の「肩書き」を増やしていく月光仮面を見ていて私は疑問が膨らんできた。自殺防止も個人のカネ次第かと。それで一部を代行することにした。正確には代行して拒否することにした。

最初の入院を控えてオサムは困っていた。病院から連帯保証人を求められたので市役所に相談すると「父親になってもらってください」と言われた。大腸癌の恐れもあるので年明けから本格入院することになり、連帯保証人のことは市役所に聞くのも無駄だからと私に頼んできた。

病院からわたされた身元引受書兼診療費等支払保証書には、①退院時の引き取りなど患者本人の身上に責任を負う身元引受人②支払いに責任を負う支払義務者③支払いが滞ったときに責任を負う連帯保証人――と3人分の記入欄がある。見知らぬ土地の福井でオサムが3人も用意するのも無理だ。それを私が病院に伝えたが、どうしても必要だと言う。「そろえられない人は死ねということか」と訴えたら、「身元引受人だけでいい」となった。

エリコを最初に運びこんだ病院は、月光仮面が不在だったこともあり、医療費の請求を私にしてきた。5万6300円。恭子さんや私の「親に連絡しないで」には耳を貸さないのにカネは私たちでもいいとなる。前払いとして一部を立て替えた。ますます私は腹が立ってきた。

ODをしたエリコを運びこんだ病院で午後11時、入院申込書にはエリコに代わって恭子さんが記入した。つづいて入院保証書が出てきた。窓口の男性は「なにかありましたときにご連絡があることがあります」。書面の内容はそんな生やさしいものではない。「入院料金の支払および患者の責任に起因する事故等が生じた場合は、連帯保証人と共に責任を負います」とある。「緊急連絡先にはなるが支払い代行はしない」と伝えて私がサインした。

翌日の退院時に出てきた明細書は8万5890円。内金として1万円を支払う。また入院保証書への記入を求められた。とまどう恭子さんを押しのけて私が訴えた。なぜ私たちが支払うの？　私たちは市民のひとりとして苦しんでいる人を運んできただけだ。それとも放っておいたほうがよかったの？

窓口の男性は黙っている。「連帯保証人にはなりませんが、エリコさんの件で問いあわせがあるときは連絡先となります」と書いて私がサインした。

アパートの保証人

「いいっすねえ」。生活保護を申請後、物件を下見した64歳の男性はしみじみ言った。再出発の足場を見つけたよろこびだ。入り口の鍵の暗証番号がわからなくて少しあわてていると、隣の部屋の若者が出てきて「○○○○ですよ」と教えてくれた。

その20分前、福井市の不動産会社。生活保護の住宅扶助に家賃がおさまる物件をふたつ見つけたが、家主に断られた。不動産会社の担当者が「僕、知っているいい家主さんがいます」と協力的だったから助かったが、無理解な家主と同じぐらいやっかいなのが保証人の問題だ。東尋坊の人がアパートに入る際、多くは家賃保証会社に代行してもらう。保証料は生活保護の住宅扶助からでる。しかし家主には「保証人は身内限定」という人も少なくない。

54歳の男性はパチンコ店の住みこみからホームレスになった。アパートは自分でさがすというので任せていたら1カ月たっても見つかっていないとわかった。不動産屋を20軒以上もまわって保証人がいないと断られていた。

トシヒコのアパートさがしも難航した。保証会社から断られたからだ。月光仮面が激怒して保証会社に電話をかけた。

「どうしてだっ」

「客観的に判断しました」

「それじゃあわからん」

「規則なんで説明できません」

「そんな規則、勝手につくるなっ」

いずれも月光仮面が保証人になるしかない。「肩書き」は増える一方だ。

こんなこともあった。

月光仮面はどういう人かと問いあわせてきた不動産業者に、あるケースワーカーは言った。「変わった性格の人」。それでアパート契約が難航した。

異常事態

三国祭の観光客で坂井市三国町の町中がにぎわっていたころ、東尋坊は閑散としていた。曇り空の午後4時半、海からの風は肌寒い。

「救いの電話」に10円玉を補充して次にむかうときだ。「あれ、やばいんじゃないですか」。見まわり隊員が崖の先端に人影を見つけた。あそこは釣り人も行かないところだ。「ここから動きを見はっておいて」とマリに残るよう頼み、私たちは現場へ。遊歩道を折れて小道に入ると、そろえた靴の上にハンドバッグと布かばんが置かれている。女性だ。

「大丈夫ですか」と声をかけると、「もう生きていけないの」と繰りかえす。問答を10分、応じるそぶりを見せたので引っぱり込んだ。左手に無数の切り傷がある。血が黒く固まっている。53歳という。病院に運ぶ車中、女性は「どうしても死ねないの」と何度も言った。マリが「どうしても死んでほしくないです」と何度も応じた。

異常事態だ。月光仮面が、東尋坊で保護する人の急増ぶりに宣言した。週2回の見まわりを毎日に変えた。

北海道出身の48歳の男性は無銭飲食による複数回の逮捕歴があった。「食べないと生きられないんだからしかたがないじゃないか。生活保護を申請しますからここで自立してください」と月光仮面。5日後、緊急連絡用にと貸した携帯電話を持って男性は逃げた。

悪天候の東尋坊でうずくまっていた男性は、カッターで切った手首と首が血だらけだった。病院に運ぶ。受付の職員が書類に記入を求めてきた。月光仮面は「そんなときじゃないだろう」と怒った。別の職員が「お金はどうやって払うのですか」と聞いてきた。

薬をあおった女性が東尋坊で倒れていた。同じ病院に運ぶ。「お金は……」と言われる前に診療費5150円を私が立て替えた。

アパートから失踪した27歳の男性と31歳の男性の、それぞれの未払い家賃2万5千円と4万円を年金から分割払いしている。食費として貸した2万5千円は返ってこない。貸していた携帯電話の通話料金10万円が未払いのままになっている。……こうして月光仮面は、東尋坊で自殺を思いとどまるよう呼びかけるほどに少ない年金から立て替えるしかなくなる。「われながらキャパがあると思うよ」と自嘲する。

大学生の問い

見まわりにたまに参加するボランティアの大学生から、「月光仮面さんは東尋坊で助けたあとにどうするのですか」と聞かれた。「助けてもフォローがないのは無責任だ」という声がある。自殺に自己責任を問い「放っておけ」論もある。月光仮面の行動をつぶさに見ているわけではない大学生は、自己責任の意見にくみしないが、「フォローがないのは無責任」には説得力があると感じているようだ。

・保護した人が福井に残ることを望んだら生活保護の申請を手伝う
・その後の日々の支援も惜しまず、困りごとがあれば駆けつけている
・かかわり続けることの代表例が、この週2回の定期パトロールへの誘いだ。これは閉じこもりがちな人を外に誘いだす手段でもある
・しかし月光仮面は「これで十分だ」とは思っていないだろう

そんなことを大学生に答えつつ、どこまですれば「助けた」ことになるのかとも私は考えさせられた。「最後まで伴走する」とも言う。そんなことはできるのだろうか。

東尋坊で保護する。けがのない人はシェルターに連れていき、自傷で血を流していたり薬を大量に飲んでいたりの人は病院に運ぶ。それから生活保護を申請する。手助けをいとわない月光仮面のめまぐるしい日々は、東尋坊の人にも「めまぐるしい日々」だ。それが「救い」になっているのは動きがあるからだ。「いいもの」であれ「悪いもの」であれ、とにかく動いていれば気がまぎれる。

一段落すると日常が始まる。きのうと変わらないきょうを過ごし、きょうと変わらないあすがくるのを待つだけとなる。月光仮面は言う。「ここに来る人は死を考えている。それは生きることを考えることだ。だからどんでん返しが起きるんだよ」。崖っぷちで声をかけられたことはどんでん返しだ

ろうが、その後の日常にどんでん返しはない。生活保護で食と住は用意できても、マリの言う「生きていることには意味がある」の「意味」（まえがき）は提供できない。仕事が見つからない。生活保護から抜けだせない。負け犬。敗者。落伍者。そんな考えに落ちていく。

「人を助けるなんてできるはずがない」という。そのとおりだ。話を聞いてくれてありがとうと帰る人もいれば、心を閉じたまま離れていく人もいる。その人が「決意」を秘めていたらどうなるのか。見まわり中に「白骨が見つかった」「数日前、浮いているのを観光客が見つけた」と耳にする。助けを求めていた人を見落としていたということだ。その人が最後に見た情景は知りようがない。「縁がなかった」（月光仮面）と割りきるしかない。東尋坊に来た人すべてにかかわることも、めぐりあえてもその後の人生すべてを見まもることもできない。

それでも「人を助けるなんてできるはずがない」は0か1かの短絡だと月光仮面は考える。「無視する」という0か、「完璧に助ける」の1か。「完璧」なんてできるはずがないから、「できるはずがない」を「だからなにもしない」と直結させてなにもしない人はなにもしない理由とする。これが、東尋坊の人にとってどんなに冷たいかを月光仮面は知っている。現場に立つと、できないことが山ほどあると知る。できることも山ほどあると気づく。0と1の間に無限の可能性を見いだす。

いまはとめられている。これからもとめられるのかはわからない。生きていこうと考えられるようになるのはずっとあとだ。そんな日は来ないかもしれない。だれもが、東尋坊で保護されたあとの日々を泥沼の上で足踏みして生きている。月光仮面は、死につながりそうな要因をひとつずつつぶし、いまは生きているという事実を尊む。さきのことはわからない。安い希望はない。

以下を大学生への今のところの答えとした。「自殺防止活動について『フォローが不十分』と論評する人がいるのは知っている。その人には、では見本を示してほしいと伝えてください」

駒木さん

だいぶ蒸し暑くなってきたので東尋坊パトロールを夕刻に切りかえた。この日は、見まわりを終えたあとで教会カフェの冷やし中華を食べることになっていた。食べはじめたときにSOSの電話をかけてきたのが駒木さんだった。64歳。前日の夕方に来たという。

プレハブ小屋シェルターで月光仮面が聞く。

——ここで生活保護を受けましょう。

「受けられません。はっきり言うわな。家賃を払わずに逃げてきたから」

——それは大丈夫だから。ほかに心配事ありますか。

「友だちに5千円を借りている」

——どうして電話したんですか。

「そろそろ死にたいなと。それで東尋坊に来たもののどうしたもんかなと。ふと目に入ったのが月光仮面の名刺でした」

シェルターの1カ月間、駒木さんはソファに寝転がって本を読んですごした。

「ずっと本が好きでね。小学4年生のころかなあ、図書館の野口英世とか二宮金次郎とかをかたっぱしから読むようになってね。それから小説に進んで。純文学はあまり好きじゃないなあ。月に10冊は読むよ。図書館から借りてね。長年のファンといったら、森村誠一・黒川博行・横溝正史・西村京太郎・斎藤栄……推理小説とか時代物かな。黒岩重吾は推理も純文学も好きだな。作品で言ったら水上勉の『越前竹人形』とか『雁の寺』とか。水上はハッピーエンドじゃないところがいいよね」

駒木さんは神戸市出身で、中学を出て鉄工所に勤めた。「このころから放浪癖があってね」。大阪や名古屋・広島・東京……と「数えだしたらきりがない」ぐらいに転々とし、ガードマン・ホテルの風呂掃除係・パチンコ店……と「数えだしたらきりがない」ぐらいに職も転々とした。

「落ちつこうという感覚がなかったんだね。それはなんとなくなんだ。58歳のときかな、東京に行ったんだ。結局ね、仕事はなくてホームレスになったんだ。天気のいい日は大丈夫だったよ」

上野公園で声をかけられて「生活保護を取ってあげる」という話だったので身を任せた。小さな部屋で4～5人と暮らした。保護費の全額は、支給日に区役所の外で待機している「係」にわたす決まりだった。

「言われてみれば貧困ビジネスかな。でも暴力はないし、ほんとうにいいところやったと思う」

痩せてきたので検査を受けたら大腸癌だった。手術後に追いだされて東尋坊にきた。

――どんな不安がありますか。

「ないなあ。そんなことは考えもしなかった。ここは屋根もついているし雨露もしのげるし、ありがたいよね」

――結婚はしていますか。

「家庭を持ちたいなんて考えたこともないなあ。ずっとひとりだから寂しさもないね」

――楽しかったことはありましたか。

「記憶にないなあ。平々凡々と暮らしてきた感じ。福井でも雨露をしのげれば文句はないね。平凡な暮らしが一番いいもん」

――悲壮感があまり感じられませんね。

「自分に挫折感がないからね。だから悲壮感もないいんだろうね」


シェルターからアパートに移って、駒木さんはパトロールに熱心に参加した。年末に体調を崩して入院し、年明けにパトロールに復帰。2月に大腸癌の再発がわかり、5月に膀胱癌も見つかった。「なにもしないのが一番の延命策」となった。

6月16日、推理小説を読みたいというので月光仮面が差し入れた。この日から見舞いを毎日にする。23日、「今夜は危ない」と医師。「逝くときにひとりはかわいそうだ」と月光仮面が病院に詰める。駒木さんは意識もうろうだ。

アツシを誘って翌朝も見舞う。呼びかけを続けていると、午前9時30分、かなりはっきりと意思表示するようになった。

――お母さんに会いたいですか。

駒木さんは首を振る。

――お父さんは生きているんでしたっけ。

「ぜんぜんわからん」。痩せた左手を、ベッドの手すりにかかっている黄色いタオルにのばす。取ってわたすと、赤ん坊のように口にふくんだ。

――また東尋坊のパトロール、行きましょうよ。

「東尋坊？　わかった」。駒木さんは苦笑いした。

――次の時代小説はどうする。

「ほしい」

――実家は神戸だっけ。そこにだれかいたっけ。

「……だれもいない」

このあと8日間を駒木さんは生きた。

7月2日、月光仮面が帰ったあとの午後2時20分、命終。65歳。東尋坊で保護したのは前年の7月15日だから、私たちの付きあいは1年に少し届かなかった。その夜、東尋坊パトロール組が通夜に参じた。

3日、月光仮面のボロウスが動かなくなった。修理工場によると「メインのバッテリーがだめになっていて寿命」という。

4日、月光仮面が、駒木さんの好物のウナギを柩に入れた。引き取り手のない遺骨は随應寺の総墓に納めた。

7日、ボロウスが廃車になった。走行距離は33万3333キロだった。

四十九日の日、東尋坊パトロールの途中の夕刻、遊歩道の脇の斜面に駒木さんののど仏を埋めた。参加者8人で手をあわせた。

その後の東尋坊

マリが「会わせたい人がいる」と言ってきた。アルバイト先の店で客の青年と知りあったといい、東尋坊で保護されたことなど「自分のすべてを受けいれてくれている」という。後日、その青年とマリ・私の3人で飲んだ。やさしい青年だ。

東尋坊で保護されてから4年になる6月末、マリは青年と同居することになり、福井市のアパートから青年の地元に引っ越した。のちに結婚。母親との関係に問題を残しつつも、青年の家族からかわいがられている。

ルイは福井でアルバイトを黙々とこなした。東尋坊組の中でもっとも安定した生活をおくった。たまにあったであろう「落ちる」姿をだれにも見せなかった。保護された日から6年後、親友のマリが福井を出て2年後、勤め先で知りあった恋人と同居するために福井から引っ越した。

ルイが「性の違和感」を打ちあけたのは、随應寺からアパートに引っ越す直前だった。七五三のときに女の子用の着物を着せられて吐いた。小学校の赤いランドセルがつらかった。中学生になると制服のスカートに対する嫌悪感は抑えがたいものになった。「自分は男でも女でもない中間なんだなって思っていた」――そんな話だった。

これはどうなったのだろう。ルイなりの「生きづらさ」の表現だったのだろうか。リカコが私に言った。「ルイちゃんの性がなんであれ、ルイちゃんのことを大切に思ってくれている人とめぐりあえたのだから、それでいいんじゃないの」
ルイは今も月光仮面とライン友だ。

アッシが小学校5年生のときに両親は離婚した。アッシと妹2人は自営業の父親に育てられた。家事をさぼると父親に殴られ蹴られた。「気にくわない」と言われてロープで全身を縛られて物置に翌朝まで放りこまれた。

いまもアッシが顔を歪めてふりかえるのが夕食のことだ。アッシが買ってきて皿に盛りつけた総菜を父親は妹2人と食卓で食べた。アッシはひとり台所で立って食べた。食べおわると、父親と妹2人とのだんらんに入れてもらえず、離れの部屋で夜をすごした。隣家から「いい家族」の音色が聞こえてきた。

中学2年生からまったく学校に行かなくなった。そのころに2人の同級生と結成したのがオートバイの窃盗・転売グループだ。月に20~30台は盗んだ。地元ではせずに、とくに人気車の場合は遠くの県で何日も張りこんでから実行した。これも盗んで山の中に隠していた4トントラックに積んで翌朝まで待機し、出勤の車列に交じって地元にもどった。

中学の終わりに窃盗グループは解散。1人は高校に進み、1人は就職した。アッシは職業訓練学校で入学2カ月後、同級生に内臓損傷の重傷を負わせた。家庭裁判所で言われた。「その反省していない態度、あなたは必ずもう一回ここに来ます」

右翼団体の事務所の住みこみとなった。やりたい放題だった。バイクを盗んで転売し、自動販売機を荒らした。事務所にある大麻も覚醒剤もひと通りやったが「体にあわなかった」ので転売用にした。母親の再婚家庭に押しかけて「俺が苦労した期間と、おまえが幸せに暮らしている期間に見あった慰謝料」という理屈で190万円をむしり取った。

暴力事件で追われる身となり、逃走生活に疲れたころに出頭。成人式は少年院で迎えた。出院後は地元の町工場を転々とした。30歳の日の朝、アパートの部屋で目が覚めて「あ、疲れた」と思った。「とにかくなにもする気がなくて、なにをしていいのかがわからなくなって」

それから引きこもった2年間、アパートの寝床で深夜に考えた。「なぜ俺は10代のころ、ああいう行動をとってしまったのか。10代が違っていたら20代も違っていただろう。20代が違っていたら今はこうなっていなかっただろう。こうなってしまった今どうすればいいのか」。自分を消したくなった。インターネット検索で東尋坊を知った。

福井市のアパートでひとり暮らしを始めたころ、とうの昔に縁を切られている父親についてアツシは語ったことがあった――

自分が10代で踏み外したのはおやじのせいだと思っていました。いま考えると、中学時代に窃盗グループを作って「カネのためだけに生きる」と言っていたのは建前だったのかなと。楽しくなかったし、いいことなんかなにもなかったし。最初は父親にふりむいてほしくて、やめろとかちゃんとしたことを言ってほしかったからなのに、窃盗を繰りかえすうちに最初の目的なんか忘れてしまって。それはいつからで、父親の愛情の欠落からくるものなのかはわかんないですけれど。

おやじは愛情表現の下手な人だったんじゃないかなと思っています。両親が離婚したとき、俺は小学5年生で、妹2人は小学1年生と幼稚園でしたから、父親は離婚のストレスを俺に引きうけさせて妹には影響がないようにと配慮していたんじゃないだろうか。あの人なりに優しさがあってがんばったのだと思う。思いやりが足りなかったのは俺の方なんじゃないかと思うようになりました。俺は恨みに生きてきました。おやじを恨んでいる俺が子どもだったんだなと。でも当時はそんなことを理解できるほど自分は大人じゃなかったですし。あの人の立場でわかろうとしなかった。そんな悔いがあります。

さまざまなことから数年がすぎた。

アツシは福井でも事件を起こしたが、逃げなかった。外に出てきた日から「すいませんでした」と連絡をとってきた。いまは解体業に就いている。福井で知りあった女性との結婚話も出てきた。父親との復縁はできていない。

オサムは、障害者総合支援法による就労継続支援B型事業所の農園で働き、数年後に通常の職場に移った。

ヒロシは、東尋坊ちかくのアパートから転居した。居場所の特定につながる一切の手がかりを消したいといってあらゆる手続きをとめた。「保険も年金もなくて困るけれど、家族を置いてきた僕だけが幸せになるわけにはいかないし」

ナルミは、アルコール依存症を治そうと非営利型福祉事業所に通っている。

タケシは、三度の失踪後は福井に落ちついた。就職と失職の繰りかえしは変わらず、髪の毛が病的なまでに抜けた。

トシヒコは、アパート暮らしをあきらめてグループホームに移った。食習慣を改善することができずにやせ細るばかりだったからだ。

ほとんどは生活保護を使いながら通院を続けている。

数人は黙って姿を消した。

ルイとマリと同じころに保護されたリカコは、生活保護を使いながら折々にアルバイトをし、ルイとならんで崩れることなく生活をしている。

60歳になったにリカコが語る。「なぜ安定しているのかって言ったらね、答えはひとつしかないのよ。私は15年間のＤＶから解きはなたれたってこと。ＤＶがないという幸せを感じているからなんだよね。でもさあ、みんなは理想が高すぎるんだよね。レベルをさげられないんだよ。自分の置かれた立場や境遇を度外視して人並みを求めているからさ、そのギャップで崩れるんだろうね。どこかで妥協しないとだめなんだよね」

「人並み」を求めるとき

また働きはじめているんですけれど、どうしても昔の自分と比べてしまって虚しくなるんですよね。東尋坊にくる前は正社員で、それなりの待遇で、それを自分でぶちこわして。東尋坊に来てしまったことは変えようがないんで。でも、たまに考えるんです。どうして前の会社にしがみつかなかったのかって。福井の月日を無駄だったと思いたくない。でも、たまに思うんです。会社にがまんして残っていれば、こういう目に遭わなかったんじゃないかって。残りの人生に夢も希望も見いだせないんですよね。食べていくためだけの仕事ならばある。でも、それだけじゃないものがほしい。やりがいとか、生きがいとか。でも、俺の今後の人生にないんじゃないかと思うんですね。いつも悩むんです。前の会社を辞めたからこそ新しいスタートを切るきっかけをいただいたんだなという思いと、あのまま会社にしがみついていたら苦しまないですんだのかなという後悔と。残りの人生を考えると急に襲ってくるものもあるんですよね。過去をふりかえってもしかたないとわかっているんですけれど、やっぱり昔の自分と比べてしまいますね。

これは、マサノリが折々に語った言葉をくっつけてならべただけのものだ。同じ地点をまわっていることが膠着ぶりを示している。

福井で始めたブログにマサノリはこう書いている。

一応、上場企業の正社員でした。
当時の年収は、400万円以上はいただいてたかと思います。
結婚こそはしていませんでしたが、そこそこ、年齢相応の収入と、社会的地位はあったかと思います。

マサノリは「目標を下方修正することにしました」とも繰りかえした。もう正社員は目ざさない。やりがいを求めない。生活保護から一気に抜けることは考えない。最初は週3～4日のアルバイトから。とりあえず仕事をしていない空白を埋める。……これらは、「やっぱ俺、このままずるずるいくのかなって」と折れてしまいそうな自分を必死に支えようとする添え木であった。

マリが言った「意味」を見つけた東尋坊の人はいない。月光仮面に出動してもらう機会が減ったことを「安定」というならば、その日々には「あきらめ」や「ここまで」に身をゆだねて漂っている感がある。リカコの言う「自分の置かれた立場や境遇」を受けいれて「人並み」を求めずに「どこかで妥協」した姿だ。

これをマサノリは受けいれられない。「年齢相応の収入と、社会的地位」を役得とする人のいる不公正な社会にあってはなおさらなのだが、「中高年であぶれた人間は再出発できない世の中です」とみずから言うように、これを再び手にすることはひどく難しいことがマサノリを打ちのめす。この現実に妥協するしかないのが現実の一端なのだろうが、追従を拒んで自己実現を追いもとめることは、「勝ち組と負け組」の序列にとらわれた今のままでは容易ではない。

タモツの「遺言」

タモツは70歳を超えても仕事を続けた。2020年5月の朝に吐血。癌細胞が体のあちこちに食い込んでいた。

そのタモツが、神戸の老人ホームや福井の障害者作業所で働いていたときに入所者や通所者の通院に付き添っていたときのことをふりかえったことがあった――

福井の作業所に高次機能障害の26歳の青年がいました。1年ぐらい病院に収容されていて、ようやく愛知の自動車工場に就職が決まったんです。

1週間で帰ってきました。青年が泣きながら言うには、寮に入った初日に障害者手帳を見せてまわったそうです。まわりの理解を得ようとする彼なりの懸命の行動でした。その瞬間からみんなの見る目が一変したそうです。

私にいわせれば青年はひねり潰されたようなもんです。日本の社会ってけっこう冷たいんですよ。いったん烙印を押されるとはいあがれません。現実はみんながみんな月光仮面じゃないんです。適応障害ってなんですかね。身内同士でもぶつかるでしょう。ましてや他人同士の社会の中ではですよ。右むけと言われていっせいに右をむく社会の方がおかしいんです。それなのに、思いどおりに働かないからといって人格を否定される。計算どおりに業績をあげないと即やる気がないと判断される。能力がないと色眼鏡で見られてつぶされる。100人中100人が「うつ病」と診断される。そうして精神科医に薬漬けにされる。好きで精神を病む人はいないですよ。企業にとって都合のいい人ではないというだけで人間性を否定されることがおかしいんです。会社が、社会が非人道的なんです。福井に帰ってきた日に26歳の青年から電話がありました。迎えにいって喫茶店で話を聞くと「家に帰るからついてきてくれ」とお願いされました。

家の玄関で母親は彼になんと言葉をかけたか。

「寄り道しないで帰ってきたんだね」

それで彼はやれたんです。やりとげたんですよ。死ぬことを考えないという立派なことをなしとげたんですよ。会社にも、社会にも、そういう支えがあれば彼はやれたんですよ。やれるんですよ。

引け目を感じながら社会に出ていく人も、ひとりだちできる可能性があるんです。ほんの少しの支えがあれば復帰できるんです。ひとりでもふたりでも本人のそばにいてくれる人がいればやれるんですよ。全部が敵になると人間は踏みとどまれないですよ。

他人様に迷惑をかけてばかりの私が口にする資格はありませんけれど、生きている、ただそれだけで人は可能性を輝かせているって考えることもできると思うんです。可能性を生かすのも社会、つぶすのも社会なんです。

その後の月光仮面

ボロウスが廃車になったあと、走行距離11万キロの中古の軽自動車を知人からただでもらった月光仮面は、２０１９年３月３日、あわら市の交差点で居眠り運転の車に追突された。18万キロになっていた軽自動車は廃車になった。エアバッグの衝撃で気を失い、はい出た車外でまた気を失った月光仮面は、「入院する金も暇もない」と言って病院に1回いっただけで東尋坊の活動に復帰した。同月末、車を買いかえるという別の知人から、16年前に購入して走行距離８万９千キロの軽自動車を５万円で買った。「俺にとっては新車も同然や」。２０２０年12月に14万キロになった。

[著者略歴]

下地　毅（しもじ　つよし）

1971年、沖縄県うまれ。1997年から新聞記者。これまでの勤務地は福島・滋賀・大阪・鳥取・京都・福井・大阪・和歌山。著書に「96歳　元海軍兵の『遺言』」（朝日選書）。

ルポ 東尋坊《とうじんぼう》――生活保護で自殺をとめる

2021年1月25日　初版第1刷発行　定価2400円＋税

著　者　下地　毅©
発行者　高須次郎
発行所　緑風出版
〒113-0033　東京都文京区本郷2-17-5　ツイン壱岐坂
［電話］03-3812-9420　［FAX］03-3812-7262［郵便振替］00100-9-30776
［E-mail］info@ryokufu.com［URL］http://www.ryokufu.com/

装　幀　斎藤あかね
制　作　R企画　印　刷　中央精版印刷・巣鴨美術印刷
製　本　中央精版印刷　用　紙　中央精版印刷・巣鴨美術印刷　E1200

ISBN978-4-8461-2101-3　C0036